新时代
[营销]
新理念

一个人的商业模式

自媒体时代变现的128种方法

胡华成　刘坤源——编著

BUSINESS
MODEL
IN WE MEDIA ERA

清華大学出版社

北京

内 容 简 介

本书由粉丝超过500万人的HR商学院院长胡华成老师与创业励志导师、总裁盈利系统主讲人刘坤源老师联合编著。根据两位资深老师多年的个人商业模式研究和自媒体创业经验，本书通过12个专题内容、128个自媒体变现技巧，和大家分享了个人商业模式的路径打造、人生规划、"斜杠青年"、兴趣价值、百万IP、微信变现、电商变现、内容变现、直播变现、短视频变现、自媒体变现及其他变现等内容。

两位经验丰富的老师，将自己对于个人商业模式的经验、理解、思路、方法总结到本书中，从方法到实战，从理论到案例，帮助读者掌握自媒体时代的个人商业模式打造，实现个人利润倍增。

本书适合对个人商业模式感兴趣的读者，特别是各领域的自媒体运营者、企业老板、品牌商家、企业管理者、创业者、职场人士、转岗转职人员和正准备创业的用户等阅读，能够帮助读者系统地掌握自媒体时代的个人变现方式。

图书在版编目（CIP）数据

一个人的商业模式：自媒体时代变现的128种方法 /胡华成，刘坤源编著. —北京：清华大学出版社，2021.6（2025.6 重印）

（新时代·营销新理念）

ISBN 978-7-302-56495-9

Ⅰ.①一… Ⅱ.①胡… ②刘… Ⅲ.①电子商务—商业模式—研究 Ⅳ.①F713.36

中国版本图书馆CIP数据核字(2020)第182834号

责任编辑：刘 洋
封面设计：徐 超
版式设计：方加青
责任校对：王凤芝
责任印制：刘海龙

出版发行：清华大学出版社
　　　　网　　　址：https://www.tup.com.cn, https://www.wqxuetang.com
　　　　地　　　址：北京清华大学学研大厦A座　　　　邮　　编：100084
　　　　社 总 机：010-83470000　　　　邮　　购：010-62786544
　　　　投稿与读者服务：010-62776969，c-service@tup.tsinghua.edu.cn
　　　　质 量 反 馈：010-62772015，zhiliang@tup.tsinghua.edu.cn
印 装 者：三河市东方印刷有限公司
经　　销：全国新华书店
开　　本：170mm×240mm　　　　印　　张：17.5　　　　字　　数：303千字
版　　次：2021 年 6 月第 1 版　　　　印　　次：2025 年 6 月第 9 次印刷
定　　价：79.00元

产品编号：085579-01

前言 多一个商业模式多一条活路

自媒体时代，一个人就是一支队伍，你本身就是一个公司，你是自己人生的CEO。

自明星崛起，一个人就是一个IP，你的品牌有千万价值可以变现，你是自己的CFO。

一个人，经营一个公众号或头条号，年赚100万元不是梦。

一个抖音号，经营有方，多出爆款，粉丝上千万人也有可能。

现在已进入人人都是自媒体的时代，人人可以借助自媒体平台成为自明星，打造属于自己的IP品牌。

随着互联网的去中心化，未来10年将是个人品牌崛起的时代。只要有一技之长的人，都可以成为自明星，与全世界进行连接。

笔者长期在新媒体领域打拼，近几年随着大量新媒体平台的开放，个人的魅力、技能在各个平台上百花齐放，形成无数个发光、发热的超级个体，赚钱的商业模式也越来越多。

这是最好的时代，因为只要你有才华，全世界都是你的舞台，一个人也能轻松活出精彩！

笔者长期进行全网营销，熟知各类新媒体赚钱的商业模式，并将10年的经验进行总结，汇于一书。

这本书的编写始于2020年年初，遇上百年难见的新型冠状病毒肆虐，太多的行业受困，受冲击最严重的当属线下实体行业，如餐饮行业、旅游行业、零售业等，随之兴起的是居家办公模式。这意味着很多线下商业模式开始失灵。每一个经营者都必须意识到，只有自己的商业模式转型，才能避开这类危机，使自己立于不败之地。

所以，笔者策划了这本与时俱进的书，以商业模式为切入点，专讲在自媒体、自明星时代的 128 种变现模式。

一个人，可以选择的道路多了，就不会被一条路困死。同理，可以赚钱的商业模式多了，就不会被一时的困境难住。线下生意不行，可以走线上模式，即使线上一种赚钱方式不行，还可以再换一种。本书介绍了 128 种赚钱方法，总有一种适合你，助你实现财富自由。

笔者从事多年的创业咨询服务，也先后操盘了多家知名企业和多个百万粉丝的自媒体账号，现笔者将在这些实操运营中对个人商业模式的操作要点都总结到本书中。下面笔者分享自己对于个人商业模式这一概念的一些理解。

（1）个人商业模式的前提。做好人生规划和自我定位，正确认识自我价值，找到适合自己的发展之路。因此，我们首先要厘清个人的人生目标、发展路径和职业规划，记住"纲为规划、目为模式，提纲挈领，纲举方可目张"。

（2）个人商业模式的实施。接下来要找到自己的兴趣爱好和优势技能，并根据精准的市场需求和用户需求，采用产品化的思维来包装自己或自己的能力，设计出完整的个人价值变现产品和方案，将自己打造成为一名优秀的"斜杠青年"，提升自己的盈利本领和渠道，实现个人商业模式目标。

（3）个人商业模式的理解。个人商业模式是实现人生目标、决定自己发展速度规模的"发动机"，是一座连接个人价值与财富的重要桥梁。因此，我们要发现和正确认识自己的价值，找到能够输出兴趣价值的平台，打造属于自己的个人品牌。

（4）个人商业模式的变现。个人商业模式再好，如果不能落地，那么最终只是一场"美梦"。因此，我们还需要制定切实可行的个人商业模式实施方案，实现个人价值的变现。

本书核心内容为个人商业模式系统的入门方法、商业技巧和变现模式。对于企业管理者来说，可以帮助其突破自我能力矩阵，创造更多财富；对于职场人士来说，可以帮助其突破思维瓶颈，顺利跃迁；对于自媒体运营者和创业者来说，可以帮助其全面把握个人商业模式，激发个人潜力。

编　者

目录

上篇：成为专家

第1章 路径打造：
实现个人商业模式定制化 / 2

1.1 个性化定制：引领个人商业模式的创新 / 2

　1.1.1 什么是商业模式，有哪些内容？ / 2

　1.1.2 为什么一定要学习商业模式？ / 3

　1.1.3 什么是个人商业模式定制化？ / 4

　1.1.4 商业模式创新工具之"竹林定律" / 5

　1.1.5 看懂商业模式理论体系全景图 / 7

1.2 个人商业模式：找到适合自己的发展之路 / 9

　1.2.1 第1步：商业模式画布，重塑你的职业生涯 / 9

　1.2.2 第2步：重新认识自我的道路：我究竟是谁？ / 10

　1.2.3 第3步：清晰告知自己：我的人生目标是什么？ / 13

　1.2.4 第4步：结合人生目标，重新设计商业模式 / 15

　1.2.5 第5步：价值计算，计算你的个人商业价值 / 16

　1.2.6 第6步：商业模式验证，用客户来进行验证 / 16

第2章 人生规划：
教你正确地认识自我价值 / 19

2.1 规划自己：做好人生路径规划 / 19

2.1.1 学习规划：不断地加深认知 / 19

2.1.2 职业规划：工作乃安身立命之本 / 21

2.1.3 技能规划：技多不压身 / 22

2.1.4 人生规划：有哪些想做的事情 / 24

2.1.5 资金规划：好的资金管理计划 / 25

2.1.6 家庭规划：相伴一生的人不可缺失 / 26

2.2 提升价值：认知和实现自我价值 / 26

2.2.1 什么是自我价值？为什么要提高？ / 27

2.2.2 5 个角度，帮你更清晰地认识自我 / 28

2.2.3 6 个方面，实现自我价值的提升 / 28

2.3 自我定位：选对正确的领域 / 29

2.3.1 说给谁听？目标用户定位 / 29

2.3.2 说些什么？内容领域定位 / 31

2.3.3 在哪里说？平台渠道定位 / 34

第 3 章 "斜杠青年"：

你也可以成为职场两栖人 / 36

3.1 打造斜杠身份：点亮你的人生技能树 / 36

3.1.1 "斜杠青年"的 2 个基本特征 / 36

3.1.2 要做一个优秀的"单杠青年" / 37

3.1.3 "斜杠青年"的 5 个基本条件 / 38

3.2 发现职业优势：打造个人核心竞争力 / 39

3.2.1 打破误区：你的阻力有哪些？ / 39

3.2.2 寻根问底：你的优势在哪里？ / 40

3.2.3 充分发挥：优势要如何利用？ / 41

3.2.4 阻止弱势：甩开不爱做的事情 / 42

3.2.5 创建团队：打造优秀精英团队 / 43

3.2.6 保持长久动力 / 46

3.3 成为"斜杠青年"：开启你的多重职场身份 / 46

3.3.1 告别"打工者思维"，按自己的方式生活 / 47

3.3.2 游戏化思维，谁说钱与快乐不可兼得 / 48

3.3.3 实现财务自由，开启你的无边界人生 / 51

3.3.4 学会投资自己，成为兴趣广泛的通才 / 52

3.3.5 学会享受平凡，把握极简主义的逻辑 / 53

第4章 兴趣价值：
不要让自己的才华被埋没 / 54

4.1 5种线路：全面输出你的兴趣价值 / 54

4.1.1 原创文章输出 / 54

4.1.2 原创视频输出 / 58

4.1.3 专业解答输出 / 61

4.1.4 网络电台输出 / 63

4.1.5 直播分享输出 / 66

4.2 自我修炼：快速提升你的软实力 / 69

4.2.1 坚持学习的不断积累 / 69

4.2.2 坚持眼界的不断积累 / 72

4.2.3 坚持执行力的不断积累 / 72

4.3 精准引流：轻松寻找粉丝集聚地 / 73

4.3.1 微信朋友圈引流 / 74

4.3.2 微信群等社群引流 / 75

4.3.3 抖音短视频引流 / 78

4.3.4 专业论坛引流 / 80

4.3.5 电商平台引流 / 80

4.3.6 线下活动引流 / 81

4.3.7 百度阵营引流 / 83

4.3.8 自媒体渠道引流 / 84

第5章 百万IP：
打造属于你自己的个人品牌 / 86

5.1 形象包装：宣传本质是包装升级 / 86

5.1.1 账号名称：你是谁？你是做什么的？ / 86

5.1.2 个人头像：用哪种类型的头像最好？ / 87

5.1.3 个性签名：粉丝关注你能得到什么？ / 89

5.1.4 封面背景：充分展示你的背景和头衔 / 89

5.1.5 地理位置：打造独特的个人"定位语" / 90

5.1.6 招牌动作：在粉丝脑海形成"视觉锤" / 91

5.2 打造个人品牌：你就是超级 IP / 92

5.2.1 扬长避短：专注自己擅长的领域 / 93

5.2.2 明确定位：在某个领域垂直深耕 / 93

5.2.3 加强记忆：打造有辨识度的特色 / 94

5.2.4 打破认知：快速增加你的知名度 / 95

5.2.5 粉丝变现：持续输出优质的内容 / 95

5.3 个体崛起：垂直领域 IP 的练成攻略 / 96

5.3.1 企业 CEO 如何打造个人品牌？ / 96

5.3.2 垂直电商如何打造个人品牌？ / 98

5.3.3 微商如何打造个人品牌？ / 99

5.3.4 职场人士如何打造个人品牌？ / 100

5.3.5 自媒体人如何打造个人品牌？ / 101

下篇：商业模式

第6章 15种微信变现方法：
放大粉丝经济的终身价值 / 106

6.1 微信平台的变现技巧 / 106

6.1.1 广告变现：获得"流量租金"收益 / 106

6.1.2 软文变现：内容与品牌广告相结合 / 108

6.1.3 粉丝打赏：开通微信"赞赏"功能 / 109

6.1.4 付费订阅：内容收费，供用户购买 / 111

6.1.5　养号卖号：培养并转让账号来获利　/　112

6.2　微信衍生的商业模式　/　112

6.2.1　电商卖货：利用微信小店卖产品　/　113

6.2.2　微商代理：招代理商和卖货双管齐下　/　114

6.2.3　社群经济：社群盈利思维让业绩暴涨　/　115

6.2.4　微信创业：抓牢 5 个创业小范围机会　/　117

6.2.5　第三方支持：利用 SaaS 型工具变现　/　118

6.3　微商卖货变现技巧　/　120

6.3.1　卖实物产品：成本更低，提成更高　/　120

6.3.2　卖培训产品：内容好，躺着也可以赚钱　/　122

6.3.3　卖生活服务：搭建本地生活服务平台　/　123

6.3.4　卖好的项目：让专业的人做专业的事　/　124

6.3.5　卖个人影响力：价值千万的信任变现　/　125

第 7 章　17 种电商变现方法：
激活粉丝，推动产品的销量　/　127

7.1　电商商业模式的变现途径　/　127

7.1.1　淘宝：C2C 电商模式　/　127

7.1.2　天猫：B2C 电商模式　/　129

7.1.3　拼多多：社交电商（C2B）模式　/　131

7.1.4　京东：自营式电商模式　/　133

7.1.5　微店：云销售电商模式　/　136

7.1.6　阿里巴巴：B2B 电商模式　/　137

7.1.7　唯品会：特卖电商模式　/　139

7.1.8　亚马逊：跨境电商模式　/　140

7.1.9　贝贝网：母婴电商模式　/　141

7.1.10　盒马鲜生：生鲜电商模式　/　142

7.1.11　珍品网：奢侈品电商模式　/　144

7.1.12　乐村淘：农村电商模式　/　144

7.2　电商平台的运营变现技巧　/　145

　　7.2.1　淘宝客推广模式　/　146

　　7.2.2　内容电商变现模式　/　146

　　7.2.3　淘宝直播边看边买　/　147

　　7.2.4　阿里 V 任务　/　148

　　7.2.5　网店装修变现　/　149

第 8 章　22 种内容变现方法：
专注分享专业的知识经验　/　151

8.1　内容变现年入百万的操作方法　/　151

　　8.1.1　付费图文：微信"付费图文"文章变现技巧　/　151

　　8.1.2　付费问答："微博问答"回答问题就能赚钱　/　153

　　8.1.3　付费视频：加入优酷的"视频创收平台"　/　156

　　8.1.4　付费音频：通过荔枝微课开收费音频课程　/　157

　　8.1.5　付费课程：加入腾讯课堂，成为一名"名师"　/　159

　　8.1.6　付费专栏：今日头条付费专栏的暴利玩法　/　162

　　8.1.7　付费社群：QQ"入群付费"，花钱才能进　/　165

　　8.1.8　付费会员：头条"圈子"圈住人脉和钱脉　/　167

　　8.1.9　广告联盟：快手"快接单"广告推广收入　/　169

　　8.1.10　流量分成：暴风短视频，平台分成很简单　/　170

　　8.1.11　买断版权：独家播放带来海量流量和收入　/　172

　　8.1.12　冠名赞助：吸引广告主的赞助快速变现　/　172

8.2　10 大平台的内容变现方法　/　173

　　8.2.1　知乎：成为某个小众领域牛人　/　174

　　8.2.2　悟空问答：答问题直接拿现金　/　175

　　8.2.3　千聊：音频课程直播变现平台　/　177

　　8.2.4　简书：较纯粹的写作变现平台　/　179

　　8.2.5　在行一点：提供咨询服务收费变现　/　180

　　8.2.6　知识星球：出售知识的好平台　/　182

　　8.2.7　喜马拉雅：制作一套付费音频课　/　184

　　8.2.8　蜻蜓 FM：可根据流量拿收入　/　186

8.2.9　豆瓣时间：付费订阅与推广佣金 / 187

8.2.10　网易公开课：在线教师赚钱更有路 / 188

第9章　18种直播变现方法：
借网红经济实现产品引爆 / 190

9.1　浅谈直播变现的 6 种常见形式 / 190

9.1.1　卖会员：以特殊服务获变现 / 190

9.1.2　粉丝打赏：卸下粉丝戒备心 / 191

9.1.3　付费观看：优质内容变现 / 191

9.1.4　版权销售："大块头"变现 / 192

9.1.5　企业宣传：为企业提供技术支持 / 193

9.1.6　游戏道具：引人心动的变现模式 / 194

9.2　实现直播长久变现的 12 种方法 / 194

9.2.1　网红变现：高效实现盈利目标 / 194

9.2.2　现场订购：将流量转化为销量 / 195

9.2.3　植入产品：植入商家广告变现 / 196

9.2.4　直播活动：营销活动促进消费 / 196

9.2.5　MCN 网红：机构化运作稳定变现 / 197

9.2.6　出演网剧：唱歌拍剧收入不菲 / 198

9.2.7　形象代言：有偿帮助品牌传播信息 / 199

9.2.8　商业合作：帮助品牌实现宣传 / 200

9.2.9　公会直播：享有更高提成比例 / 201

9.2.10　游戏广告：收取巨额的广告费 / 202

9.2.11　游戏联运：精品游戏充值提成 / 203

9.2.12　主播任务：享受平台扶持收益 / 204

第10章　21种短视频变现方法：
打造多元化的盈利模式 / 205

10.1　短视频广告变现的 5 种常见形式 / 205

10.1.1　流量广告：多种展现形式 / 205

10.1.2 浮窗 LOGO：悬挂品牌标识 / 207

10.1.3 贴片广告：更受广告主青睐 / 207

10.1.4 品牌广告：推广针对性更强 / 208

10.1.5 视频植入：内容与广告相结合 / 209

10.2 短视频广告变现的 6 种热门平台 / 210

10.2.1 抖音：星图平台 / 210

10.2.2 映客：映天下 / 211

10.2.3 快手：快接单 / 212

10.2.4 秒拍：秒拍号 / 213

10.2.5 美拍：美拍·M 计划 / 214

10.2.6 火山小视频：收益分成 / 215

10.3 抖音短视频变现的 10 种常见方式 / 216

10.3.1 抖音购物车，关联淘宝的商品 / 216

10.3.2 商品橱窗，直接进行商品销售 / 217

10.3.3 抖音小店，抖音内部完成闭环 / 218

10.3.4 鲁班店铺，快速上架推广商品 / 220

10.3.5 精选联盟，获得推广佣金收益 / 221

10.3.6 DOU+ 上热门，提升电商点击率 / 222

10.3.7 "蓝 V"认证，帮助企业引流带货 / 223

10.3.8 POI 信息商家，在抖音上开店 / 225

10.3.9 抖音小程序，扩宽变现的渠道 / 225

10.3.10 多闪 APP，更多盈利机会 / 226

第 11 章 18 种自媒体变现方法：
再小的自媒体也能赚钱 / 228

11.1 10 种自媒体变现方式：告诉你怎么赚钱 / 228

11.1.1 用户赞赏：优质内容收益多多 / 228

11.1.2 签约作者：每月获得固定收益 / 229

11.1.3 扶持计划：大量资金扶持优秀作者 / 230

11.1.4 平台补贴：诱惑力十足的变现模式 / 232

11.1.5　接口合作：巧妙应用，三方共赢　/　232

11.1.6　创业孵化：加速服务，实现产业价值提升　/　233

11.1.7　标签化 IP：积累高人气，轻松获取利润　/　235

11.1.8　频道电商化："精准推荐＋易接受"双保险　/　236

11.1.9　自媒体电商：轻松将流量转化为销量　/　237

11.1.10　图书出版："高收益＋大名气"双丰收　/　239

11.2　8 个新媒体平台变现：平台多多，任你选　/　240

11.2.1　头条号：典型而多样的盈利方式　/　241

11.2.2　百家号：广告分成＋原生广告＋赞赏　/　243

11.2.3　一点号：多重收益，高额奖金　/　245

11.2.4　企鹅号：持续丰富优质收入渠道　/　246

11.2.5　网易号：星级越高，权益越多　/　247

11.2.6　大鱼号：多重分润，奖金升级　/　248

11.2.7　搜狐号：广告分成，流量收益　/　249

11.2.8　360 快传号：坚持原创，扩大收益　/　250

第12章　17 种其他变现方法：
不同渠道的商业模式解析　/　252

12.1　互联网变现：利用网络也可轻松盈利　/　252

12.1.1　项目推广：完成任务赚佣金　/　252

12.1.2　创意众包：让技能变成收益　/　253

12.1.3　新闻阅读：看新闻资讯赚钱　/　254

12.1.4　网络任务：空闲时间赚小钱　/　255

12.1.5　众筹模式：筹集资金更便捷　/　255

12.1.6　域名投资：放开投资的眼界　/　256

12.1.7　APP 开发：更多的变现途径　/　257

12.1.8　增值插件：引导粉丝去消费　/　258

12.1.9　SEO 引流：做流量提升服务　/　259

12.2　实体变现：抓住新兴的产业投资机会　/　259

12.2.1　无人商业模式：变现更智能化　/　259

12.2.2　共享经济模式：分享彼此价值　/　260

12.2.3　新零售模式：以消费者为中心　/　261

12.2.4　企业融资模式：解决资金问题　/　261

12.2.5　合伙创业模式：快速做大事业　/　262

12.2.6　内部创业模式：持续创新业务　/　263

12.2.7　免费商业模式：获取利润最大化　/　263

12.2.8　O2O 商业模式：寻找创新突破口　/　264

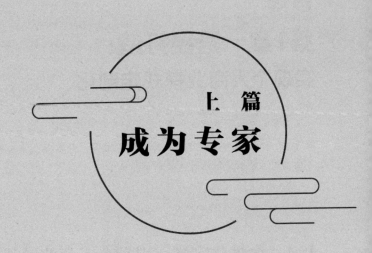

上 篇
成为专家

第1章 路径打造：
实现个人商业模式定制化

在设计个人商业模式之前，我们一定要弄清楚自己是谁，有什么人生目标，给自己一个清晰合理的定位；然后做好准备，调整自己的状态，在个人商业模式的画布上尽情地描绘自己的梦想和未来。

1.1 个性化定制：引领个人商业模式的创新

在看本书之前，你不妨先问自己几个问题。

- 我是谁？我真的了解我自己吗？
- 我想成为谁？我的梦想到底是什么？
- 我要如何成为谁？我的职业规划是什么？
- 我要如何更快更好地成为谁？我该怎么提升自己？

当然，你如果要成为心目中的那个自己，首先需要有一个好的个人商业模式，这也是本书要讲的主题。

1.1.1 什么是商业模式，有哪些内容？

首先，我们需要了解商业模式的概念。简单来说，商业模式就是一种维持生存的方式。从企业层面来看，商业模式指的是企业在财务上能够支撑其自给自足需求的运营方式，也可以将其看成企业的发展蓝图，其中描绘了企业的所有经营方式。

从个人层面来看，我们可以将自己当成只有一个人的企业，那么个人商业模式就是指采用哪种方式来发挥自己的才智和能力，以实现个人与职业发展的无缝结合，即用什么方式去赚钱。

总的来说，商业模式就是一种能够创造利润和价值的逻辑方式，这是商业模式的本质所在。如果从操作层面来看，商业模式就是生产价值的内部过程。商业模式包括 5 个方面的内容，如图 1-1 所示。

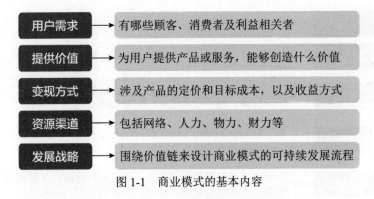

用户需求	→ 有哪些顾客、消费者及利益相关者
提供价值	→ 为用户提供产品或服务，能够创造什么价值
变现方式	→ 涉及产品的定价和目标成本，以及收益方式
资源渠道	→ 包括网络、人力、物力、财力等
发展战略	→ 围绕价值链来设计商业模式的可持续发展流程

图 1-1　商业模式的基本内容

例如，B2C（Business to Consumer，商对客电子商务模式）就是一种常见的电子商务模式，是企业直接面向消费者销售产品和服务的商业零售模式，如天猫、京东、网易考拉、苏宁易购等大型互联网企业采用的都是这种商业模式。图 1-2 所示为京东商城的官方主页，京东会从有品质保证的品牌厂商进货，然后通过线上渠道向用户销售，通过"自营＋品牌"的独特商业模式来保持竞争力。

图 1-2　京东商城的官方主页

1.1.2　为什么一定要学习商业模式？

那么，我们为什么一定要学习商业模式？下面列举了几个重要元素，大家可以从中看到商业模式的重要性和作用，如图 1-3 所示。

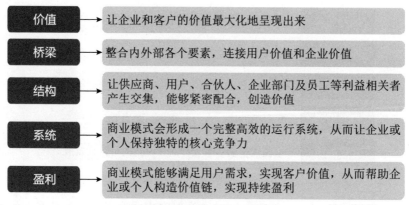

图 1-3　商业模式的主要作用

有了好的商业模式，企业或个人才能更好地围绕自己的目标用户群体运营相关战略，展开各项价值活动，让模式系统得到长久运营，同时不断创造新的价值，形成强大的竞争优势。

1.1.3　什么是个人商业模式定制化？

商业模式的最终目的是实现你的价值，让你成为想要变成的那个自己。当然，要做到这一点，对于个人来说，一定要进行个人商业模式定制化设计，这样你才能变得与众不同，更容易走向成功。

如今，随着商业模式的不断发展，所有人都处在变化当中，包括你的供应商、顾客及竞争对手。因此，我们还需要不断进行创新，不断改变自己，才能更好地生存和发展。这就需要我们具有个人定制化的商业模式，来适应这种快速变化的大环境。

同质化只会给你带来更多的竞争对手，让你自顾不暇，更谈不上去优化和改进自己的商业模式。因此，我们一开始就要制定一个智慧化、个性化和定制化的个人商业模式，让消费者和生产者能够实现共赢。

个人商业模式定制化是指可以适应市场形势、顺应客户需求和整合自身资源的一种高度灵活的个性化商业模式，能够帮助个人更好地构筑核心竞争力。例如，大疆就是采用这种定制化的个人商业模式，成为"消费级"无人机的"市场霸主"。

过去，无人机通常应用于军事方面，而大疆却另辟蹊径，将无人机应用到摄影、农业、采访拍摄等商业领域，让大量的业余爱好者也能体验这种高空拍照的乐趣。同时，大疆还开发了专业级产品和消费级产品，以及各种行业解决方案，来满足不同用户群体的需求，如图 1-4 所示。

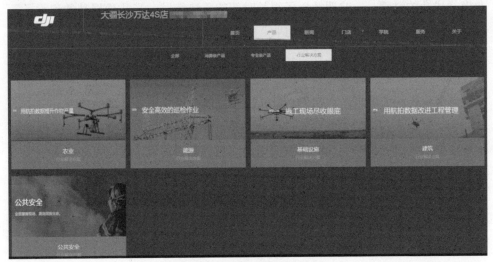

图 1-4　大疆的行业解决方案

大疆的成功，在于其定制化商业模式的"独创性"特点，其通过创意和技术方面的创新，把无人机应用延伸到民用市场，为广大消费者带来价值，让更多消费者认识到这个品牌。大疆无人机在全球无人机市场上的占有率超过了 70%。

1.1.4　商业模式创新工具之"竹林定律"

那么，对于个人用户来说，我们如何才能做到商业模式的创新？这里笔者推荐"竹林定律"的商业模式思维。"竹林定律"还原了从一根竹笋破土而出，到一夜之间新竹遍地的过程，其具体分析如图 1-5 所示。

图 1-5　"竹林定律"的相关分析

　　"竹林定律"主要是以竹子的生长规律来形象地揭示商业模式创造的过程，这是一种发散性、创造性的思维方式。同时，从"竹林定律"中可以看到一个商业模式成功的过程——前期经历了很长时间的蓄势待发，当扎稳根基并积蓄了一定程度的力量后，便"一发而不可收"。

　　通过不断运用"竹林定律"，能够让你的商业模式形成"竹林效应"，不断开枝散叶。竹子的生命期虽然不长，但它形成竹林的速度却非常快，一夜春雨，便可迅速成长为能够抵抗风雨的竹林，这也是商业模式需要具备的能力。

　　例如，小米公司的生态成长逻辑就是"竹林定律"的代表案例。小米创始人雷军在商业模式的战略布局上具有一定的前瞻性和穿透性，首先以智能手机为主导市场，获得大量的粉丝用户；然后布局生态链，让企业获得持续性成长；同时，还通过 IoT（Internet of Things，物联网）寻求更多突破，打造出具有极强生命力的商业模式。

　　小米公司以手机为核心业务来实现生态链的建设，并不断向外拓展产品范围，包括手机周边、智能硬件及各种生活耗材等，如图 1-6 所示。

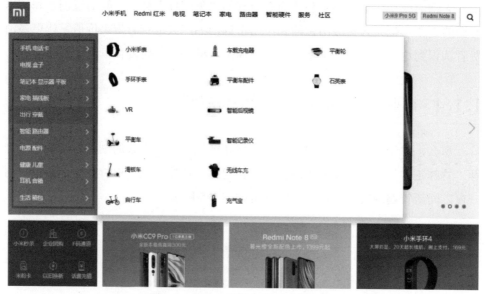

图 1-6　小米公司的生态链产品布局

　　同时，小米通过将产品做到极致，还衍生出大量生态链品牌，如紫米（ZMI）、智米科技、云米 ® 全屋互联网家电、Yeelight、Aqara（绿米）、Ninebot（九号机器人）、纯米、心想、青米、石头科技、90 分、最生活、贝医生、素士、和厨、贝瓦、KACO 文采、云麦、8H、小吉等，这些品牌或产品都是小米"竹林"中的一株株竹子，如表 1-1 所示。小米生态链品牌带来的这种"竹林效应"，在成就别人的同时，也更好地成就了自己。

表 1-1　小米公司的生态链品牌布局

小米生态链品牌	主要业务和产品
紫米（ZMI）	移动电源（充电宝）、充电器、电池、数据线等
智米科技	包括空气净化器、空调、卫浴等生活电器产品，以及相关周边配件
云米 ® 全屋互联网家电	互联网家电品牌，产品包括洗碗机、冰箱、净水器、抽油烟机、洗衣机等
Yeelight	专注于智能灯具，产品包括智能吸顶灯、智能 LED 灯、智能护眼台灯等
Aqara（绿米）	智能家居基础配件品牌，产品包括各类传感器和智能开关等
Ninebot（九号机器人）	现代交通代步工具，产品包括各种智能平衡车和滑板车等
纯米	专注于智能厨电产品，包括智能电饭煲、智能磁炉、智能电压力锅、智能烤箱、智能微波炉等
心想	胶囊咖啡机制造商，专注于各种智能咖啡机产品
青米	专注于各种智能插座和插线板等产品
石头科技	米家扫地机器人供应商
90 分	倡导"轻趣美好，活力质感"的生活方式品牌，主要产品为箱包服饰
最生活	互联网毛巾品牌，专注于生产优质毛巾产品
贝医生	专注于各种高品质的口腔护理产品，如电动牙刷、牙膏等
素士	个护时尚科技品牌，主要产品包括电动牙刷、冲牙器、剃须刀、电吹风等，以及牙膏、漱口水、护发精油等配套产品
和厨	专注于高端速食冻干面的研发、生产和销售
贝瓦	知名儿童用品品牌，产品包括爬行垫、早教机、儿童手表等
KACO 文采	生活文创精品品牌，产品包括书写工具和办公用品等
云麦	提供智能健康解决方案和各种健康生活周边产品
8H	提供各种优质的睡眠产品，如涂胶床垫、乳胶枕、U 形枕、懒人沙发等
小吉	智能迷你潮电品牌，产品包括泡沫洗手机、水珠壁挂洗衣机、迷你复古冰箱、风冷冰箱等

1.1.5　看懂商业模式理论体系全景图

要玩转个人商业模式，除了需要了解"竹林定律"基本思维外，还需要掌握一些商业模式的理论体系，具体内容如图 1-7 所示。

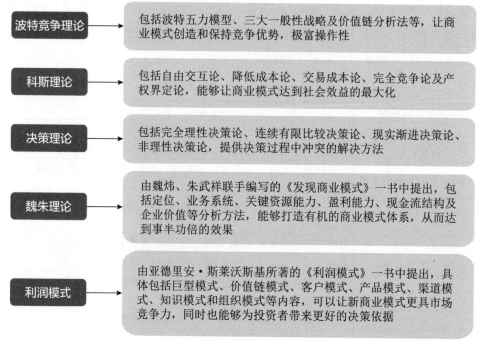

图 1-7　商业模式理论体系全景图

同时，由亚历山大·奥斯特瓦德（Alexander Osterwalder）和伊夫·皮尼厄（Yves Pigneur）合作所著的《商业模式新生代》一书中讲述了完整的商业模式画布，能够帮助我们掌握更多新颖的价值创造模式，如图 1-8 所示。

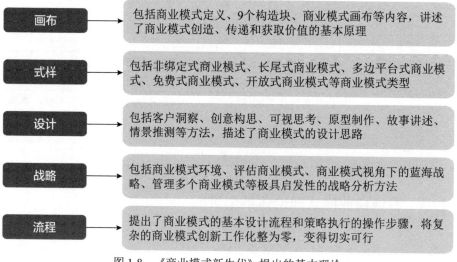

图 1-8　《商业模式新生代》提出的基本理论

1.2 个人商业模式：找到适合自己的发展之路

本书的重点在于个人的商业模式应用，这是不同于企业级的一种全新模式，尤其在互联网时代，我们有更多的方法来实现自己的个人价值，创造更多的利润。因此，对于个人用户来说，同样需要策划自己的商业模式画布，从而重塑自己的职业生涯，找到适合自我的发展之路。

1.2.1 第1步：商业模式画布，重塑你的职业生涯

《商业模式新生代》一书中用一张商业模式画布描述了企业级商业模式的九大要素及其关系，具体包括客户细分、价值主张、渠道通路、客户关系、收入来源、核心资源、关键业务、重要合作、成本结构等内容。

其中，价值主张作为该商业模式画布的分割线，其左侧为提升效率的方法，右侧为提高价值的方法，如人类的左脑和右脑那样，只有相互配合，才能更好地发挥其作用。其实，个人商业模式也可以在该商业模式画布中找到与之对应的元素（中英双语对照部分为企业商业模式要素，中文黑体部分为个人商业模式要素），如图 1-9 所示。

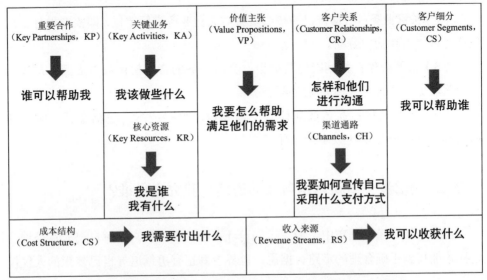

图 1-9　企业商业模式与个人商业模式的商业模式画布对应关系

下面笔者从个人商业模式层面帮助大家分析商业模式画布。

（1）**客户细分**：找出自己最重要的用户群体，清楚自己是在为谁创造价值。我们可以看看自己目前所做的工作的主要受益群体或者服务对象是谁。

（2）**价值主张**：确定自己的真正价值，可以用什么样的产品、服务或方式来满足用户的需求，完成他们的任务。

（3）**渠道通路**：如何让潜在客户知道，怎么让他们看到和购买产品或服务，以及将自己的价值分享给他们，即企业商业模式中的营销过程。

（4）**客户关系**：应该如何与用户进行接触及交流和沟通，如直接沟通、邮件、微信和电话等方式。

（5）**收入来源**：获取收入的方式是什么，有哪些收入来源，以及怎么让用户愿意为产品或服务埋单。

───── **专 家 提 醒** ─────

个人商业模式的收入方式多种多样，如工资、产品销售提成、专业服务费、投资理财收入、书稿版权等，除了现金收入外，还能够获得满足感、成就感、影响力等精神收益。

（6）**核心资源**：对于个人来说，核心资源包括自己的特长、技能、兴趣、知识、经验及人脉等有形或无形资产。

（7）**关键业务**：根据自己的核心资源对关键业务进行定位，即需要做什么，包括各种体力和脑力劳动。

（8）**重要合作**：找到能够帮助自己完成任务的合作伙伴或供应商，从他们手中获取更多核心资源和关键业务。

（9）**成本结构**：在该商业模式中需要付出哪些成本，包括金钱、时间和精力等，同时要尽量让成本最小化。

1.2.2 第2步：重新认识自我的道路：我究竟是谁？

在个人商业模式画布中，最关键的一环在于认识自我，了解自己究竟是谁，这样才能找到正确合理的道路。据悉，世界上真正有勇气追寻自己梦想的人仅仅有 3%，大部分人不敢真正面对自己，或者最终与自己的梦想背道而驰。下面介绍 3 种帮你重新认识自我的方法。

1. 自问：重新定义"我是谁"

准备 10 张小纸条，都写上"我是谁？"这个问题，并一一作答。同时，写上扩展说明，分析这个答案的动机，如图 1-10 所示。接下来将所有答案进行梳理和排序，找到最重要的内容以及它们之间的共同之处，来更加清晰地认识自我。

畅销书作家
出版多本财经、企业管理类书籍

创始人
连锁招聘平台——中国人才就业网创始人

CEO
HR商学院院长，并任先锋人力资源集团首席执行官

企业家
智和岛董事长，从事创业投资、实业投资

编辑
创办《创业界》栏目，担任总策划

财经专家
亚洲财富论坛理事会理事长

HR经理人
帮助HR从业人员成长，帮助企业提高管理水平

互联网观察者
多年来专注于互联网与创新盈利模式研究工作

"打工皇帝"
曾就职于一家著名金融保险企业，历任保险代理人、业务主管、部门经理，并积累了丰富的一对一攻心销售及管理经验

自媒体人
运营HR商学院、人力资本、管理价值的公众号，以及胡华成新浪微博等多个自媒体平台

图 1-10　在小纸条上回答"我是谁"这个问题

2. 生命线探索

生命线探索可以帮助我们重新审视和定义自己的兴趣、技能和个性，获得更多的工作满足感，如图 1-11 所示。我们可以先绘制自己的生命线高低潮标志事件，将其在生命线图中罗列出来；然后对这些事件进行简单描述，并从中发现获得职业荣誉感的因素，从而帮助确定自己的兴趣，以及描述自己的技能；最后明确自己的能力和期望。

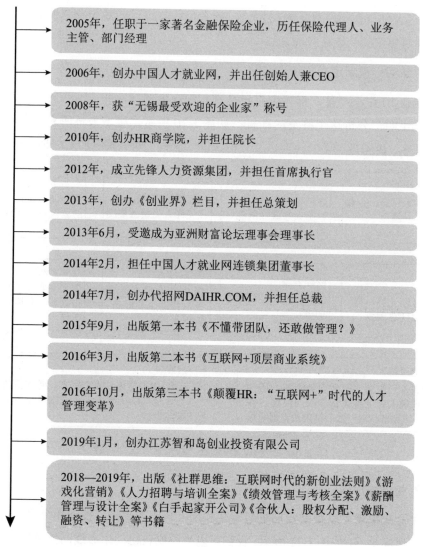

2005年，任职于一家著名金融保险企业，历任保险代理人、业务主管、部门经理

2006年，创办中国人才就业网，并出任创始人兼CEO

2008年，获"无锡最受欢迎的企业家"称号

2010年，创办HR商学院，并担任院长

2012年，成立先锋人力资源集团，并担任首席执行官

2013年，创办《创业界》栏目，并担任总策划

2013年6月，受邀成为亚洲财富论坛理事会理事长

2014年2月，担任中国人才就业网连锁集团董事长

2014年7月，创办代招网DAIHR.COM，并担任总裁

2015年9月，出版第一本书《不懂带团队，还敢做管理？》

2016年3月，出版第二本书《互联网+顶层商业系统》

2016年10月，出版第三本书《颠覆HR："互联网+"时代的人才管理变革》

2019年1月，创办江苏智和岛创业投资有限公司

2018—2019年，出版《社群思维：互联网时代的新创业法则》《游戏化营销》《人力招聘与培训全案》《绩效管理与考核全案》《薪酬管理与设计全案》《白手起家开公司》《合伙人：股权分配、激励、融资、转让》等书籍

图 1-11　笔者的生命线探索示例

3. 霍兰德职业倾向

美国约翰·霍普金斯大学心理学教授、著名的职业指导专家约翰·霍兰德（John Holland）根据人们的心理素质和择业倾向，提出了霍兰德职业选择理论和霍兰德测验量表，把职业倾向分为社会型（S）、企业型（E）、常规型（C）、实用型（R）、研究型（I）、艺术型（A）6 种类型，来帮助求职者更好地做出求职择业的决策，如图 1-12 所示。

艺术型（A）
100
80
60
40
20
0
社会型（S）
企业型（E）
常规型（C）
实用型（R）
研究型（I）

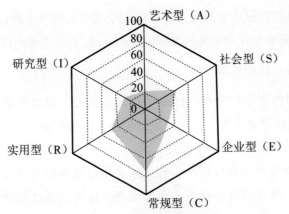

图 1-12　霍兰德职业倾向测验量表

读者可以在百度上搜索“霍兰德职业兴趣测试”，完成相应的测验量表，来帮助自己发现和确定职业兴趣和能力特长，对自己的兴趣特性与职业有更为明晰的认识，如图 1-13 所示。

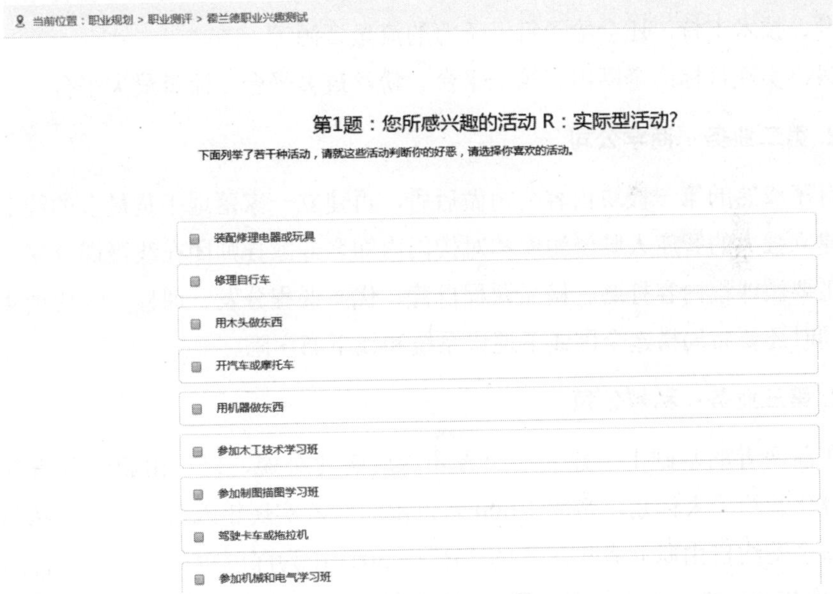

当前位置：职业规划 > 职业测评 > 霍兰德职业兴趣测试
第1题：您所感兴趣的活动 R：实际型活动?
下面列举了若干种活动，请就这些活动判断你的好恶，请选择你喜欢的活动。
装配修理电器或玩具
修理自行车
用木头做东西
开汽车或摩托车
用机器做东西
参加木工技术学习班
参加制图描图学习班
驾驶卡车或拖拉机
参加机械和电气学习班

图 1-13　霍兰德职业兴趣测试

1.2.3　第3步：清晰告知自己：我的人生目标是什么？

当你对“我是谁”这个问题进行彻底解答，对自己有了全新的了解后，接下来就可以根据自己的特点来制定人生目标，绘制个人的梦想规划蓝图。例如，笔者计划在3年内筹备一家集团化内容孵化生态公司，业务主要由以下4大板块组成。

1. 第一业务：知库公司

做一家知识内容创作公司，打造千万级甚至更大的知识 IP，布局全网新媒体矩阵，包括微信公众平台、微博、今日头条、百度百家、一点资讯、搜狐号等众多新媒体平台，具体方式如下所述。

- 第一，创建内容创作团队，按照相关出版流程进行内容创作。这样做的好处是，可以通过全网布局内容生态，还可以通过整理出版覆盖图书阅读人群。

- 第二，与全媒体知识大 V、频道专栏作家、供稿人、出版人等优质资源进行签约及深度合作。

有了全网媒体入口及流量资源后，可以与媒体公司进行签约及深度合作，如笔者目前深度合作的两大巨头——头条号和百度百家号等，这些平台会给予强大的资源、技术支持，还会给予每天千万的流量资源等。

最终实现目标：全网内容第一平台、粉丝最多平台、流量最大平台。

2. 第二业务：商学公司

有了成熟的第一板块内容公司做后盾，再建立一家落地干货最多的线上商学院，建立强大的智库人脉资源库和对接国内知名专家导师团在线授课分享。商学公司主要做课程内容打磨、精品课程自营、优质课程分发、课程分级代理 4 块业务，同时还要布局搭建全国线下巡讲系统和线下商学院。

3. 第三业务：私孵公司

在前两者的基础上，建立一个人才深度孵化公司，以自由职业者培养为导向，孵化签约千人计划，帮助 1 000 名自由职业者实现年入百万目标。私孵公司持有每个签约自由职业者年收入的 20%～30% 作为深度孵化服务费，合同期以 10～30 年为限期，深度与自由职业者长期合作、成长共赢，产生商业模式的"竹林效应"。

4. 第四业务：创业投资公司

最后建立一家创业投资公司用于私孵精准人才，愿景是做一家陪同创业者一起创业成长的创业公司，使命是将 100 家创业公司打造成为领域"独角兽"。同时，给予集团公司所有的资源、人才、资本，助力创业者实现创业成功。

笔者相信，大部分人绝不是为了简单的活着而活着，我们需要重新拾起那些被自己遗忘在角落的人生目标，给自己充满能量，去面对生活，追逐目标！

1.2.4　第4步：结合人生目标，重新设计商业模式

了解自己的能力，以及有了人生目标后，我们就可以根据这些基本元素来设计个人的商业模式，同时不断检查和优化个人商业模式，开始实施行动。

例如，笔者的第一个知库公司目前已经打磨成熟，目前全网粉丝大概有 500 万名，月度全网内容阅读量超 3 亿条，粉丝分布在不同的自媒体、新媒体平台，如微博、微信公众号、今日头条号、百度百家、一点资讯、新浪看点、搜狐自媒体等。

知库公司的主要内容创作来源为多方平台授权和签约作者投稿及自己出版写作内容，目前定稿 21 本书籍，后期会以每年 10 ～ 20 本的新书发布速度来增加知库公司的影响力及知识内容库。

接下来笔者计划将知库公司拆分成两家独立公司：一家为新媒体内容公司，主要做新媒体优质文章和课程营销文案等内容创作；另一家公司签约更多的创作者，帮助企业家和创业者提供策划出版业务，为企业家和创业者提高影响力和打造知名度，成为新时代的个人品牌策划包装公司。

第二家商学公司已经开始布局，目前课程库系列课大约有 500 位知名授课老师资源已经入库。合作渠道以千聊直播为主，平台为我们开通一级合作渠道，最高课程可以拥有 90% 的利润分成，测试阶段已经获得超过 20 000+ 名付费学员。

第三家私孵公司目前属于布局测试阶段，还没有正式启动。私孵公司有两个运营方向，一个是"成长计划"，主要目的是提升作者收入；另一个是"百薪计划"，主要目的是帮助自由职业者实现"百万年薪"，目前计划实施步骤已经初步出炉。

第四家创业投资公司在同步准备阶段，还没有正式启动。遗憾的是，目前还没有正式搭建团队和组建班子。

以上全部公司事务由笔者个人和一个助手在打理运营。

之所以没有组建团队主要是想从"人效、时效、平效"3 个方面测试下笔者自身的创业能力，即笔者一个人在一年时间内，在没有公司、没有团队、没有平

台、没有办公成本的情况下，能实现什么样的成绩和结果。看看一个人用全力以赴的状态，找到的兴趣点能有多少产能。

以笔者的效能标准进行测试，发现辅导一名自由创业者实现年收入 100万～ 300 万元基本没有问题。所以，笔者对第三家公司私孵公司的未来是非常看好的，并且潜力无限。

1.2.5　第5步：价值计算，计算你的个人商业价值

到了这一步，我们需要对个人商业模式的价值进行计算。个人商业模式价值是指个人商业模式对于我们表现出来的积极意义和有用性资源，包括直接经济价值和间接经济价值，如图 1-14 所示。

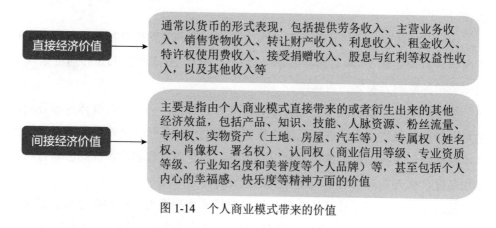

图 1-14　个人商业模式带来的价值

1.2.6　第6步：商业模式验证，用客户来进行验证

最后，我们需要验证自己的个人商业模式是否存在问题。如果存在问题，那么这些问题很可能导致运营陷入困境或者创业失败等情况，因此我们要深入"拷问"自己的个人商业模式。在验证个人商业模式时，最直接有效的方法就是"让客户说话"，用客户的实际体验作为衡量标准，具体包括以下几个方面。

- 客户喜欢什么样的产品？
- 客户是否喜欢产品？
- 产品对客户来说有没有真正价值？

- 客户对产品有哪些不满意的地方？
- 客户的购买或使用周期有多长？
- 客户的开发成本是否过高？
- 获得客户后，如何进行变现？

通常情况下，创业者可以采用调查问卷的形式来收集客户意见，或者通过相关的数据分析工具来分析客户偏好，如图 1-15 所示。通过站在客户角度来“拷问”自己的个人商业模式，可以快速找到个人商业模式中哪里强哪里弱，从而更好地进行改善和优化。

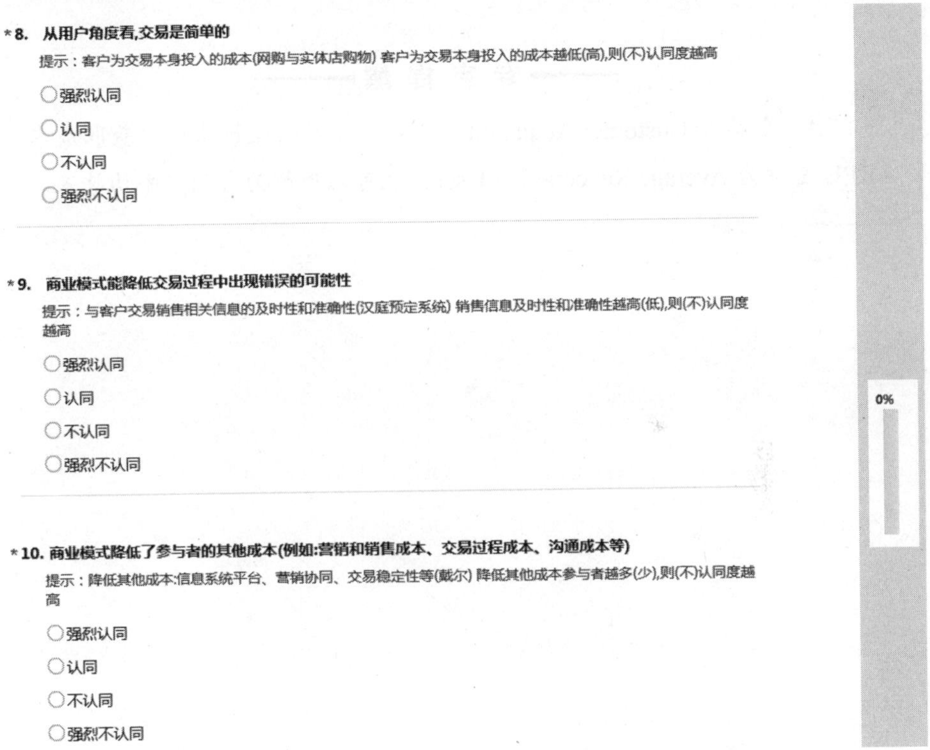
*8. 从用户角度看,交易是简单的

提示：客户为交易本身投入的成本(网购与实体店购物) 客户为交易本身投入的成本越低(高),则(不)认同度越高

○强烈认同
○认同
○不认同
○强烈不认同

*9. 商业模式能降低交易过程中出现错误的可能性

提示：与客户交易销售相关信息的及时性和准确性(汉庭预定系统) 销售信息及时性和准确性越高(低),则(不)认同度越高

○强烈认同
○认同
○不认同
○强烈不认同

*10. 商业模式降低了参与者的其他成本(例如:营销和销售成本、交易过程成本、沟通成本等)

提示：降低其他成本:信息系统平台、营销协同、交易稳定性等(戴尔) 降低其他成本参与者越多(少),则(不)认同度越高

○强烈认同
○认同
○不认同
○强烈不认同

0%

图 1-15　通过调查问卷的形式来验证个人商业模式示例

另外，创业者还可以把完整的个人商业模式拆解为细小的碎片化指标，从细节处去寻找问题，这样能够更准确地验证方案的正确性，并及时进行优化。验证个人商业模式的主要指标通常包括投入产出比和营销组织方式等，如图 1-16 所示。

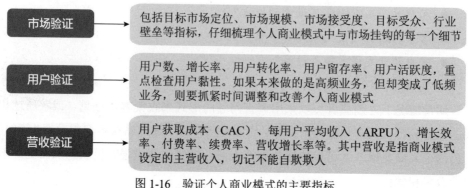

图 1-16　验证个人商业模式的主要指标

───── 专 家 提 醒 ─────

CAC 全称为 Customer Acquisition Cost，也可以理解为用户获取成本；
ARPU 全称为 Average Revenue Per User，也可以理解为每用户平均收入。

第2章 人生规划：
教你正确地认识自我价值

使用个人商业模式对自己进行清晰的定位后，接下来就可以开始规划自己的人生，包括学习规划、职业规划、技能规划、人生规划、资金规划等，用个人商业模式来认识和实现自己的真正价值。

2.1 规划自己：做好人生路径规划

穷人与富人的主要区别就在于规划，很多时候，不是穷人不够努力，也不是他们不够聪明，而是由于他们疏忽了规划自己，从而错过了很多机遇。

一个人做任何事都需要有计划和目标，否则就会变成一只无头苍蝇，到处乱窜，很容易让自己陷入迷茫，一事无成。在开始实施自己的个人商业模式之前，我们同样需要对自己进行完整的规划，设计好自己的"人生路径"。

2.1.1 学习规划：不断地加深认知

对于成功的创业者来说，学习相当重要，如果你准备深入一个行业，开发一个全新领域的个人商业模式，第一步就是学习。学习也有很多技巧，如果学习时缺乏体系，没有重点，则结果往往事倍功半。

美国畅销书作家马尔科姆·格莱德威尔（Malcolm Gladwell）在《异类》一书中曾经提出一个非常经典的"1万小时定律"，其具体内容为："人们眼中的天才之所以卓越非凡，并非天资超人一等，而是付出了持续不断的努力。1万小时的锤炼是任何人从平凡变成世界级大师的必要条件。"

也就是说，我们做任何事情，只要可以坚持1万个小时，就能够成为这个领域的专家。如果你每周工作5天，每天工作8个小时，这样算下来大约需要5年时间。但现实情况是，很多从业者都坚守一个岗位超过5年、10年甚至一辈子，但成功者却寥寥无几。这是因为他们往往采用宽泛学习的方法，这是极不合理的，因此我们需要规划自己的学习计划，采用刻意学习的方式来提高效率。

要想成功实施自己的个人商业模式，我们一定要改善学习方式，重点学习自己真正需要的知识，不断深入了解自己所处的领域知识，相关建议如图 2-1 所示。

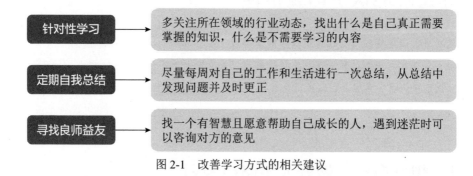

图 2-1　改善学习方式的相关建议

这里笔者也研究了一套深度学习的方法论，非常有效，笔者将其称为填空学习法。一切学习都是为了"填空"，填写未来人生的答卷。其实，每个人都应该为自己制定一套人生该何去何从的规划试卷图，有了试卷图就有了学习方向和学习方法，以及学习的理由和动力。在设计和回答自己的人生规划试卷图时，还有一些相关注意事项，如图 2-2 所示。

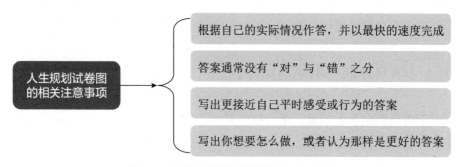

图 2-2　人生规划试卷图的相关注意事项

只有制定出一套合理的人生规划试卷图，才能有效地制定学习规划。只有具备这样的学习思维，才能让学习更有效，更接近目标，更能提升自我能力和价值。

从入学到毕业，所有的学生时代，学习都是为了考试和晋级。到了社会中，大部分人的学习失去了目的，导致学习力下降，学习目的不明确，这样人与人之间才拉开了距离。

如果想缩小差距，那就必须设定学习目的，建立人生规划试卷图，按要求、标准、时间来完成这次突击考试，赢得人生下半场。

─── **专 家 提 醒** ───

　　在做学习规划时，建议大家记住这句话："明确目标，由浅入深；约束自己，坚持不懈；阶段评估，提升动力。"

2.1.2　职业规划：工作乃安身立命之本

　　对于普通人来说，工作是安身立命之本，很多时候，不是工作需要你，而是你需要一份工作。建议大家在20～30岁这个人生最重要的黄金10年中完成正确、高效的职业规划，这样你才能快人一步，抓住更多商业机遇。

　　随着社会竞争越来越激烈，人们在职场中变得越来越迷茫，很多人都是抱着随波逐流的心态，经常更换工作，这样的人生往往一事无成。究其原因，他们缺少的是一份合理的职业规划。那么，正确的职业规划到底该如何做？下面笔者总结了职业规划的基本流程，为大家提供参考，如图 2-3 所示。

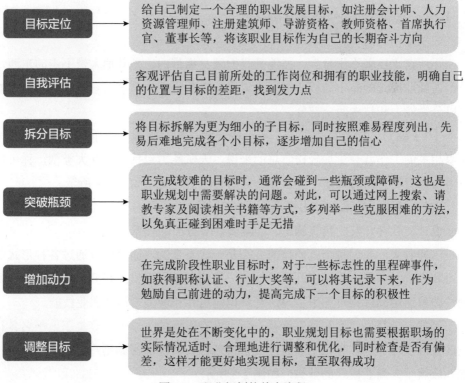

目标定位	给自己制定一个合理的职业发展目标，如注册会计师、人力资源管理师、注册建筑师、导游资格、教师资格、首席执行官、董事长等，将该职业目标作为自己的长期奋斗方向
自我评估	客观评估自己目前所处的工作岗位和拥有的职业技能，明确自己的位置与目标的差距，找到发力点
拆分目标	将目标拆解为更为细小的子目标，同时按照难易程度列出，先易后难地完成各个小目标，逐步增加自己的信心
突破瓶颈	在完成较难的目标时，通常会碰到一些瓶颈或障碍，这也是职业规划中需要解决的问题。对此，可以通过网上搜索、请教专家及阅读相关书籍等方式，多列举一些克服困难的方法，以免真正碰到困难时手足无措
增加动力	在完成阶段性职业目标时，对于一些标志性的里程碑事件，如获得职称认证、行业大奖等，可以将其记录下来，作为勉励自己前进的动力，提高完成下一个目标的积极性
调整目标	世界是处在不断变化中的，职业规划目标也需要根据职场的实际情况适时、合理地进行调整和优化，同时检查是否有偏差，这样才能更好地实现目标，直至取得成功

图 2-3　职业规划的基本流程

大部分情况下，都是工作选择我们。只有当在一个工作中越做越有成就感时，才算成功，才能保持持续奋斗下去的动力，才有可能找到更好的个人商业模式。在做职业规划时，同样也可以用个人商业模式画布来进行规划和诊断，以对自己当前的职业状态更加了解，并且为今后的职业规划奠定基础。

（1）**职业诊断**：主要分析个人商业模式画布中的 9 大要素之间是否相互匹配。例如，你的核心资源是人脉广，但你在职场的关键业务却是一个技术员，根本无须和外人打交道，这就不能完全发挥你的资源优势，对你的职场也没有任何帮助。

（2）**职业选择**：可以根据自己想要选择的不同职业画出多个个人商业模式画布，然后对比其中的成本结构和收入来源要素；或者也可以对比核心资源要素，找到更适合自己的职场道路。

（3）**职业规划**：找到适合自己的职业后，接下来就可以利用个人商业模式画布来进行更加细致的职业规划，找到自己的强项和弱点，扬长补短。总之，不管是在找工作，还是在职场中陷入迷茫，职场规划都是解决问题的关键所在。

2.1.3　技能规划：技多不压身

正所谓"技多不压身"，技能是我们随身携带的，是其他人带不走的东西，是个人商业模式画布中的核心资源元素里的重要资产。从字面意思来拆解，技能可以分为能力和技术两个部分。

（1）**能力**。能力是天生的，是一种天赋，如对画画、音乐有天赋，那么你从事相关的工作就会更加轻松。总的来说，天赋能力包括以下 9 大类型，你可以思考自己有哪方面的天赋，并选择合适的领域去发展，如图 2-4 所示。

（2）**技术**。技术与能力相反，是可以通过后天学习掌握的能力，如财务、平面设计、软件开发、建筑施工、动漫设计等方面的技术。

这样看来，我们每个人的技能并不是一成不变的，而是可以通过各种形式的学习和经验的积累来不断提升的。如今，我们直接在手机上找到合适的平台和课程，即可运用碎片化时间去学习，有意识地培养和增强自己的职业技能。

例如，公众号"智和岛"就是一所"没有围墙的大学"，聚集了上千名各行业的资深领域导师，囊括了上万门干货落地课程，能够帮助用户提升各种职业技能，成就个人商业模式的梦想，如图 2-5 所示。

图 2-4　9 大天赋能力类型和适合发展的相关领域

图 2-5　公众号"智和岛"

我们在开始规划自己、布局个人商业模式之前，首先要做好技能规划，给自己"充电"，找到自己的天赋能力资源，并提升自己的技术能力，这样做起事来会事半功倍。

2.1.4 人生规划：有哪些想做的事情

其实，技能还不是人与人之间最明显的区别，同样的技能，掌握的人可能成千上万，为什么最后成功的却只有寥寥数人？这是因为除了技能外，每个人的认知是不同的。那些成功的人，他们对于成功都有一种非常强烈的渴望，因此经常会给自己设定各种目标，制定完整的人生规划，让自己能够快速通向成功。有了人生规划这个前提，他们比普通人更容易抓住机遇，即使没有机遇，他们也会自己想方设法去创造机遇。而没有做人生规划的普通人，即使给他一个很好的机遇，他也不会有意识地去把握，这就是成功者和普通人在认知上的主要区别。

那么，人生规划具体怎么做呢？简单来说，就是将你这一生想做的事情都写出来，不管当下你是否有能力去完成这些事情。所以，我们现在就可以对自己未来 20 年、30 年甚至一辈子想要做的事情都做好计划，做出一份属于自己的完整人生规划，然后放手追求自己的兴趣，获得更多满足感和幸福感。

需要注意的是，人生规划不是盲目的，而是要尽量与自己的职业规划、学习规划、技能规划相匹配，这样的人生规划才是切实可行的，这样才能够让注意力始终都集中在完成个人商业模式的过程中。做人生规划时的相关建议如图 2-6 所示。

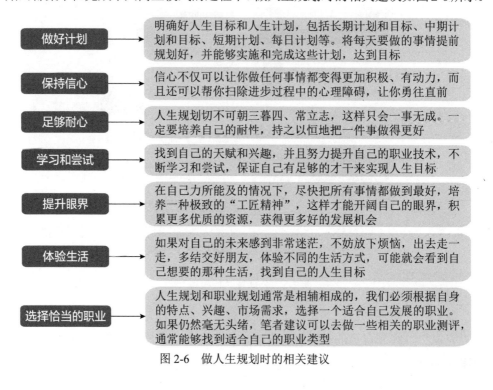

做好计划	明确好人生目标和人生计划，包括长期计划和目标、中期计划和目标、短期计划、每日计划等。将每天要做的事情提前规划好，并能够实施和完成这些计划，达到目标
保持信心	信心不仅可以让你做任何事情都变得更加积极、有动力，而且还可以帮你扫除进步过程中的心理障碍，让你勇往直前
足够耐心	人生规划切不可朝三暮四、常立志，这样只会一事无成。一定要培养自己的耐性，持之以恒地把一件事做得更好
学习和尝试	找到自己的天赋和兴趣，并且努力提升自己的职业技术，不断学习和尝试，保证自己有足够的才干来实现人生目标
提升眼界	在自己力所能及的情况下，尽快把所有事情都做到最好，培养一种极致的"工匠精神"，这样才能开阔自己的眼界，积累更多优质的资源，获得更多好的发展机会
体验生活	如果对自己的未来感到非常迷茫，不妨放下烦恼，出去走一走，多结交好朋友，体验不同的生活方式，可能就会看到自己想要的那种生活，找到自己的人生目标
选择恰当的职业	人生规划和职业规划通常是相辅相成的，我们必须根据自身的特点、兴趣、市场需求，选择一个适合自己发展的职业。如果仍然毫无头绪，笔者建议可以去做一些相关的职业测评，通常能够找到适合自己的职业类型

图 2-6 做人生规划时的相关建议

2.1.5 资金规划：好的资金管理计划

当做好前面几个自我规划，要开始动手实施自己的个人商业模式时，可能会发现还缺少一样关键的东西，那就是资金。在个人商业模式画布中，资金规划是必不可缺的一环，没有好的资金管理计划，是很难从容地完成各项任务的。

在移动支付快速发展的当下，我们进行资金规划变得越来越简单。通过各种手机银行 APP，加上支付宝、微信等支付工具，我们能够随时随地看到自己有多少钱，有多少负债。支付宝不仅可以帮助用户管理工资收入，还具有转账、投资理财、生活缴费、记账、管理发票、汇率换算等功能，如图 2-7 所示。

图 2-7　通过手机支付宝进行资金管理

我们需要对持有的资金进行统筹管理，合理安排和运用资金，确保在资金安全的前提下，用个人商业模式来实现资金效益的最大化。资金规划的相关建议如图 2-8 所示。

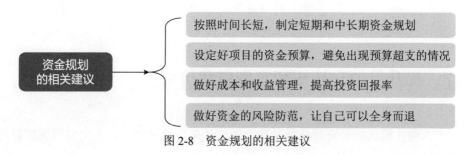

图 2-8　资金规划的相关建议

2.1.6 家庭规划：相伴一生的人不可缺失

在社会生活当中，家庭是每个人都无法撇开的元素，家庭不仅能够长久地陪伴我们，而且还会无私地给予我们最大的支持。

有一句话虽然说得有点过头，却很现实，那就是"有钱不一定就有幸福，但没钱一定不会幸福"。如果一个人的事业很成功，但家庭却一团糟，这种生活是不可能幸福的；相反，如果一个人一事无成，那么家庭生活就会变得贫苦，也很难得到幸福的生活。

因此，只有将家庭和事业合二为一，才能收获真正的幸福和成功。每个人都要学会平衡好自己的事业和家庭，必须把事业与家庭都做好。尤其对于开始布局自己个人商业模式的人来说，家庭规划是必不可缺的一步。如果没有做好规划，那么个人商业模式可能会被各种家庭生活琐事所拖累，成功将变得遥遥无期。下面笔者总结了一些家庭规划的具体事项，以帮助大家更好地经营自己的家庭，如图 2-9 所示。

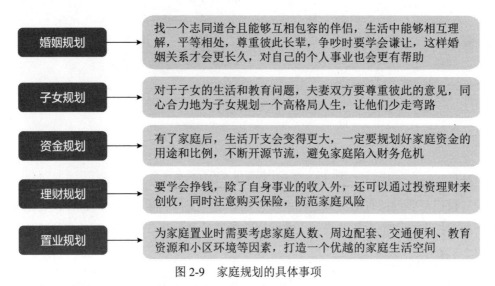

婚姻规划	找一个志同道合且能够互相包容的伴侣，生活中能够相互理解，平等相处，尊重彼此长辈，争吵时要学会谦让，这样婚姻关系才会更长久，对自己的个人事业也会更有帮助
子女规划	对于子女的生活和教育问题，夫妻双方要尊重彼此的意见，同心合力地为子女规划一个高格局人生，让他们少走弯路
资金规划	有了家庭后，生活开支会变得更大，一定要规划好家庭资金的用途和比例，不断开源节流，避免家庭陷入财务危机
理财规划	要学会挣钱，除了自身事业的收入外，还可以通过投资理财来创收，同时注意购买保险，防范家庭风险
置业规划	为家庭置业时需要考虑家庭人数、周边配套、交通便利、教育资源和小区环境等因素，打造一个优越的家庭生活空间

图 2-9　家庭规划的具体事项

2.2　提升价值：认知和实现自我价值

个人商业模式的最终目标就是帮助用户认知自我价值，让人生变得更加有目标和意义，追求和实现自我价值。每个人对自我价值的认定不仅对自己的发展方向起到决定性作用，而且还会影响行为习惯与需求构建，因此自我价值对于每个人的发展都极为重要。

2.2.1　什么是自我价值？为什么要提高？

自我价值是指对自己的肯定，自己能够接纳和喜欢自己，其关键在于让自己对自己感到满意。如果一个人对自己都不满意、不喜欢，就谈不上去善待他人，更别说责任和爱心了。

如果放到社会活动中，自我价值则是指自我对社会作出的贡献。德国著名诗人约翰·沃尔夫冈·冯·歌德（Johann Wolfgang von Goethe）曾说过："你若要喜爱自己的价值，你就得给世界创造价值。"著名的物理学家阿尔伯特·爱因斯坦（Albert Einstein）也曾说过："人只有贡献于社会，才能找出那实际工作上短暂而有风险的生命意义。"

自我价值在人的身上，主要体现在自信、自爱、自尊 3 个方面。如果一个人没有认识到自我价值，就容易变得胆小、懦弱，缺乏勇气，他们往往做事没有自信，害怕被人拒绝。

其实，认识自我价值的关键在于心态，积极的心态与行为是相辅相成的，如图 2-10 所示。提高自我价值，不仅可以增强信心，而且还能展现出自我完善的欲望，不断向上、向善。

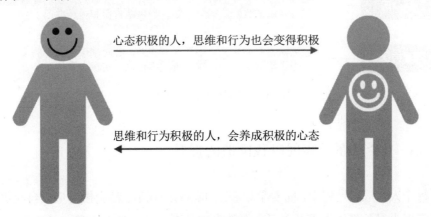

心态积极的人，思维和行为也会变得积极

思维和行为积极的人，会养成积极的心态

图 2-10　积极的心态与行为是相辅相成的

2.2.2 5个角度，帮你更清晰地认识自我

要想在商业社会中闯出一番天地，就必须正确地认识自己，看清楚自己的自我价值。人们可以通过镜子来查看自己的外貌，但价值观、兴趣爱好、能力、理想、性格、品质这些属性却是不能轻易看到的，所以正确认识自己的难度非常大。

要认识自我，我们可以问自己 3 个问题。

● 我要做什么？

● 我会做什么？

● 我能做什么？

只有把自己真正看清楚，认识到自我的价值，才能够充分地开发自己的内在潜能，让自己的价值得到发展、超越、升华。下面笔者从 5 个角度帮你更清晰地认识自我，如图 2-11 所示。

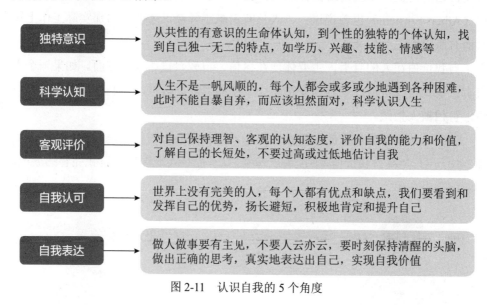

独特意识 —— 从共性的有意识的生命体认知，到个性的独特的个体认知，找到自己独一无二的特点，如学历、兴趣、技能、情感等

科学认知 —— 人生不是一帆风顺的，每个人都会或多或少地遇到各种困难，此时不能自暴自弃，而应该坦然面对，科学认识人生

客观评价 —— 对自己保持理智、客观的认知态度，评价自我的能力和价值，了解自己的长短处，不要过高或过低地估计自我

自我认可 —— 世界上没有完美的人，每个人都有优点和缺点，我们要看到和发挥自己的优势，扬长避短，积极地肯定和提升自己

自我表达 —— 做人做事要有主见，不要人云亦云，要时刻保持清醒的头脑，做出正确的思考，真实地表达出自己，实现自我价值

图 2-11　认识自我的 5 个角度

2.2.3 6个方面，实现自我价值的提升

每个人在成长过程中，随着学识和工作经验的积累，都会慢慢形成自我价值，主要表现为对外界的作用及自己所做的事情是否认可。只有改变自己，才能改变命运。提升自我价值不是简单地提高学历或资历，而是要全方位提升自己的智慧。下面介绍 6 个实现自我价值提升的相关技巧，如图 2-12 所示。

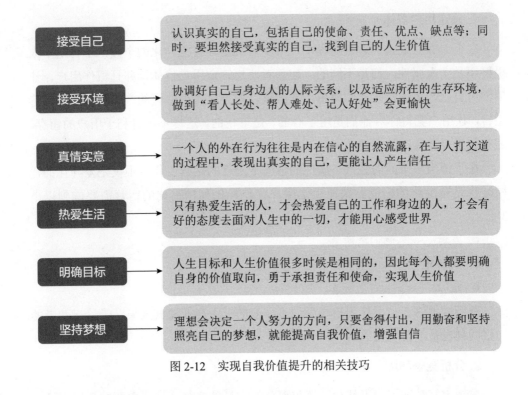

图 2-12　实现自我价值提升的相关技巧

2.3　自我定位：选对正确的领域

凡事预则立，不预则废，既然决定要开始布局自己的个人商业模式，那么它就和任何一项工作一样，需要认真地做好准备工作。本节最大的亮点就是要教会大家进行自我定位，锁定目标用户，以及选对自己擅长的领域，把握自己未来的方向，收获更多的人生价值。

2.3.1　说给谁听？目标用户定位

要想打造出好的个人商业模式，准备工作是必不可少的，这决定了今后的长效发展。在人人都可以运营打造个人商业模式的时代，我们可以通过分析竞争环境、分析自身特点来获得精准的粉丝用户，让个人商业模式获得更多人支持。

1. 锁定用户群体

在个人商业模式的运营过程中，每个人都是具有差异化的个体，不管是个人爱好还是个人属性，都是不同的。运营者要想锁定用户群体，并且留住用户，让用户对自己产生认同感和归属感，就应该以差异化、个性化的产品和服务为运营主旨，让用户觉得你对他们是用了心的、是重视的，这样不仅有利于用户的留存，还有利于后续营销的实现。

在了解用户不同的爱好、属性的情况下进行的运营工作，不仅是差异化的，同时也是精准化的，能够快速锁定用户。差异化和精准化的运营需要做到以下 3 点。

- 及时——急他们之所急。
- 周到——想他们之所需。
- 暖心——给他们之所喜。

做到以上这 3 点，让用户享受到不一般的个人商业模式成果，带给运营者的回报同样也是非常可观的。

2. 分析竞争环境

在锁定好精准用户群体后，还需要分析市场的竞争环境，主要是分析市场上有哪些与自己商业模式领域相同的企业或产品，并且必须要分割出一块属于自己的市场；否则，如果选择了一个竞争对手特别强的领域，新人是很难超越竞争对手获得用户关注的，而之前在该领域消耗的时间和精力也会白费。

━━━━ 专 家 提 醒 ━━━━

例如，在自媒体时代，个人商业模式主要是为了吸引用户关注，获得更多的收益。而要实现这两个目标，其根本前提就是进行市场竞争环境的分析。只有细致深入地对竞争环境进行分析之后，才能认清自身的优势和劣势，进而扬长避短，让自己的内容创作更优质，能被更多用户关注，而不会因为对自身认知不够导致被市场淘汰。

在一个充满竞争的市场环境中，往往都是威胁与机会并存的，并且二者还有可能被相互转化。如果好的机会把握不住，优势也会变成劣势甚至变成威胁。只要能够把握住机会，也可能将劣势变为对自己有利的因素，关键就在于对市场竞争环境的分析。因为分析市场的过程也就是发现机会的过程，只有发现机会并把握机会，才能充分把握住自己未来的发展。

3. 分析自身特点，找到目标用户的切入点

在笔者看来，有针对性地解决用户的痛点需求，可从两个方面来进行，即从用户的需求出发解决问题和专攻一点解决用户痛点问题，如图 2-13 所示。

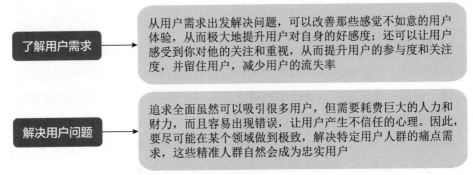

了解用户需求 → 从用户需求出发解决问题，可以改善那些感觉不如意的用户体验，从而极大地提升用户对自身的好感度；还可以让用户感受到你对他的关注和重视，从而提升用户的参与度和关注度，并留住用户，减少用户的流失率

解决用户问题 → 追求全面虽然可以吸引很多用户，但需要耗费巨大的人力和财力，而且容易出现错误，让用户产生不信任的心理。因此，要尽可能在某个领域做到极致，解决特定用户人群的痛点需求，这些精准人群自然会成为忠实用户

图 2-13　有针对性地解决用户的痛点需求

2.3.2　说些什么？内容领域定位

本书的重点在于剖析自媒体时代的个人商业模式，那么内容领域定位就是所有运营者必须要做的事情。

1. 有垂直度

自媒体的内容定位首先应该要有领域垂直度，相关原则如图 2-14 所示。

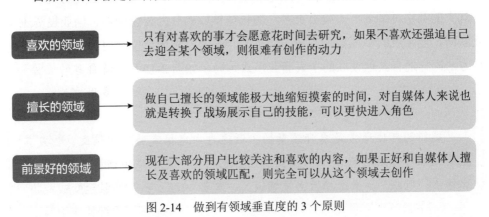

喜欢的领域 → 只有对喜欢的事才会愿意花时间去研究，如果不喜欢还强迫自己去迎合某个领域，则很难有创作的动力

擅长的领域 → 做自己擅长的领域能极大地缩短摸索的时间，对自媒体人来说也就是转换了战场展示自己的技能，可以更快进入角色

前景好的领域 → 现在大部分用户比较关注和喜欢的内容，如果正好和自媒体人擅长及喜欢的领域匹配，则完全可以从这个领域去创作

图 2-14　做到有领域垂直度的 3 个原则

───── **专 家 提 醒** ─────

其实垂直自媒体就是专注于某一领域的内容，如写母婴内容的就只写母婴，写营销知识的就专门写营销，尽量不要每个领域都涉及。如果既写母婴和育儿知识，又写娱乐新闻，时不时还插入一些正能量的鸡汤文，读者肯定不会对每个类型的内容都有兴趣，所以每个领域都涉及是留不住读者的。

2. 善于演讲

例如，对于在自媒体中以演讲为主要内容的运营者来说，关于什么才是好的演讲这个问题，笔者觉得应该在演讲前面添加两个字——创意。对于创意演讲，我们必须要理解这 4 个字的真正含义。

- 创：代表创作，即要创作什么样的剧本？能否成为大作？
- 意：代表意思，即想表达什么意思？这种意思是否有意义？
- 演：代表演示，即要通过自己的肢体语言把它演示出来，每个肢体动作都应该能够表述其意思。
- 讲：代表讲义，即要通过自己的口述把创作剧本有意思地讲出来，让观众就像听故事一样，入迷、入戏、入心、入神。

笔者认为，如果能够真正理解和做到"创意演讲"这 4 个字的含义，那么演讲能力都不会太差。

3. 定位技巧

现在自媒体人可以做的领域有很多，大致有 40 个，这还只是大的类别。如果从大的类别再细分下去就会更多，如科技领域就分为智能硬件、创业投资还有互联网，能延展的领域范围有很多。下面介绍内容领域定位常用的 3 种方法，这种方法同样适合其他领域的个人商业模式布局，如图 2-15 所示。

───── **专 家 提 醒** ─────

热门的领域通常是自带流量的，做这种内容很容易写出爆文，但是其也有缺点，如果自媒体人不擅长捕捉主流热点，就很难保证持续的爆文内容输出。所以，如果选择做主流领域，一定要一边运营一边关注热点。

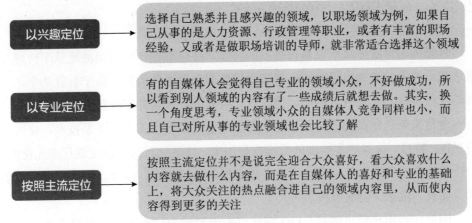

图 2-15　内容领域定位常用的 3 种方法

在自媒体时代，主流定位就像是现实生活中的 GPS 定位一样，能让我们快速找到自己需要的内容。物以类聚，主流定位也是给自己做一个分类和推广，有了这种分类和推广，以后可以更方便地在圈子中寻求伙伴，一起交流成长，或者共同经营，向团队化方向发展。

例如，笔者一手打造的公众号"HR 成长公社"，内容领域定位为人力资源智慧共享、资源整合、信息交流的专业社区媒体品牌，是一个专门为国内的从业者及热爱人力资源管理的精英人士提供的自我学习的在线互动平台，如图 2-16 所示。

图 2-16　公众号"HR 成长公社"和相关内容示例

2.3.3 在哪里说？平台渠道定位

自媒体运营者如果想要获得更多的粉丝，还可以在一些主流的流量平台通过推送文章的方法来为自己吸粉。其实，目前适合自媒体人的主流平台有 7 个，分别是今日头条、大鱼号、网易、搜狐、一点资讯、百度百家及新浪看点。

今日头条平台最大的特点是能够通过基于数据分析的推荐引擎技术，将用户的兴趣、特点、位置等多维度的数据挖掘出来，然后针对这些维度进行多元化的、个性化的内容推荐。其推荐的内容多种多样，包括热点、图片、科技、娱乐、游戏、体育、汽车、财经及搞笑等。

例如，当用户通过微博、QQ 等社交账号登录今日头条时，今日头条就会通过一定的算法，在短时间内解读出使用者的兴趣爱好、位置、特点等信息。用户每次在平台上进行操作，如阅读、搜索等，今日头条都会定时更新用户相关信息和特点，从而实现精准的阅读内容推荐。

而不算主流但也很适合自媒体人的平台有两个，分别是趣头条和东方号。其中，趣头条是一个新生代内容资讯平台，已经吸纳了一大批时尚类、生活类、权威媒体、企业组织等类型的自媒体、内容创作方入驻，如图 2-17 所示。

图 2-17 趣头条自媒体平台

东方号则是东方网旗下的自媒体平台,其也是一个权威、高效的自媒体平台,尤其适合主要做内容、营销不多的自媒体人。

────── 专 家 提 醒 ──────

东方号是一个比较小众的自媒体平台,收益方式主要有广告收益、红日计划及浏览分成。在东方号平台只要内容优质就会获得不错的收益,而且自媒体人参与到这个平台的补贴计划中也能获得部分收益。

第3章 "斜杠青年"：
你也可以成为职场两栖人

如今，很多人都不安于只做一件事，他们在工作的同时还会悄悄做着其他事情，如做微商、写文章、拍照片、创作歌曲等。这些"不安分"的人如今又多了一个新的名称，那就是"斜杠青年"，同时这些人也是个人商业模式变现领域的推动者。

3.1 打造斜杠身份：点亮你的人生技能树

在个人商业模式画布中，核心资源是成功的关键因素，没有核心资源，就像是一辆没有油的汽车，会失去前进的动力。在核心资源中，个人的技能决定了个人商业模式能够到达的高度，而打造"斜杠身份"的目的，就是增强自己的技能，使你在打造个人商业模式时得心应手。

3.1.1 "斜杠青年"的2个基本特征

"斜杠青年"这个词来自英文 Slash，出自《纽约时报》专栏作家麦瑞克·阿尔伯撰写的《双重职业》一书。"斜杠青年"指的就是那些拥有多重职业和身份的多元生活的人群。

例如，笔者在做自我介绍时，通常会说"智和岛创始人兼董事长 / 互联网顶层商业系统架构师 / 国内知名青年创业导师 /HR 商学院院长 / 互联网财经职场知名畅销书作家"，可以看到中间用到了多个斜杠"/"，所以笔者就是一名典型的"斜杠青年"。"斜杠青年"的主要特征如图 3-1 所示。

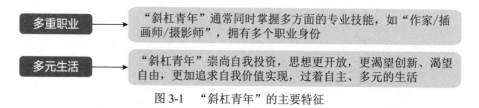

图 3-1 "斜杠青年"的主要特征

　　"斜杠青年"拥有这么多职业身份，当然也需要付出相应的努力，来获得更多的人脉、技能和社会阅历，才能争取到对应的价值回馈。例如，达·芬奇不仅是一个大画家，同时还是"发明家 / 科学家 / 生物学家 / 工程师 / 天文学家 / 雕刻家 / 建筑师 / 音乐家 / 数学家 / 地质学家 / 制图师 / 植物学家 / 作家"，他学识渊博，多才多艺，是一个博学者，最终成为欧洲文艺复兴时期的代表人物之一。

3.1.2　要做一个优秀的"单杠青年"

　　"斜杠青年"不仅拥有多个技能，而且在每个技能领域都是专家。因此，要想将自己打造为一个"斜杠青年"，首先要把本职工作做好，让自己成为一个优秀的"单杠青年"。

　　如果连一件事都做不好，怎么可能去做好更多的事呢？不仅要在一个行业做到极致，而且还要有多余的时间，这样才会有精力去掌握其他领域的技能，做更多不同的事情。

　　因此，首先需要在自己所在的领域成为一个专家，建立个人职业影响力，来打造自己的个人品牌和聚集目标用户，让潜在受众对你产生信赖感。如果你能够将自己打造成为细分行业的第一人，这样不仅可以突破技术壁垒，掌握更多行业资源和人脉，而且还能产生强大的行业影响力和话语权，提升自己的技能含金量。

　　例如，本书另一作者刘坤源老师也拥有多个"斜杠身份"，包括"美邦集团总裁 / 创业励志导师 / 企业投融顶层设计顾问 / 总裁盈利系统主讲人 / 胡华成书课学院合伙人"等。刘坤源老师拥有多年的实战资本路演经验，服务创业企业超过 500 家，他举办的"总裁营销精华论"讲座如图 3-2 所示。其讲座经常可以让听众收获满满，无疑他对创业这个领域是非常精通的，是该领域中优秀的"单杠青年"。

────── 专 家 提 醒 ──────

　　成为"单杠青年"后，就可以给自己增加一个身份标签，让自己变得更有辨识度。标签在自媒体中非常重要，我们常常可以看到各个自媒体达人的账号边上都会有一个对应领域的身份标签，如马云的标签为"乡村教师代言人"、李笑来的标签为"天使投资人"等。

图 3-2　刘坤源老师的线下讲座培训

3.1.3 "斜杠青年"的5个基本条件

要做一个"斜杠青年",选择非常重要,我们必须明确自己的目标,选择一个适合自己的正确领域去全力以赴。同时,"斜杠青年"还需要具备一些基本条件,如图 3-3 所示。

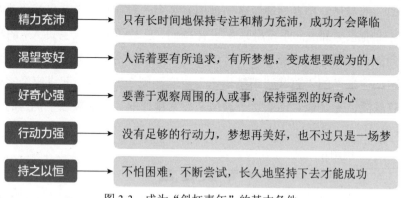

图 3-3　成为"斜杠青年"的基本条件

"斜杠青年"成为时下年轻人热衷的一种生活方式,很多人都想成为"斜杠青年",关键是如何才能成为多金的"斜杠青年"呢?下面笔者总结了一些方法和技巧,如图 3-4 所示。

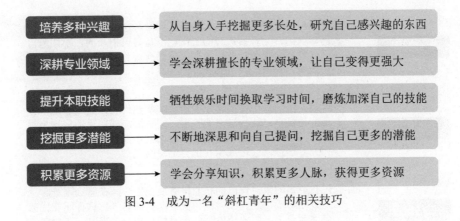

图 3-4 成为一名"斜杠青年"的相关技巧

3.2 发现职业优势：打造个人核心竞争力

美国数学家、抽样调查方法的创始人乔治·盖洛普（Gallup George Horace）曾经提出一个优势理论，其基本观点为"只要'找到优势'，没有'怀才不遇'"。

被称为"现代管理学之父"的彼得·德鲁克（Peter Drucker）也曾说过："大多数人都自认为知道自己最擅长什么，其实不然……然而，一个人要有所作为，只能靠发挥自己的优势。"

而对于普通人来说，最擅长的优势莫过于自己的职业优势。职业优势是指你在做某件事情时，能够比其他人更快更好地完成。因此，要努力寻找自己的职业优势，将其打造成为个人的核心竞争力，以此来稳固自己的个人商业模式。

3.2.1 打破误区：你的阻力有哪些？

发现职业优势的关键在于主动去挖掘自己的天赋能力，然后加以练习，获得优于常人的能力和逻辑思维方式。因为这种天赋是你独有的东西，其他人很难通过学习去掌握，所以你就比他们更有优势。

举个很简单的例子，个子长得高的人，打篮球就比个子矮的人有先天优势，在这个领域中就更容易获得关注和成功。然而，很多人却对自己的优势一片迷茫，存在各种误区和阻力，如图 3-5 所示。

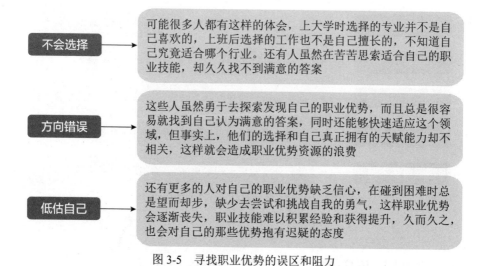

图 3-5 寻找职业优势的误区和阻力

3.2.2 寻根问底：你的优势在哪里？

那么，我们究竟该如何去发现自己的优势呢？大家可以从以下 3 个方面入手，快速、准确地把自己的职业优势挖掘出来，如图 3-6 所示。

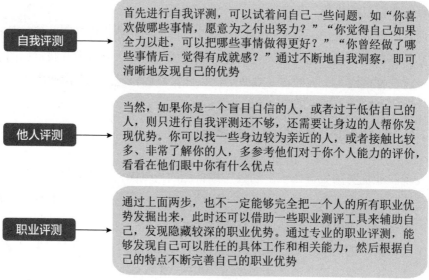

图 3-6 发现职业优势的 3 种方法

───── 专 家 提 醒 ─────

在采用"他人评测"的方法发现职业优势时，可以向他们询问以下问题，注意尽量多追问细节要点。

● 你认为我在工作中做得比较好的事情具体有哪些？

● 你遇到什么困难时，通常会第一时间想到找我帮忙？

● 我们在一起学习时，你觉得我哪方面的知识比较丰富？

● 在分配团队任务时，你通常喜欢给我安排什么样的工作？

● 我和那些年纪差不多的人之间有什么区别？我哪些地方比他们更优秀？

3.2.3 充分发挥：优势要如何利用？

职业优势是"上天"赠予我们的宝贵礼物，但很多时候还来不及拆开就被我们遗忘了。只有非常少的人懂得在人生道路中发现和利用自己的职业优势，且不断精益求精，完善自己，让自己到达"金字塔的顶端"。

因此，找到自己的职业优势后，接下来就需要充分发挥和利用这个优势，将其放到自己的职场或者事业中，让优势变成价值。职业优势是个人商业模式画布中的重要核心资源，如果自己的职场优势能够支撑自己的个人商业模式，则可以马上行动和实施，切不可拖拉，错过最佳时机。

如果经过评估，发现职场优势无法撑起自己的个人商业模式，或者感觉两者之间的匹配度比较低，就需要对职场优势进行筛选，或者继续发掘其他优势，以及找到更多外部资源来协助自己。例如，打造团队就是一种集合各种优势资源的最佳方式，可以缺什么补什么，众志成城，更容易获得成功。

正所谓"尺有所短，寸有所长"，我们还应学会将自己的长处展现出来，让其给自己带来帮助。下面介绍一些充分发挥职业优势的方法。

● 认可自己的职业优势，对自己有信心。

● 做好职业规划和技能规划，不断强化自己的职业优势。

● 在个人商业模式画布中恰当地应用自己的职业优势。

● 在利用职业优势完成某件事情后，还需要反思不足之处。

- 多交朋友，多跟他们分享你的职业优势，让他们看到你的长处。
- 在自己的人脉圈中有意展现出自己的职业优势。注意，不要直接在众人面前夸自己的优势，而应该通过实际的工作成果来展现优势。
- 用职业优势帮助身边有需求的弱者。
- 有职业优势后还必须付出努力，切不可"躺"在自己的职业优势上等机会，机会只会留给有准备的人。
- 优势是一种本领，不要将一些小聪明当成职业优势，不要总想着走捷径，没有付出就没有回报，"走捷径"这种心态难以获得大的前途。

━━━━专 家 提 醒━━━━

需要注意的是，千万不要太过于看重你的职业优势，而是要学会将其看淡，将其利用到实际的工作生活中，而不是停留在嘴边。只有懂得合理利用职业优势的人，才能有效发挥自己的优势，才能将其转化为成功。

3.2.4　阻止弱势：甩开不爱做的事情

瑕瑜互见，长短并存，在挖掘职业优势的同时，我们的弱势也会一起展现出来。例如，著名的足球运动员大卫·贝克汉姆（David Beckham）获得过"世界足球先生银球奖""英格兰足球先生""欧洲最佳球员"及 6 次英超冠军等荣誉，但他的优势和缺陷都非常明显。贝克汉姆的主要优势在于任意球、长传、短传和远射，他在一场比赛中有一脚非常精准的"右脚传中"，是一个难得的"传球大师"，同时技术也非常出色。他明显的缺点就是速度偏慢，而且头球、左脚和拦截都存在不足。因此，外界经常利用他的这些缺陷去抨击他，但贝克汉姆并没有过多地关注这些评价，而是在球场上充分发挥和利用自己的优势，努力成为一个让大家都喜欢的球员。

不管是在球场上、生活中还是工作中，谁都不是全能和完美的，总会有人对你不满。与其花大量时间去弥补自己的短板，不如将自己的优势发挥到极致。在看到自己的弱势时，千万不要试着去隐藏它，而需要与它和平相处，正确认识自己的弱点，在做事的过程中尽量避开它们，或者努力克服它们，如图 3-7 所示。

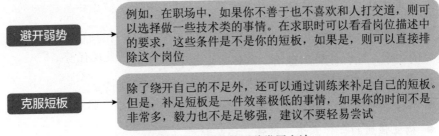

图 3-7 阻止弱势的两种常用方法

一个人的精力始终是有限的，如果太在乎别人口中的自己，努力去做一个让所有人都满意的人，则可能会变成一个"技能多而不精，本领杂而不纯"的泛泛之辈。因此，我们要学会专注和集中发挥自己的优势，变成一个"入几行就精通几行"的"斜杠青年"。

3.2.5 创建团队：打造优秀精英团队

在一个完整的商业模式中可能会需要多种核心资源，如果你的职业优势不足以满足，就需要创建核心团队来提升商业模式的竞争力。商业模式要想快速成功，必须要有一支"能战斗的队伍"，即拥有一支一流的团队，只有大家齐心协力团结一致，才能让团队爆发出最强的战斗力，才能更接近成功。

1. 建立团队

俗话说"三个臭皮匠，赛过诸葛亮"，打造团队不仅能够拓展个人商业模式画布中的人脉资源，还能够相互扶持，开启财富之路。打造团队首先要选择合适的团队成员，这样团队能够帮助你完成大部分的工作，让你腾出时间来思考个人商业模式的发展战略，不至于被烦琐的工作所拖累。

在选择团队成员时，还需要遵循一些基本原则，如图 3-8 所示。

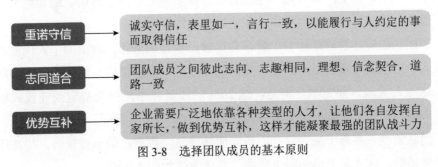

图 3-8 选择团队成员的基本原则

2. 管理团队

既然是团队，那么今后可能会经常在一起工作，因此团队成员之间一定要建立良好的关系，让合作更加融洽，具体方法如下。

● 商业模式的目标、任务和规则一定要和团队成员说清楚。

● 学会换位思考，处理问题时站在对方的立场想一想。

● 树立强烈的合作意识，增强"团队精神"。

● 用虚心的态度倾听，沟通彼此的想法，化解冲突。

● 训练团队精英，提升个人能力，提高整体素质。

管理者可以打造一套行之有效的团队管理方案，给团队成员提供更多支持，让他们在你的个人商业模式中获得更多自主权，具体方法如下。

● 将传统的等级式管理构架转型为扁平化管理。

● 减少管理层次，加快信息流的速率，提高决策效率。

● 实现分权管理，让团队成员有权自主地决定问题。

● 增加管理幅度，有效提高组织机构的运转效率。

● 加强监管和稽查制度，做好内部创业的风险控制。

——— 专 家 提 醒 ———

管理者还需要通过一定手段，使团队成员的需求和愿望得到满足，以调动他们的积极性，使其主动自发地把个人优势发挥出来，从而确保既定目标的实现。

3. 提升团队

团队管理者应尽可能地培养人才，给团队成员提供更多成长机会，让他们成为你事业上的好帮手。只有把一个优秀的管理者和一个出色的团队结合起来，才能使得商业模式更加高效地运作，并增加成功的概率。

在团队的实际管理过程中，管理者尽管已经意识到团队成员的个人优势在商业模式中所起的重要作用，但往往关注的是团队中业绩最优秀的和业绩最差的人员，这些人大概占到 20%。但是，这 20% 的成员并不能完全决定商业模式的成功或失败，因此管理者应该更多地关注中间 80% 的团队成员。

团队管理者要善于成为导师，帮助团队成员发挥自己的职业优势，提高团队的整体绩效，这才是正确的职责所在，具体方法如图 3-9 所示。

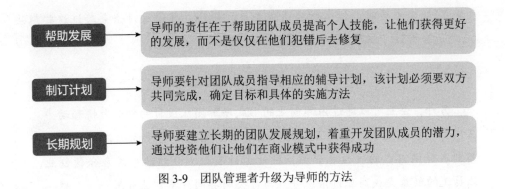

图 3-9 团队管理者升级为导师的方法

4. 激励团队

每个人在做一件事时都需要有适当的动机，只有这样才能成功地完成任务。管理者不要总是频繁地向团队成员提出任务的最后完成期限，这样容易影响团队成员的工作表现；相反，管理者应该鼓励团队成员，对于按时完成任务或者超额完成任务的人，要多称赞，对于遇到问题的人要及时给他们提供有用的建议。

下面介绍一些可以帮助管理者激活团队、让团队保持动力和激情的小技巧。

- 给团队成员提供日常精神小激励，如讲一个鼓舞人心的故事、分享自己看到的有趣的事情等。
- 学会做一个"仆人领导"，真心实意地为团队成员服务，确保他们拥有完成工作的必备核心资源，对处于困境中的团队成员及时提供帮助。
- 定期举行集体社交活动，找到经常和团队成员在一起玩的时间和机会，让团队成员的工作更加协调，让他们能够相互支持和相互帮助。
- 让团队成员参与各种公益活动，不仅可以培养团队的同情心，而且还可以增加团队成员工作时的配合度。
- 鼓励团队成员进行创新，包括产品的创新、制度的创新、业务的创新及商业模式的创新等。一旦碰到认为可行的好想法，应尽全力支持团队成员，直到这个想法变成现实。
- 给团队成员提供专业发展机会，可以让团队成员在他们的领域得到更进一步的发展机会，从而把工作做得更好。
- 向团队成员描述商业模式的方向和愿景，让他们每个人知道自己在团队中的存在理由，激发共同愿景，保持高效动机。
- 当商业模式获得阶段性成功时，可以与团队成员一起庆祝，同时给他们发放一些小奖励，如聚餐、购物券、门票或电影票等，让团队保持动力。

● 管理者需要时刻倾听所有团队成员的想法，并通过讨论来验证这些想法是否有效，以及该如何实现他们的想法。

───── 专家提醒 ─────

另外，企业可以通过内部创业的形式增加团队成员的创业激情和动力。在内部创业制度中，企业可以为那些有创新思想和有干劲的内部员工及外部创客提供自己的平台和资源，彼此通过股权、分红的形式来合伙创业，让员工的创意变成商业价值，并且与母公司共同分享创业成果。

3.2.6　保持长久动力

最后，将职业优势转化为源源不断的能量，注入自己的个人商业模式中。如果你有优势，且能够充分利用优势，但没有恒心和毅力，也不一定会成功。只有"优势＋努力"，才是我们脱离平庸的正确路径。

因此，我们在实施个人商业模式时必须养成坚定不移的习惯，持之以恒地发挥和利用个人优势，有毅力，有恒心，有上进心，保持永远向前的动力，将优势转变为能量。保持长久动力的相关技巧如图 3-10 所示。

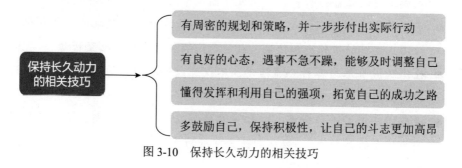

图 3-10　保持长久动力的相关技巧

3.3　成为"斜杠青年"：开启你的多重职场身份

通过前面的这些方法，我们能够让自己快速成长为一个优秀的"单杠青年"。当我们可以将一件事做好后，接下来才有资格去开启自己的多重职场身份，成为一个"斜杠青年"。显而易见,对于"斜杠青年"来说,其不再是单一的个人商业模式,他们往往拥有多种商业变现方式,财富来源渠道也会更多。

3.3.1 告别"打工者思维",按自己的方式生活

如果你讨厌朝九晚五的上班生活,对自己目前的专业和领域不够满意,不想自己的人生一眼就能望尽,想要摆脱单一职业和身份的束缚,那么,你可以努力发现和提升自己的职业优势。

要做到这一点,我们首先要告别"打工者思维",学会让自己按照自己的想法和方式去生活。个人商业模式可以让普通人将"给别人打工"的形态转变为"给自己打工",充分发挥个人创业的主动性和积极性。

1. 什么是"打工者思维"

"打工者思维"是目前绝大部分职场人士的思维方式,他们往往只注重自己手头的工作,只想抓住眼前的利润。与"打工者思维"相反的是"创业者思维",具有这种思维的人通常拥有感召力、前瞻力、影响力、决断力、控制力等能力,会主动寻求突破自己的方法。对于有"创业者思维"的人来说,利润不是他们思维方式的起点,而是终点,他们更善于提高核心资源的利用率,让利润达到最大化。

"打工者思维"对于个人的发展有很大的局限性,它会让你忽略自己的人生规划,没有长远的计划,变得故步自封,阻碍个人职场技能和事业的发展。图 3-11所示为"打工者思维"的一些具体表现,你可以检查自己是否身陷其中。

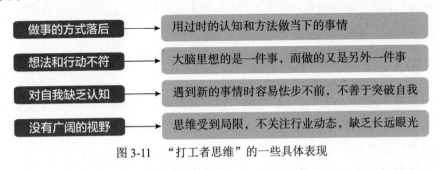

图 3-11 "打工者思维"的一些具体表现

2. 如何摆脱"打工者思维"

在自媒体时代,我们一定要摆脱这种"打工者思维",去拥抱"创业者思维",积极布局自己的个人商业模式,这样才能充分发挥自己的价值,获得更多的收入。

图 3-12 所示为摆脱"打工者思维"的一些相关建议和方法。

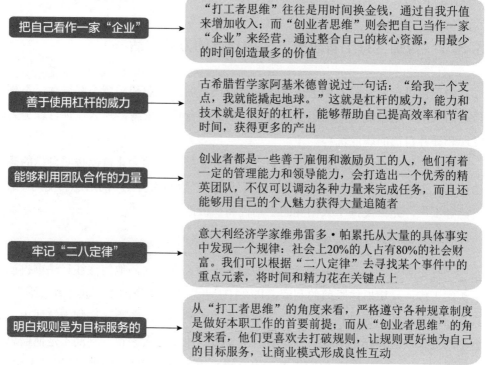

把自己看作一家"企业" → "打工者思维"往往是用时间换金钱，通过自我升值来增加收入；而"创业者思维"则会把自己当作一家"企业"来经营，通过整合自己的核心资源，用最少的时间创造最多的价值

善于使用杠杆的威力 → 古希腊哲学家阿基米德曾说过一句话："给我一个支点，我就能撬起地球。"这就是杠杆的威力，能力和技术就是很好的杠杆，能够帮助自己提高效率和节省时间，获得更多的产出

能够利用团队合作的力量 → 创业者都是一些善于雇佣和激励员工的人，他们有着一定的管理能力和领导能力，会打造出一个优秀的精英团队，不仅可以调动各种力量来完成任务，而且还能够用自己的个人魅力获得大量追随者

牢记"二八定律" → 意大利经济学家维弗雷多·帕累托从大量的具体事实中发现一个规律：社会上20%的人占有80%的社会财富。我们可以根据"二八定律"去寻找某个事件中的重点元素，将时间和精力花在关键点上

明白规则是为目标服务的 → 从"打工者思维"的角度来看，严格遵守各种规章制度是做好本职工作的首要前提；而从"创业者思维"的角度来看，他们更喜欢去打破规则，让规则更好地为自己的目标服务，让商业模式形成良性互动

图 3-12　摆脱"打工者思维"的一些相关建议和方法

总之，要告别"打工者思维"，我们需要不断地进行自我挑战，充实自己，学会拥抱时代的变化，善于用长远的眼光来看待各种当下的事情。正所谓"逆水行舟，不进则退"，在职场中也是同样的道理，一定要去突破自己，未来才可能更好。

3.3.2　游戏化思维，谁说钱与快乐不可兼得

打工并不可怕，但"打工者思维"却容易毁掉一个人。因此，每个人都要及早布局自己的个人商业模式，做自己喜欢的、擅长做的事情，开始新一轮的人生，让金钱与快乐"双丰收"。

要做到这一点，说容易也不容易，说难也不难。本节笔者推荐一个简单的方法，那就是把工作当作自己的事业来看待。下面介绍一种游戏化思维，大家可以将其放到自己的企业运营中，让自己和员工都能够收获金钱和快乐。

1. 未来没有游戏化思维的创业者，都会被淘汰

鲁迅先生曾说过："游戏是儿童最正当的行为，玩具是儿童的天使。"

品牌营销专家李光斗也说过："游戏不仅仅是儿童的天性，而且是整个人类的天性，儿童也好，成人也罢，人人爱玩，并且身中其毒。"

尤其是刚步入社会的成年人，以及进入移动互联生活的每一个人，几乎没有人不想轻轻松松地就能赚到钱。4G 的普及、5G 的到来、短视频的诱惑、网红经济的崛起、对自由职业的向往、颜值与才华的显露等，这一切都是商业模式的升级、商业思维的迭代。

而游戏化思维的横空出世彻底颠覆了我们的传统认知，思维不断迭代，产品不断创新，营销和管理方式正在改变着我们的生活方式，改变着企业的命运。

既然游戏有如此魔力，那么我们为什么不去思考，我们的企业、产品、服务、模式为什么如此僵硬？为什么不能也借用游戏化思维来设计公司，运用开发游戏的思维来经营企业、管理企业，让自己"玩着就把钱赚了"，让员工"玩着就把活干了"？

目前，已经有很多大型互联网公司非常透彻地研究过游戏化思维的逻辑，并且已经影响到我们的生活点滴，甚至我们已经不知不觉地进入了游戏中，成为角色，成为免费甚至"倒贴"的游戏玩家。例如，在支付宝、淘宝、拼多多（见图 3-13）等应用中常常会看到各种游戏营销模式，利用游戏吸引用户、增加黏性和产生交易，可以让用户变得更加快乐。

图 3-13 拼多多平台中的游戏化营销示例

所以，人生就是一场游戏，比的是谁的设计水平高，到最后高手一定是赢家。

2. 别以为你很聪明，一切都是在设计之中

游戏化营销的本质是通过使用游戏中的激励元素刺激用户，让用户在商家设计的营销活动中逐渐由外部刺激转换为内部需求，从而达到让消费者沉浸在营销活动中。

那么，在营销中穿插游戏的好处是什么呢？就是要把产品或者事务提升到一种"玩"的境界，因为"玩"是人的天性，在玩游戏时人们会感到身心愉悦，会暂时忘记自身的烦恼与困境，达到全身心放空的状态。另外，通过沉浸式的心理及状态上的满足，可以帮助人们达到缓解情绪的效果。所以，人人都爱玩。游戏化营销正是抓住了人们爱玩的天性，让消费者在玩的过程中了解产品，关注产品，进而产生购买行为。

那么，什么是游戏化营销？简单来说，游戏化营销就是让其他事情变得像游戏一样好玩，或者像游戏一样能吸引人。

游戏化营销模式不仅是用游戏开发者的设计思维来思考营销的设计模式，并且还要融入人性心理学，提炼出人性贪婪中对于"玩"的一面艺术，并不是必须要把营销活动做成游戏一样。所以，每一个营销者都要向游戏开发者们学习。

用游戏化的思维做营销，可以让营销潜移默化地渗透到消费者的日常生活中，让消费者的消费行为由外部动机转化为内部动机，有助于企业树立良好的品牌形象，也有利于企业实现更多销售额的增长。

3. 思维方式才是决定你是不是赢家的关键

玩游戏为什么会上瘾？不知道大家有没有思考过这个问题？把游戏开发者比喻成企业老板，他们开发的产品就是游戏，他们的客户就是玩家，游戏开发者的初心就是开发一款让游戏玩家上瘾的游戏。这里面的关键词是"上瘾"，包含了让玩家入迷、入戏、入神、入心这样的设计逻辑。

假如我们在研发产品时也能向游戏开发者一样思考产品设计逻辑，会不会也能帮助企业的产品解决营销问题？笔者觉得这个问题值得大家深思。每一位企业家和创业者都要具备这样的思维，只有拥有游戏化思维，做产品营销才能真正解决营销问题。同样，做个人商业模式，做"斜杠青年"，也可以用这种游戏化思维，在赚钱的同时获得更多快乐。

3.3.3　实现财务自由，开启你的无边界人生

财务自由的含义为持有能产生现金流的资产，并且产生的现金流大于日常支出。财务自由是很多人的梦想和一生的奋斗目标。

要想实现财务自由，成为一名富人，首先要突破的就是自己的思维。很多穷人纵使终身忙碌，仍然处于贫困中。这是因为他们仅仅用时间来换金钱，而一个人的时间非常有限，所以赚到的钱也很有限。然而富人却懂得使用别人的时间去为自己赚钱，用少量的工资换取大量的劳动力，让更多的人为自己赚钱，所以他们积累财富的速度远远超越穷人。

所以，我们要学会摆脱"穷人思维"，并利用"富人思维"来赚钱，帮助自己实现财务自由，让自己的人生充满无限可能，具体思路如图 3-14 所示。

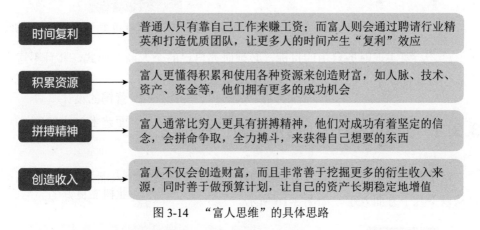

图 3-14　"富人思维"的具体思路

因此，普通人要想获得更多财富，就必须想办法从"穷人思维"转变为"富人思维"，而个人商业模式则是获得更多收入的最佳方式。下面列举了几种常见的个人商业模式。

（1）**职场打工**。这是绝大部分人选择的赚钱方式，建议大家结合自身的能力资源，选择有发展前途的行业和平台，看重长期的利益，并且去专业的岗位做专业的事，让自己能够在职场中获得更好的发展。

（2）**重复出售时间**。在自媒体时代，让更多行业的精英有更多的变现机会。例如，可以将自己的工作经验或者知识技能包装成为产品，如写成专业的文章或者录制成视频等，放到各种新媒体平台上不断重复售卖，提高时间的利用率，如图 3-15 所示。

图 3-15　将自己的知识技能包装为电子书产品进行售卖

总之，要实现财务自由的目标，必须研究自己的个人商业模式，并且不遗余力地挖掘和优化个人商业模式，从而快速积累个人资产。

3.3.4　学会投资自己，成为兴趣广泛的通才

对于普通人来说，只有学会投资自己，才能快速提升个人能力。投资自己可以从以下几个方面入手，如图 3-16 所示。

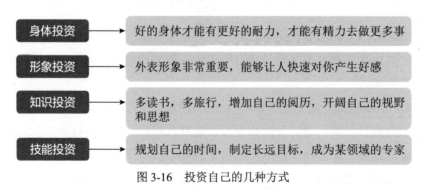

图 3-16　投资自己的几种方式

学会投资自己，当机会来临之时，你才会更容易抓住。尤其在自媒体时代，对于敢创业、敢做的"斜杠青年"来说，打造有产品力的优质内容产品变得刻不容缓。其实我们完全可以利用业余时间，从零开始掌握一些新的知识技能，相关

技巧如图 3-17 所示。

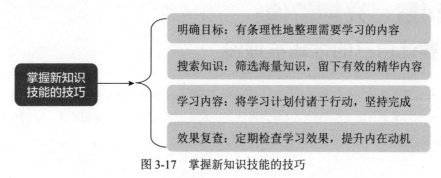

图 3-17 掌握新知识技能的技巧

3.3.5 学会享受平凡，把握极简主义的逻辑

著名的当代中国诗人、书画家汪国真先生曾说过："生命中可以没有灿烂，但不能失去平凡。"

每个人都要学会接纳和享受平凡的生活，因为平凡才是真。只有不紧不慢，才能将自己的本色活出来，才能以一个乐观的心态去面对工作和生活中的各种事情。相信有这种心态的人，工作和生活也一定会回馈很多美好。

不管是做一名"斜杠青年"，还是实施自己的个人商业模式，都要有一颗平凡心，要用极简主义来做事，这样才会把事情做得更好。心浮气躁的人，终将难以成大事。

第4章 兴趣价值：
不要让自己的才华被埋没

在自媒体时代，人们的学习愿望日趋强烈。随着各种移动支付工具和云计算等技术的发展，线上线下相互交错和渗透，让兴趣变现这种个人商业模式变得越发成熟，每个人的兴趣价值都可以用来变现。

4.1 5种线路：全面输出你的兴趣价值

兴趣变现关键在于用户要有产品化的能力，将兴趣价值转化为优质的内容产品。兴趣变现其实人人都做得到，很多自媒体人开始尝试这种个人商业模式，纷纷输出自己的原创优质内容。兴趣价值变现可以帮助用户在海量信息中，把那些质量更高、价值更大的内容筛选出来，成为新的商业流量入口。

当你有了足够优质的兴趣价值内容后，就可以输出这些内容。那么，从哪里输出内容呢？你可以在得到、喜马拉雅等不同的内容平台输出合适的内容。如果你擅长写，可以写专栏，如写公众号或者简书文章；如果你的声音不错，可以在喜马拉雅、荔枝微课等这些音频平台输出内容；如果你的镜头感比较好，可以去抖音上拍一些短视频内容。通过在这些平台不断地输出内容，即可在比较短的时间内成为这个领域的专家。

本节主要介绍一些帮助用户输出自己的兴趣价值的渠道线路，你首先要找到适合自己的价值输出方式，才能将兴趣价值更好地进行产品化包装。

4.1.1 原创文章输出

对个体而言，要想获得别人的关注和赞赏，那么具有区别于其他人的兴趣价值是必要条件。其实，自媒体个人商业模式的运营也是如此。如果想要获得众多用户关注，那么必须通过输出原创文章来表现出自己的个性特征和所具有的兴趣价值。下面重点介绍原创文章的标题、内容和图片等创作技巧。

1. 标题设计：如何起一个引人入胜的标题

在原创文章中，影响阅读量的因素有很多，标题就是其中非常关键的因素之一。如果标题足够吸引读者，那么文章的打开率必然会高。下面介绍一些优质原创文章的标题设计要求。

● 要求1：标题与正文内容做到联系紧密。原创文章要做到标题和正文内容有所联系，即标题要突出文章内容的中心或重点，要让读者在看到标题时可以大致知道作者想要说的是什么。

● 要求2：针对特定类型用户已做出筛选。作者在撰写原创文章标题时，要能够精准定位自己的用户群体。只有用户定位准确，才能保证原创文章有更好的阅读量。如图4-1所示，这篇文章的标题就将用户定位为"领导者"。

● 要求3：益处或者奖赏已提供给读者。在文案的标题中就展示出能给读者带来什么样的益处或奖赏，这样可以吸引读者，留住读者，进而双方获益。标题中的益处或奖励又分为两种，一种是物质上的益处或奖励，另一种则是技术或心灵上得到了益处，相关示例如图4-2所示。

图4-1　用标题进行用户定位的文章示例　　图4-2　用标题突出奖赏的文章示例

● 要求4：用户浏览的好奇心已被成功勾起。一个优秀的创作者一定是很了解读者心理的人，他知道读者喜欢什么样的标题和内容，也知道用什么样的标题来勾起读者的阅读兴趣和好奇心，从而增加自己文章的阅读量。

- 要求 5：主题的切入做到直接和简洁。文章的标题要清楚直接，让人一眼就能看见重点，语言尽量简洁。
- 要求 6：创意打造，做到信息的鲜明表达。在讲究创造的时代，原创文章的标题撰写也要抓住这一趋势，表达出独特的创意，要想别人所不能想的，或是想不到的，这样才能在一瞬间抓住读者的眼球。同时，标题只具有创意还不够，还应该把文案的信息鲜明地表达出来，这样才能打消读者的疑虑，让他们毅然地点击阅读。
- 要求 7：标题各元素做到尽量具体化。尽量将标题中的重要构成部分说具体，精确到名字或直观的数据上来。

2. 正文创作：让用户产生黏性且自愿留存追读

与作为文章门面之一的标题相比，正文内容同样重要。如果说标题是吸引点击的关键，那么正文内容则是引导读者持续阅读和打造品牌形象的关键。下面介绍一些优质原创文章的正文内容创作要求。

- 要求 1：有情感支撑才能抓住读者。从情感的角度出发，对内用情感打动读者，对外抓住读者的情感弱点，构建起文章的情感支撑。
- 要求 2：“人格”与“魅力”不可缺。一个人之所以能获得大家的喜爱，其原因就在于他有着健全的人格。正是因为人的这一人格特征，赋予了他无穷的魅力，进而产生令人爱戴和尊敬的凝聚力，创作文章也是如此。
- 要求 3：两大方面提升用户的黏性。一篇文章真正能引起用户关注的原因在于两个方面，即用户关注的目标和“与我有关”的信息。作者可以从长期兴趣点和切身利益点两方面着手，将文章的标题、内容与之绑定，这样极易引起读者关注。如图 4-3 所示，这就是一篇从切身利益点出发创作的文章，内容紧扣“学习 HR”知识，帮助用户实现升职加薪的梦想。
- 要求 4：三大角度打造吸睛的焦点话题。作者可以通过“人性化”“热点化”“揭秘式”的内容，打造一个吸引人的话题，来获得众多用户的关注。

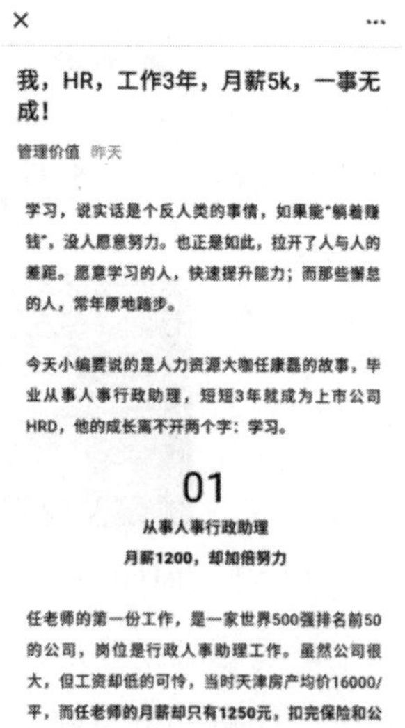

我，HR，工作3年，月薪5k，一事无成！

管理价值 昨天

学习，说实话是个反人类的事情，如果能“躺着赚钱”，没人愿意努力。也正是如此，拉开了人与人的差距。愿意学习的人，快速提升能力；而那些懈怠的人，常年原地踏步。

今天小编要说的是人力资源大咖任康磊的故事，毕业从事人事行政助理，短短3年就成为上市公司HRD，他的成长离不开两个字：学习。

01

从事人事行政助理

月薪1200，却加倍努力

任老师的第一份工作，是一家世界500强排名前50的公司，岗位是行政人事助理工作。虽然公司很大，但工资却低的可怜，当时天津房产均价16000/平，而任老师的月薪却只有1250元，扣完保险和公

图 4-3　从切身利益点出发创作的文章示例

3. 配图排版: 提升版式视觉审美, 增加阅读点赞率

在新媒体时代, 在快餐文化下, 视觉体验变得非常重要。因此, 作者要想提高文章的点赞率, 就有必要在视觉方面下功夫, 即需要注意文章的配图和排版, 这样才能让文章更加吸睛, 形成非常有力的引流力量。下面介绍一些优质原创文章的配图排版技巧。

（1）**图片美观, 增加观赏性**。图片美观是一个非常关键的要求, 作者可以通过适当的图文组合与色彩搭配来修饰新媒体页面, 增加文案的观赏性, 为用户带来更好的视觉感受, 如图 4-4 所示。

（2）**图片实用, 成为不可替代的存在**。在创作文章的配图过程中, 作者一定要把握好实用性的要点, 避免出现虚有其表的情况, 否则非常容易让读者产生不专业或利用图片凑内容的印象, 从而很难留住读者。

（3）**图片感受, 要让读者感觉真实**。因为大部分人愿意相信自己所看见的, 所以配上图片能够给读者最直观的视觉感受, 增强真实感。

图 4-4　用美观的图片协助排版

（4）**文案封面, 夺人眼球是关键**。在选择文章主图时, 最好遵循三大原则, 即高清、独特及紧贴文章内容, 只有这样才能为文章增光添彩。漂亮、清晰的封面能瞬间吸引读者的眼球, 从而让读者有兴趣进一步阅读。

（5）**图片颜色, 搭配和谐最重要**。图片的颜色搭配合适能够带给读者一种顺眼、耐看的感觉, 从而提升其阅读体验, 得到美的享受。

（6）**图片尺寸, 大小适宜且清楚**。一张合格、优秀的图片, 不仅要协调、柔和, 而且还要看得清, 且尺寸大小符合读者的预期。

（7）**栏目分类, 要符合用户视觉习惯**。把容易吸引眼球的信息放在显眼的位置上; 栏目设置最好安排在界面的上部和左侧; 信息过多时, 可在页面上下方都设置分类栏目。

（8）**文配图, 要体现整体舒适感**。在同一篇文章中用到的图片与版式要一致, 这样给读者的感觉就会比较统一, 有整体性。另外, 图文间要有间距, 不能太紧凑, 这样才能有一个好的视觉体验。

4.1.2　原创视频输出

短视频自媒体已经是发展的一个趋势，其影响力越来越大，用户也越来越多。短视频这个聚集大量流量的地方，是实现个人商业模式不可错过的最佳流量池。

随着时代的发展，商业模式也在不断地发展中，不管你身处哪个行业，在面对火爆的短视频潮流时，都要积极做出改变，否则你会因为思路跟不上时代发展而被淘汰。尤其对于做个人商业模式的人来说，更要改变思维，抓住这波短视频流量红利，将"弱关系"打造成"强关系"，并学会利用原创视频来获得更多盈利。

1. 内容策划：形成独特鲜明的人设标签

标签指的是短视频平台给用户的账号进行分类的指标依据，平台会根据用户发布的短视频内容来给用户打上对应的标签，然后将用户的内容推荐给对这类标签作品感兴趣的观众。这种千人千面的流量机制，不仅提升了拍摄者的积极性，而且也增强了观众的用户体验。

例如，某个平台上有 100 个用户，其中有 50 个人都对美食感兴趣，而另外 50 个人则不喜欢美食类的短视频。此时，如果你刚好是拍美食的账号，却没有做好账号定位，平台没有给你的账号打上"美食"这个标签，此时系统会随机将你的短视频推荐给平台上的所有人。这种情况下，你的短视频作品被用户点赞和关注的概率就只有 50%，而且由于点赞率过低会被系统认为内容不够优质，从而不再给你推荐流量。

相反，如果你的账号被平台打上了"美食"标签，此时系统不再随机推荐流量，而是精准推荐给喜欢看美食内容的那 50 个人。这样，你的短视频获得的点赞和关注就会非常高，从而系统会给予更多的推荐流量，让更多人看到你的作品，并喜欢上你的内容。

在策划短视频内容时，用户需要注意以下几个规则。

（1）**选题有创意**。短视频的选题尽量独特有创意，同时要建立自己的选题库和标准的工作流程。这样不仅能够提高创作效率，而且还可以刺激观众持续观看的欲望。例如，用户可以多收集一些热点加入选题库中，然后结合这些热点来创作短视频。

（2）**剧情有落差**。短视频通常需要在短短 15 秒内将大量的信息清晰地叙述出来，因此内容通常都比较紧凑。尽管如此，用户还是要"脑洞大开"，合理安排剧情，来吸引观众的目光。

（3）内容有价值。不管是哪种内容，都要尽量给观众带来价值，让用户值得付出时间成本，看完视频。例如，如果做搞笑类的短视频，就需要能够给用户带来快乐；如果做美食类的短视频，就需要让用户产生食欲。

（4）情感有对比。短视频的剧情可以源于生活，采用一些简单的拍摄手法来展现生活中的真情实感，同时加入一些情感的对比。这种内容更容易打动观众，主动带动用户的情绪气氛。

─── 专 家 提 醒 ───

爆款短视频通常都是大众关注的热点事件，这样等于让你的作品无形之中产生了流量。用户可以在抖音或快手平台上多看一些同领域的爆款短视频，研究他们的拍摄内容，然后进行跟拍。

另外，用户在模仿爆款短视频时还可以加入自己的创意，对剧情、台词、场景和道具等进行创新，带来新的槽点。很多时候，模仿拍摄的短视频甚至比原视频更加火爆，这种情况屡见不鲜。

（5）时间有把控。拍摄者需要合理地安排短视频的时间节奏，以抖音为例，其默认为拍摄 15 秒的短视频，这是因为这个时间段的短视频是最受观众喜欢的，而短于 7 秒的短视频不会得到系统推荐，高于 30 秒的短视频观众则很难坚持看完。

2. 拍摄技巧：轻松拍出百万点赞量作品

要想成为短视频领域的超级 IP，我们首先要想办法让自己的作品火爆起来，这是成为 IP 的一条捷径。如果用户没有那种一夜爆火的好运气，就需要一步步脚踏实地地做好自己的短视频内容。只有做好短视频的原创内容，我们才能在观众心中形成某种特定的印象。下面介绍一些原创短视频的拍摄技巧。

（1）根据实际需求选择拍摄设备。短视频的主要拍摄设备包括手机、单反相机、微单相机、迷你摄像机和专业摄像机等，用户可以根据自己的资金状况来选择。用户首先需要对自己的拍摄需求进行定位，到底是用来进行艺术创作，还是纯粹来记录生活。对于后者，笔者建议选购一般的单反相机、微单或者较好的拍照手机即可。只要用户掌握了正确的技巧和拍摄思路，即使是普通的摄影设备，也可以创作出优秀的短视频作品。

（2）**选择性价比高的录音设备品牌**。普通的短视频直接使用手机录音即可。采访类、教程类、主持类、情感类或者剧情类的短视频则对声音的要求比较高，推荐大家选择 TASCAM、ZOOM、SONY 等品牌的性价比较高的录音设备。

（3）**用灯光设备增强光线美感度**。在室内或者专业摄影棚内拍摄短视频时，通常需要保证光感清晰，环境敞亮，可视物品整洁，因此需要明亮的灯光和干净的背景。

光线是获得清晰视频画面的有力保障，其不仅能够增强画面美感，而且用户还可以利用光线来创作更多有艺术感的短视频作品。

（4）**精准聚焦，保证视频画面清晰度**。如果用户在拍摄短视频时主体对焦不够准确，则很容易造成画面模糊的现象。为了避免出现这种情况，最好的方法就是使用支架、手持稳定器、自拍杆或其他物体来固定手机，防止镜头在拍摄时抖动。

（5）**合理构图，让观众眼球聚焦主体**。短视频要想获得系统推荐，快速上热门，好的内容质量是基本要求，而构图则是拍好短视频必须掌握的基础技能。拍摄者可以用合理的构图方式来突出主体、聚集视线和美化画面，从而突出视频中的人物或景物的吸睛之点，以及掩盖瑕疵，让短视频的内容更加优质。

短视频画面构图主要由主体、陪体和环境三大要素组成，主体对象包括人物、动物和各种物体，是画面的主要表达对象；陪体是用来衬托主体的元素；环境则是主体或陪体所处的场景，通常包括前景、中景和背景等。

专 家 提 醒

例如，中心构图就是将视频拍摄主体放置在相机或手机画幅的中心进行拍摄，这种视频拍摄方法能够很好地突出视频拍摄的主体，让人很容易就能看见视频重点，从而将目光锁定对象，了解想要传递的信息。中心构图拍摄视频最大的优点在于主体突出、明确，而且画面容易达到左右平衡的效果，构图简练。

（6）**后期处理，让视频画面更加漂亮**。用户可以直接使用各种"道具"和控制拍摄速度的快慢等功能，然后选择合适的特效、背景音乐、封面和滤镜等，

来实现一些简单的特效。对于较为专业的用户来说，则可以使用巧影、剪映、Adobe Photoshop、Adobe After Effects 等软件来实现各种特效。

4.1.3 专业解答输出

专业解答模式可以沉淀大量的新知识，并且能够聚集高度活跃的用户，是可行度较高的个人商业模式变现路径，它的长期可行度甚至不亚于广告变现模式。

用户要输出专业解答的内容，首先要成为这个专业领域的信息专家，当对某一个行业或者自己所在的领域掌握了足够多的信息时，即可对这个行业有比较透彻的理解。

各种问答平台上聚集了大量的信息专家、行业领袖和专业媒体人，他们提供了大量的优质问答内容。基于专业解答内容输出的问答平台是自媒体个人商业模式变现的重要方式，其引流效果是众多推广方式中较好的，能为企业带来直接的流量和有效的外链接。尤其对于企业领导和创业者来说，基于问答平台而产生的专业解答内容是一种新型的互联网互动营销方式，它既能为商家植入软性广告，同时也能通过问答来引流潜在用户，其具体优势如图 4-5 所示。

图 4-5 问答营销在引流上的优势

专业解答的内容包括提问和作答两个部分，其引流优势主要是基于这种方式在互动性、针对性、广泛性、媒介性和可控性等方面的特点。专业解答内容的运营与营销的操作方式是多样化的，有着很多不同种类，如开放式问答、事件问答、娱乐评论、促销评论和内容运营等。

同时，专业解答内容在营销推广上具有两大优势：精准度高和可信度高，如图 4-6 所示。这两种优势能形成口碑效应，对网络营销推广来说显得尤为珍贵。

图 4-6　专业解答内容的营销推广优势

通过问答平台来询问或作答的用户，通常对问题涉及的内容有很大的兴趣。例如，有的用户想要了解"有哪些新上映的电影比较好看"，如果问的是那些刚好看过某些电影的用户，他们大多会积极推荐自己看过的满意影片，提问方通常也会接受推荐去观看影片。

提问方和回答方之间的交流很少涉及利益，用户通常是根据自己的直观感受来问答。这就使得问答的可信度很高，这对企业而言则意味着转化潜力，能帮助产品形成较好的口碑效应。

例如，在今日头条的"悟空问答"平台中，回答问题是一种相对来说更加容易吸引用户关注的方法——它把众多头条号的优质回答聚集在一起，以团体的力量吸引用户关注。如果想要通过回答问题来实现内容变现，可以进入今日头条后台的"悟空问答"页面。在该页面可以看到，每一个问题下方都会有"写回答"按钮，点击该按钮，即可进入回答内容编辑页面，包括图文和视频两种内容形式，在该页面即可编辑回答内容和对内容进行排版。

如果你选择的问题很热门，且回答内容质量足够好，即在文字和情感方面能打动读者，在排版上赏心悦目，那么这样的内容是极有可能被推荐到首页上的。

在"悟空问答"中选择回答问题时，如果选择的不是自己擅长的领域，那么即使通过各种渠道找到了一些答案并进行了整合，那也只是一些比较表面化的理论内容，而不是自己切身的体验和经验，难以形成走心内容，也就无法打造爆款问答内容。

例如，你擅长的领域是创业，那么选择回答的问题最好也与之相关，这样才能在回答内容中写出真实的心得体会，读者在阅读时才会被吸引和说服；否则纯粹是单纯的概念和理论，而没有自己的思想和灵魂，这样的内容显然是无法打动读者的。

相对于其他内容来说，"悟空问答"是一个有着共同内容需求和爱好的头条号创作者和粉丝集聚的平台。在该平台上，众多参与者积极互动，分享自己的经验和见解，因此这是一个可以实现精准引流的内容平台。对头条号来说，利用"悟空问答"内容引流是通过四大途径来实现的，具体内容介绍如下。

（1）优质内容的"首页"推荐。一些经常在移动用户端或 PC 端浏览头条号的用户会发现，在菜单内容中会显示一些标注有"悟空问答"的内容。一般来说，当头条号创作者在这样的"悟空问答"内容中提供了优质内容和有价值的回答后，就会被更多的人关注，这是有助于吸粉的。

（2）增加引导和关注途径。在今日头条平台上，当用户进入"悟空问答"页面，单击相应问题进入具体的问题问答页面时会发现，每一条回答都会显示回答的头条号的账号，并在账号右侧显示一个"关注"按钮。这样的设置不仅增加了头条号的曝光度，同时当用户觉得哪一条回答是有着独特见解、有着干货内容时，就会获得关注该问题的用户的认可，自然而然地，也就会点击"关注"按钮。

（3）利用热点增加曝光度。蹭热点是运营过程中经常会用到的方法，其实，在利用"悟空问答"引流的方法中，这一经典方式笔者认为也是适用的。"悟空问答"中推出了每日"热门问题榜"，这些问题都拥有几十万上百万的热度，创作者可以参考回答这些热点问题，提高自己的回答曝光度。

头条号创作者则可以找到与自身内容领域相关的热点，并在"悟空问答"页面选择合适的问题进行回答，这同样是蹭热点的表现，同时也能实现增加头条号的曝光度和为平台增粉的目的。

（4）利用问答数据分析。"悟空问答"是头条号的一个重要产品，它是有针对性地获得精准目标用户的最佳途径之一，因此创作者有必要了解问答数据，且对各个问答的具体数据进行查看并对比，在得出结论的前提下有利于问答问题的选择和回答内容技巧运用。

─── 专 家 提 醒 ───

创作者不仅可以通过比较问题的数据，选择那些回答比较多、关注度比较高的问题，还可以通过比较每条问答内容的数据，查看各项数据比较高的问答内容是如何回答的，而各项数据低的问答内容又是如何回答的，取长补短，打造更好的爆款问答内容。

4.1.4 网络电台输出

如今，很多人不喜欢看书，更不喜欢在手机上看电子书，因为不仅对眼睛不好，而且看久了手和脖子都会比较累。此时，听书就是一种不错的解决方式。

对于有声音优势的用户来说，可将自己的兴趣价值内容包装成音频产品，通过各种网络电台平台和应用来输出内容。用户要强迫自己去使用这些互联网的工具和应用，在其中发展自己的兴趣爱好。

通过发展自己的兴趣爱好，发掘"斜杠身份"，不仅可以训练自己的技能，而且还可以打造更多可变现的个人商业模式。例如，如果你对黄金、保险或者理财产品等领域比较感兴趣，并且有深入的研究，即可做一个金融类的自媒体账号，然后输出相关的内容。

1. 音频内容的输出流程

通过网络电台输出音频内容，其实也是在移动互联网上传递内容和传播价值，这同样要掌握一定的流程和方法，如图 4-7 所示。

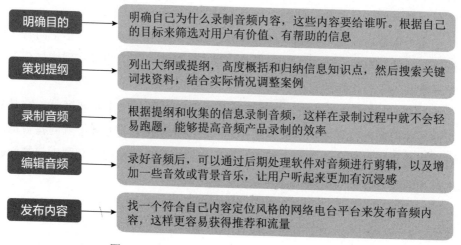

图 4-7　通过网络电台输出音频内容的相关流程

2. 音频内容的运营技巧

通过网络电台输出音频内容时，用户还需要掌握一些基本的运营技巧，让自己的内容快速被用户关注。

（1）**选择行业**。声音好听是输出音频内容的关键元素，如果声音不够好听，则应找一些相对热门的内容领域，并且锁定某个垂直细分类目，选对了行业才可能有市场。

（2）**封面设计**。音频专辑的封面图片要体现出主要内容，可以将自己的照片放上去，增加用户的记忆，如图 4-8 所示。注意，封面不要出现诱导性的内容，否则会被平台判定为违规，导致内容被下架或被封号。同时，还要注意封面图片的长宽比例，图片不要变形。

（3）专辑标题。标题的字数建议控制在 10 个字左右，同时其中的关键词要与用户的搜索习惯相匹配，这样更容易让用户搜到你的音频专辑。如图 4-9 所示，这个音频专辑的标题不仅突出了"个人品牌打造"的关键词，而且还采用数字的方式展现学习成果，在表达上起到了让听众产生视觉上和心理上的冲击力的作用。

图 4-8　音频专辑产品的封面设计示例　　图 4-9　音频专辑产品的标题设计示例

（4）提升播放量。通常情况下，音频专辑的播放量越高，获得的搜索排名也会越靠前，这样就能够被更多的人看到和点击。因此，主播需要提高音频内容的质量，增加完播率，降低跳出率，提升用户对内容的兴趣，获得更多人的关注和订阅。下面介绍一些提高音频内容完播率的方法，如图 4-10 所示。

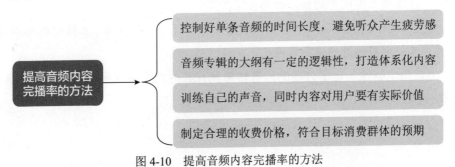

图 4-10　提高音频内容完播率的方法

（5）**评论互动**。其实，在网络电台平台中做自我营销和内容推广和线下的道理是一样的，都是基于互动的原则。例如，用户进行评论或者点赞，你也会回复他的评论，这样你来我往就会产生互动。因此，主播通过积极互动要让用户能够参与进来，让大家觉得你的内容是非常受欢迎的。

4.1.5 直播分享输出

随着信息技术和营销环境的进一步发展，一种新的商业模式出现了，那就是直播。在直播这一模式的影响下，人们的社交方式发生了改变，更重要的是，随着"直播+"这一形式影响的加深，个人商业模式也实现了创新。

例如，有着"投资界直播第一人"之称的丰厚资本创始合伙人杨守彬与花椒直播平台合作，在《大佬微直播》这一直播节目与直播受众火热互动，使观看人数大幅增加，不仅为直播平台带来了大量的流量，更是提升了其自身企业良好的口碑形象。

在直播火爆的发展大势下，直播格局发生了巨大的变化，形成了直播与视频网站相融合的新格局。在这样的格局影响下，直播使得众多的行业和企业改变了传统的商业模式，并通过这一新的商业模式创造了巨大效益。

1. 内容传播：真实性和稀缺性特点

直播不仅是一种新颖的信息传播方式，而且还是一种可以实现实时交互的社交模式，具有极强的互动性。随着直播平台不断地趋向于专业化和实用化，各种基于用户兴趣价值的内容直播将会进一步抢夺市场份额。就直播内容而言，它有着两个明显的特性，即时效性和互动性。

- 时效性：在直播过程中，主播与受众之间的所有活动和联系都是即时的，在时间上是同步的和实时的。
- 互动性：直播的主体，即主播和受众可以进行实时互动，其情形犹如面谈，只是中间隔着终端屏幕而已。

上述两个特性决定了直播的内容传播具有其他内容形式所没有的优势，具体说来，它主要表现在两个方面，具体如图 4-11 所示。

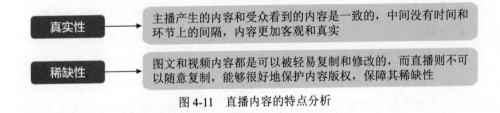

图 4-11　直播内容的特点分析

2. 直播技巧：锻炼主播的直播能力

除了创造各种直播变现方式外，主播还需要注重自身的直播能力培养，只有这样才能在直播市场中获得更多盈利。下面重点介绍直播前的预热准备和开场的方式，帮助大家带动直播间的氛围，提升自己的直播变现能力。

1）预热：做好直播的准备

网络直播和传统直播的时间长度有很大的区别，网络直播的时间长度更自由，一个小时或半个小时都可以。但是，对于传统的媒体直播来说，必须分秒不差，从几点开始到几点结束这些时间都是固定的。网络直播的收听人数是随着直播时间的增加而增加的，即播得越久人数会越多。所以，大家一定要多去做直播，这样粉丝的黏性和数量都会增加，而且也会增加自己的直播经验。

那么，在直播前应该做什么准备？第一个准备就是要做预告，什么时候开播、播的是什么内容、注重的是哪个领域、主题是什么，这些都是非常关键的预告内容。做预告等于提前告诉粉丝，你要开始直播了。

主播可以提前一天做预告，如果提前太早或者是太晚都不是最佳时机。提前太早，如提前一周做预告，除非是"铁杆听众"，否则听众会忘了你下周要直播；如果提前太晚，如直播前半个小时才预告，则大家可能还没有准备好，时间可能有冲突。

另外，直播还要进行预热，如预定的是 8 点直播，则主播要提前 10 分钟进行预热。为什么要进行预热？这个过程其实是在等待听众进场，此时有的听众可能暂时有事，无法马上进入直播间看直播。所以，千万不要小看这 10 分钟的预热，它可以帮助主播积累更多人气。

在预热时，主播可以营造直播氛围，具体方法如下。

● 放一曲适合的音乐，提升直播间的氛围感。

● 预告直播的话题和内容，让观众在接下来的互动中做一些准备。

- 主动介绍自己的直播间和其他人的直播间有哪些差异，说出你的优势。
- 主动要求观众分享你的直播间，同时提醒新进来的观众关注你。

2）开场：直播开场的 5 个经验技巧

很多主播开场时会手足无措，导致进来的人非常少，或者刚进来的人马上又退出了。而优秀的主播都有自己的开场方式。下面笔者总结了一些优秀主播的开场经验，希望可以帮助大家提升直播间的用户黏性。

- 固定的模式开场。每次开场时都说同样一句话，来突出自己的特色或者定位。同时，经常重复这句话，可以让观众更好地记住你的直播间。因此，主播可以根据自己的直播栏目定位来给自己设计一个固定的开场模式。
- 新闻或者热门事件开场。在生活中，几乎每天都会发生一些热门事件或者新闻，这些都是有价值的线索。主播可以以新闻或者热门事件来开场，让大家产生话题共鸣，让直播间迅速凝聚人气。
- 讲一个开场小故事。主播可以根据自己直播栏目的特点，讲一个与之相关的小故事作为开场。听故事是人的天性，也可以吸引大家的关注。
- 放一首歌曲或者是纯音乐。当然，这些歌曲和音乐要和自己的直播主题、内容匹配，这样也可以营造直播间的气场和氛围。例如，在春节时可以放《春节序曲》，在国庆节时可以放《歌唱祖国》，这样能够得到类似于节目片头或片花的效果，起到画龙点睛的作用。
- 用连麦的方式来开场。这种开场方式适合一些有直播经验的主播，因为现在很多直播平台都有直播连麦的功能，所以主播可以连一个观众，用这种方式来开场，然后带入直播主题。

3）互动：构建直播的观众社群

每个主播都有各自的优势，如网络主播有一定的主持经验，在互动形式上是有优势的。主播可以在遵守平台规则的前提下，把公众号、微博或者抖音等其他社交媒体的资源进行嫁接，来构建直播观众社群。

3. 营销转化：更加顺畅地实现变现

对于直播内容而言，不仅其在真实性和稀缺性方面比传统内容更胜一筹，更重要的是，在内容的营销转化上，直播内容的变现能力也远远优于其他传统内容形式。具体说来，优质直播内容在变现方面的优势主要体现在 3 方面，如图 4-12 所示。

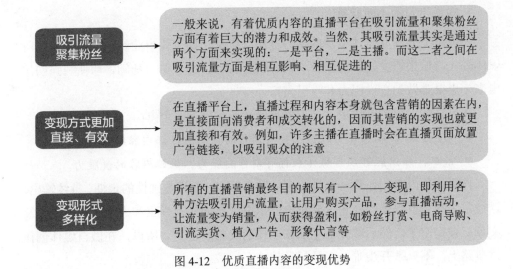

吸引流量 聚集粉丝	一般来说，有着优质内容的直播平台在吸引流量和聚集粉丝方面有着巨大的潜力和成效。当然，其吸引流量其实是通过两个方面来实现的：一是平台，二是主播。而这二者之间在吸引流量方面是相互影响、相互促进的
变现方式更加 直接、有效	在直播平台上，直播过程和内容本身就包含营销的因素在内，是直接面向消费者和成交转化的，因而其营销的实现也就更加直接和有效。例如，许多主播在直播时会在直播页面放置广告链接，以吸引观众的注意
变现形式 多样化	所有的直播营销最终目的都只有一个——变现，即利用各种方法吸引用户流量，让用户购买产品，参与直播活动，让流量变为销量，从而获得盈利，如粉丝打赏、电商导购、引流卖货、植入广告、形象代言等

图 4-12　优质直播内容的变现优势

"流量＋内容"的变现模式是如今直播变现中最有潜力的一种，它比较符合经济发展的趋势，同时又为用户提供了服务体验。

4.2　自我修炼：快速提升你的软实力

一项成功的事业需要不懈的坚持，并且在坚持中不断地升级。为了适应社会动向和行业局势的发展，我们每个人都需要进行自我修炼，通过不断地学习和积累经验来提升自己的软实力，这样才能使个人商业模式有更好的发展前途。

4.2.1　坚持学习的不断积累

事物的发展总是呈抛物线形状的，从低谷走向高峰，再从高峰走向低谷，这是一个必然趋势。人们在某一阶段学习到的东西可能是最先进的，但随着时代的进步、科技文化的进一步发展，如果不坚持同步学习和更新知识，那么就会从"先进"沦为"落后"。下面对知识学习、技能学习、经验学习的不断积累进行介绍。

1. 知识学习的不断积累

知识是个人商业模式成功的核心资源，也是一切文化事业的动力源泉。在自媒体时代，如果缺少知识的储备，内容创作将缺少一个动力基础，即使勉强创作出来，也很难做到有说服力和吸引力。

在自媒体内容的创作中，知识的重要性包含以下两个方面。

● 第一，知识能够让自媒体人拥有创作的灵感，保证内容的吸引力。

● 第二，知识能够让自媒体人拥有创作的能力，保证内容的说服力。

自媒体的内容创作是一项高强度的脑力输出，并且是硬性的定期、持续输出，这经常困扰着自媒体创作者，感觉自己二三十年的学习积累和人生感悟写十几篇文章就被掏空了，然后就失去了后续创作的灵感和动力。所以，在做自媒体创作这条路上，不只是开头难，而是越做越难。

因此，学习新知识是非常重要的，不仅可以保证充分的创作灵感，获得粉丝的肯定和信任，而且还可以保证充足的创作题材，进而吸引用户的关注和支持。

坚持知识的学习和提升还有一个重要的原因，那就是现在的知识更新频率非常快。例如，今天是"探测器从木星拍照回来了"，明天就是"引力波被发现了"。信息更新速度之快及范围之广，人们稍不留神就会感觉自己与世界不同步。尤其是自媒体内容创作者，首先自己就是一个传播者的身份，必须比普通用户要更先获得信息，所以对知识的学习必须保持一个高强度的更新状态，从而不断提高创作才华。

保持高强度知识学习的原因有以下两个方面。

● 第一，内容创作不仅需要有灵感的激发和思想的感悟，更需要有深厚的文化基础，才能让文化基础升华成才华。

● 第二，因为信息来自社会话题、新闻时事、科学发现及书籍记载，所以必须不断保持信息更新，才能让自己不被时代淘汰。

2. 技能学习的不断积累

在职场和生活中，我们需要不断地学习各种自己感兴趣的技能，尽量拓展丰富自己的专业技能，这样才能很好地积累核心资源，提高个人商业模式的效率。下面介绍一些学习和升级技能的方法，如图 4-13 所示。

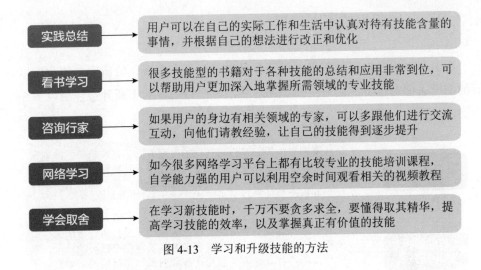

图 4-13　学习和升级技能的方法

3. 经验学习的不断积累

经验是最好的老师，是巨人的肩膀，从他人的经验或自己的经验中学习方法、吸取智慧，所达到的效果至少能让自己免去许多无用功，古人说的"听君一席话，胜读十年书"就是这个意思。

经验学习的重要性体现在两个方面：第一，发现常见错误，避免被误区误导；第二，发现解决方案，争取尽快解决问题。

—— 专 家 提 醒 ——

　　用户首先要确定的是自己的知识、技能和经验会不会有人买单，可以站在用户的角度去思考，自己能帮助他们解决什么问题，然后确定主题。就像在设计文章标题时，需要确定这个主题会不会有人点击，这是必要的步骤。

笔者认为，不管是碎片化知识还是系统化知识，都需要合理安排时间学习，这样才能掌握完整的知识体系。更重要的是，我们要提升自己的学习能力，善于将碎片化知识变成系统化知识。同时，在自己的生活、工作等实践中去检验这些知识，这样才会让学习的知识或积累的经验更加系统化。

4.2.2 坚持眼界的不断积累

学习可以提升自己的眼界，进而提升世界观、人生观、价值观，使我们以更好的态度去面对世界、面对生命、面对生活。坚持眼界的不断升级包括以下 3 个方面，如图 4-14 所示。

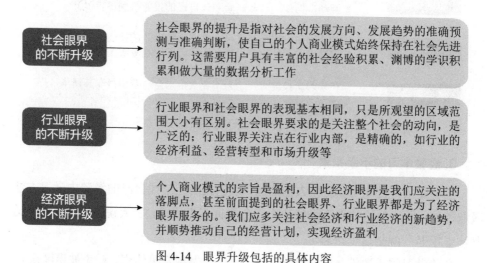

社会眼界的提升是指对社会的发展方向、发展趋势的准确预测与准确判断，使自己的个人商业模式始终保持在社会先进行列。这需要用户具有丰富的社会经验积累、渊博的学识积累和做大量的数据分析工作

行业眼界和社会眼界的表现基本相同，只是所观望的区域范围大小有区别。社会眼界要求的是关注整个社会的动向，是广泛的；行业眼界关注点在行业内部，是精确的，如行业的经济利益、经营转型和市场升级等

个人商业模式的宗旨是盈利，因此经济眼界是我们应关注的落脚点，甚至前面提到的社会眼界、行业眼界都是为了经济眼界服务的。我们应多关注社会经济和行业经济的新趋势，并顺势推动自己的经营计划，实现经济盈利

图 4-14　眼界升级包括的具体内容

经济眼界以实现经济计划为目的，而实现经济计划一般有以下两种方法。

● 第一，关注社会经济动向，把握社会经济发展趋势，其中包括关注社会经济变革、社会经济转型及社会经济起落。

● 第二，关注行业经济动向，把握行业产业发展趋势，其中包括关注行业产业变革、行业产业转型及行业产业兴衰。

4.2.3 坚持执行力的不断积累

执行力可以单纯地看作人的行动力，用作人们处理事物时的一个评价标准。在个人商业模式中，执行力不仅能够衡量用户处理任务的能力，还能够衡量用户对任务的完成程度。也就是说，即使一个人的能力再好，只要完成任务时不用心，任务完成的质量不达标，那么他的执行力依然是不够的。因此，我们都需要坚持自我执行力的不断升级，其主要方法如图 4-15 所示。

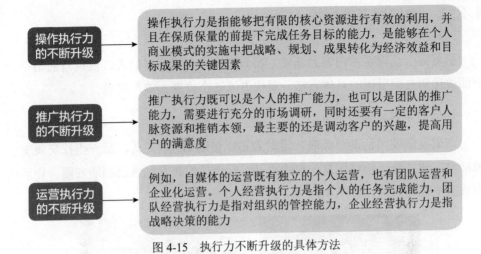

操作执行力
的不断升级 → 操作执行力是指能够把有限的核心资源进行有效的利用，并且在保质保量的前提下完成任务目标的能力，是能够在个人商业模式的实施中把战略、规划、成果转化为经济效益和目标成果的关键因素

推广执行力
的不断升级 → 推广执行力既可以是个人的推广能力，也可以是团队的推广能力，需要进行充分的市场调研，同时还要有一定的客户人脉资源和推销本领，最主要的还是调动客户的兴趣，提高用户的满意度

运营执行力
的不断升级 → 例如，自媒体的运营既有独立的个人运营，也有团队运营和企业化运营。个人经营执行力是指个人的任务完成能力，团队经营执行力是指对组织的管控能力，企业经营执行力是指战略决策的能力

图 4-15　执行力不断升级的具体方法

───── 专 家 提 醒 ─────

推广执行力的升级有以下 3 个要点。

● 需要充分的市场调研，获得准确的市场数据。
● 需要足够大的人脉圈，获得大量的客户资源。
● 需要获得客户的支持，抢占大量的市场份额。

4.3　精准引流：轻松寻找粉丝集聚地

要实现兴趣价值变现这种个人商业模式，还需要大量的粉丝为你的兴趣埋单，此时精准引流就是一个必要的步骤。运营者可以通过各种线上线下渠道吸引大量粉丝，构筑自己的私域流量池，通过这种"自建鱼塘来养鱼"（打造私域流量）的方式，不仅可以降低"捕鱼成本"（不用花钱去其他平台推广），同时也会更容易"捕到鱼"（流量更精准）。

流量的来源主要是各个公域流量平台，如淘宝、京东、拼多多等电商平台，以及微博、今日头条、抖音、喜马拉雅、快手等自媒体平台，还包括一些传统的论坛社区、视频网站、门户网站和社交媒体等，以及线下渠道等。本节笔者将介绍一些常用的精准引流技巧。

4.3.1 微信朋友圈引流

朋友圈引流以话术内容为基础，需要大家"先找到对的人，再说对的话"。下面讲述朋友圈引流的具体方法，解决引流这个"老大难"问题。

1. 活动引流：福利吸引

在朋友圈使用活动引流时，运营者可以借助 H5 小工具，做一些社交裂变引流活动，通过给予粉丝朋友一定的福利，吸引他们转发到自己的朋友圈，让活动形成裂变传播效应，如图 4-16 所示。

图 4-16　朋友圈中常用的 H5 引流活动

要想使粉丝转发分享，就必须有能够激发他们分享传播的动力，这些动力来源于很多方面，可以是微信红包、活动优惠、集赞送礼，也可以是非常优秀的能够打动用户的内容。不管怎么样，只有能够给用户提供有价值的内容，才会引起用户的注意和关注。

2. 互动引流：趣味游戏

好玩的游戏从来都不缺参与人员，在朋友圈也可以开展互动式游戏，从而获取流量。用户可以通过一些互联网 H5 设计工具来制作朋友圈小游戏，不仅能够实现微信个人号、公众号吸粉，而且还能提升线上商城的转化率，实现品牌传播。

另外，运营者可以在网上搜寻一些互动性强又有趣的游戏，稍微修改后在朋友圈分享。例如，猜谜、看图猜成语、脑筋急转弯与成语接龙等游戏有趣味、不俗套，可以吸引其他人参与。在朋友圈开展互动型游戏，同样要引导好友进行转发，因为只有这样才能让发布的动态突破自己的微信社交圈，获得更大的流量。

3. 被动引流：内容营销

朋友圈引流的内容形式包括文字、图片和小视频，运营者可以发布一些对用户有价值的内容，来调动大家参与的热情，把浏览量转化为成交量。

● 相关的行业干货知识、产品的相关专业知识，如图 4-17 所示。

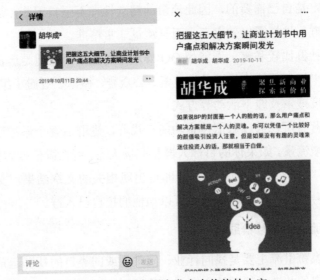

图 4-17　在朋友圈中发布有价值的内容

● 产品的最新动态，以及已购买客户的反馈信息。

● 充分利用社会热点，吸引好友评价和发表看法。

● 脑筋急转弯、小调查、小测验，活跃朋友圈气氛。

● 用 10 秒短视频的方式来表达自己和宣传自己。

总之，运营者需要在朋友圈中发布有实用价值的内容，这样才能吸引更多目标用户，取得他们的信任，也会有更多的人愿意加你为好友，为以后的成交打下基础。

4.3.2　微信群等社群引流

如今是一个以人为本的时代，"人"占领了所有商业模式的主导地位，没有"人"就没有"流量"。社群营销是一种比较贴近"人"的营销模式，可以帮助运营者获得更具精准性和忠实性的"铁杆粉丝"，打造更加稳固的私域流量池，抓住未来的商业核心动力。

比较常见的社群有微信群、QQ 群等。其中，微信群是比较私密的，群的概念比较内敛，更多的是一些好朋友、小圈子，人数不多。

1. 寻找社群：找到目标客户群

传统的微信加人方法有一个非常明显的弊端，那就是效率非常低，而且加来的用户也不一定是自己需要的，因此流量的精准性并不强。因此，运营者需要找到精准用户社群，这样不仅效率高，而且流量非常精准。

虽然微信社群比较私密，不能像 QQ 群那样直接搜索，但是运营者还是可以借助一些渠道来找群，具体包括微信搜索、公众号、微博、豆瓣小组、搜狗搜索、腾讯课堂、百度搜索及线下活动等方式。

例如，运营者可以通过微信搜索功能来找群，进群后逐个添加群友，将其转化为自己的私域流量。如果你的目标人群是职场人士，可在微信搜索框中输入"职场群聊"或者"HR 群聊"等关键词，即可出现相关的文章结果，文章中通常会有群主的微信号或者二维码，运营者可以加他们拉自己入群。

2. 换粉引流：相似社群联谊

相似社群换粉引流主要是找同行业、同类型或同类目的社群运营者，双方的社群用户有一定的共性，然后结合做一些社群联谊活动，可以快速获得更加精准的用户群。不过，选择大于努力，换粉引流通常要寻找一些人数比较多的社群，可以优先选择下面这些人群，如图 4-18 所示。

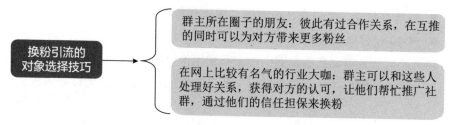

图 4-18　换粉引流的对象选择技巧

例如，专卖女装的社群和专卖化妆品的社群成员都是女性用户，而且消费有很高的重叠度，因此换粉后的转化效果也非常高。当然，在进行社群换粉引流的过程中，还需要掌握一定的运营技巧。

- 做好引流文案内容，放上社群二维码和"诱饵"。
- 选择朋友圈阅读量最高的时段进行互推，如中午或晚上。
- 使用标签对粉丝推荐来源进行分类，便于管理社群成员。
- 多与互推获得的粉丝进行互动，将其转化为熟客。
- 坚持互推，每天至少找一个朋友进行一次互推。

3. 价值引流：优质内容吸粉

同朋友圈一样，社群也是传播优质内容的极佳社交渠道之一，而被你的内容吸引，主动加你微信的人，这种用户的质量也是最高的。例如，笔者就经常在社群中分享自己的经验心得，大家的活跃度也非常高，因为这些内容都是他们眼下急需的，能够给他们带来收获的东西。

我们可以将这些优质内容发布到互联网中，如尽量去那些同类型的网络平台发布，这样吸粉效果会更好。例如，做婴儿用品的用户可以去辣妈帮、妈妈圈、宝宝树等平台发布内容，这样吸引的都是精准的"宝妈"群体，因此社群的转化率相对来说会更高，这种精准流量更具价值。

───── 专 家 提 醒 ─────

提高添加群内成员通过率的技巧如下。

- 挑选目标群，如门槛较高的群、付费群等，这些群中的用户信任度更强。
- 设置好自己的群昵称，在群内主动介绍自己。
- 了解群规，观察其他人的发言内容，搞好关系。
- 进群后要多发有价值的内容，提高社群成员对你的好感度。

4. KOL 引流：社群大咖分享

如果你本身的流量不足，也做不成优质的内容，则可以找一些同行业的大咖合作，让他们帮你推荐社群。KOL（Key Opinion Leader，关键意见领袖）不仅有强大的流量，而且他们创作的内容往往能够切中用户的痛点，粉丝的忠诚度非常高，可以快速为社群聚集流量。KOL 的流量和关注度不容小觑，其引流优势如下。

- 强大的粉丝流量，能够密集覆盖某一类型的用户。

● KOL 的粉丝黏性很强，具有持久的粉丝关注度。

● 强大的话语权和影响力，对粉丝产生舆论引导作用。

● 在垂直领域具有号召力，拥有更深更广的专业度。

● KOL 具有极强的购买推动力，粉丝转化率非常高。

───── 专 家 提 醒 ─────

社群运营者可以利用 KOL 属性来吸引粉丝，增加品牌曝光量，联合 KOL 将高质量的干货内容打造为"现象级刷屏"。

5.活动引流：高效裂变工具

社群引流活动可以跨越线上线下等不同渠道，包括娱乐或学习性质等方面的活动。与朋友圈活动相比，社群活动的内容更为丰富，而且运营者需要认真考虑从策划活动到宣传活动的每一个环节，包括活动目的、品牌形象、执行能力及活动创意等。通常，通过做一场活动，可以吸引很多用户进入社群。

运营者可以使用进群宝、WeTool 等社群工具来辅助活动引流，提高用户聚集度和社群运营效率，让社群运营更高效。另外，在策划社群引流活动时，运营者还需要给用户提供一些小福利，增加活动的吸引力。

4.3.3 抖音短视频引流

我们在打造自己的专属私域流量池时，首先可以从自己已有的平台入手，这也是见效最快的流量来源渠道。例如，抖音就是笔者最常用的一个短视频内容运营平台，其是一个专注年轻人的 15 秒音乐短视频社区。用户可以通过抖音选择歌曲，拍摄 15 秒的音乐短视频，形成自己的作品并发布。

图 4-19 所示为笔者创建和运营的抖音号，累计粉丝超过了 70 万名。这些粉丝都是笔者从抖音平台引流过来的，当然这只是很小的一部分而已，可见抖音的引流潜力非常巨大。

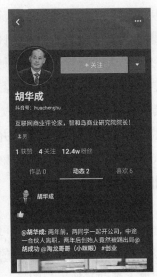

图 4-19　笔者创建和运营的抖音号

面对那些越来越个性、爱好越来越不同、媒体接触习惯越来越碎片化的消费者，运营者只有抓住这种流量的风口，才能更高效、更低成本地接触到精准用户群。下面介绍一些抖音导流微信的技巧。

- 在抖音账号简介中展现自己的微信号。
- 在抖音的个人昵称里设置微信号。
- 在短视频内容中露出微信号，如通过背景展现出来。
- 在抖音号中设置微信号，尽量设置为公众号。
- 在背景图片中设置微信号，导流效果非常明显。
- 在个人头像上设置微信号，注意头像一定要清晰。
- 在上传的背景音乐中设置微信号。

━━━━━专 家 提 醒━━━━━

需要注意的是，不要在抖音中直接标注"微信"，可以用拼音简写、同音字或其他相关符号来代替。只要用户的原创短视频的播放量越大，曝光率越大，引流的效果也就会越好。

另外，抖音的评论区和私信也是一个引流的好地方。

（1）评论区引流。抖音短视频的评论区基本上是抖音的精准受众，而且都是活跃用户。用户可以先编辑好一些引流话术，话术中带有微信等联系方式，在自己发布的视频的评论区回复其他人的评论，评论的内容直接复制粘贴引流话术。另外，运营者还可以关注同行业或同领域的相关账号，评论他们的热门作品，并在评论中做广告，给自己的账号或者产品引流。

（2）**私信消息引流**。抖音支持"发信息"功能，一些粉丝可能会通过该功能给用户发信息，用户可以经常查看，并利用私信回复来进行引流。

4.3.4　专业论坛引流

论坛的人气是营销的基础，运营者可以通过图片和文字等内容帖子与论坛用户交流互动，这也是辅助搜索引擎营销的重要手段。在论坛中塑造运营者的影响力，能在很大程度上带动其他用户的参与，从而进一步引导潜在用户关注运营者。

例如，百度贴吧就是一个以兴趣主题聚合志同道合者的互动平台，让拥有共同兴趣的网友聚集到一起进行交流和互动。同时，这种聚集方式也让百度贴吧成为自媒体运营者引流常用的平台之一。下面笔者介绍一些通过百度贴吧给微信引流的技巧和注意事项。

● 用自己的微信号注册贴吧用户名。
● 通过软文引流，内容尽量真实，语气接地气。分段发布软文内容，这样反应会更加热烈。软文最后加上"感兴趣的请加我微信（见昵称）"。
● 有侧重地选择贴吧，单纯引流可选择冷门贴吧。
● 善于结合实时热点，吸引更多用户点击。
● 不要在不同的贴吧中重复发同样内容的帖子。在多个贴吧发帖时，需要修改标题和内容。
● 标题要有吸引力，可利用人的好奇心。

4.3.5　电商平台引流

电商渠道是获得流量及利用流量推广和营销的主要渠道之一。

1.较安全的引流方式

以淘宝为例，平台内可以触达用户的渠道包括阿里旺旺、短信、包裹卡片及通讯录等，运营者可以通过这些相对比较安全的渠道主动添加用户，如图4-20所示。

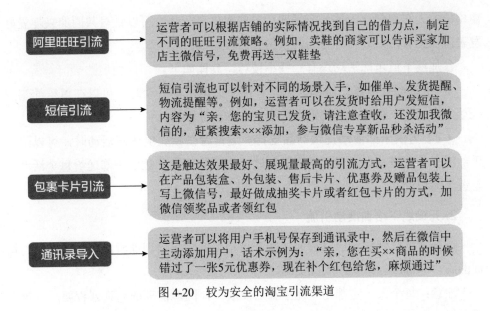

图 4-20 较为安全的淘宝引流渠道

2. 有风险的引流方式

除了前面这些比较安全的淘宝引流渠道外，还有一些高风险的淘宝引流微信方式，如图 4-21 所示。建议运营者将微信号编辑到广告图片中，这种方式适合销量好、时间长的老店，新店商家慎用。

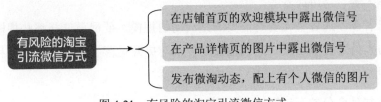

图 4-21 有风险的淘宝引流微信方式

4.3.6 线下活动引流

线下活动的种类众多，如俱乐部活动、大型社会活动、旅游活动、聚会活动及课程培训等，这些都是人流集中的活动场合，运营者可以通过这些活动实现营销引流，扩大自己的社交圈子。

1. 参加各种俱乐部活动引流

参加各种俱乐部活动是运营者线下获得流量的一种好方法。俱乐部是一群志趣相投的人在一起交流的社交场所，这些人聚在一起，可以针对共同的兴趣爱好发表自己的看法，参与者之间的氛围会比较融洽。

参加线下俱乐部活动还有一些小技巧，具体如下。

（1）**签到处放置二维码**。运营者在参加俱乐部活动时，可以在俱乐部签到处放上自己的二维码，方便别人快速地扫描添加微信。

（2）**为俱乐部活动提供商品支持**。运营者在参加俱乐部活动时，可以给俱乐部提供一些带有自己微信或者其他联系方式的产品，让俱乐部送给每个活动参与者作为纪念品。

2. 开设线下培训活动引流

运营者可以针对自己掌握的技能开设相关的线下培训课程活动，这些参与培训的用户即可成为自己的人脉资源。

注意：每个人一定都是"先生存后发展"，因此前期的培训课程要尽量免费或者低价，同时还要给用户带来一些实际价值和惊喜感，让他有所收获，这样他会更积极地去帮你分享，扩大你的影响力。

3. 参加各种比赛活动引流

运营者要想获得更多流量，还可以去参加领域内的各种比赛活动，如创业大赛、摄影大赛、演讲比赛等。

运营者在参加各种比赛时需要清楚活动的规模，要尽量选择那些规模大的，这样参与人员才会多，关注的人也会更多，对提升运营者自身的知名度和影响力都会有帮助。

4. 参加社会公益活动引流

在我们的生活中会有各种各样的公益活动，运营者也可以积极地去参加这些社会公益活动。

参加社会公益活动不仅能让自己对社会做贡献，在粉丝中树立好形象，传播正能量，还能在活动中拓宽人脉圈，获得流量。另外，如果运营者被媒体关注到，那么所获得的关注度会迅速增加，获得意想不到的好处。

多参加公益活动，不仅能真正帮助别人，也能帮助自己的事业，对树立自己的团队形象、树立品牌形象都很有帮助。

4.3.7 百度阵营引流

百度是人们获取信息、查询资料的重要互联网平台，利用好了，引流吸粉会更有效率。百度阵营引流有以下几个主要途径。

1. 百度百科

在百度上搜索某一个关键词时，排在首页里的一定少不了一个词条，即和你搜索的关键词相关的百度百科。运营者可以将自己的名字、公众号或者产品等信息编辑到百度百科中，进行吸粉引流，如图 4-22 所示。运用百度百科引流具有 4 个特点，即成本低、转化率高、质量高、具有一定的权威性。

图 4-22 利用百度百科进行引流

2. 百度知道

"百度知道"是一个分享提问答案的平台，百度知道引流法是指在百度知道上通过回答问题的方式，把自己的广告有效地嵌入回复中的一种方式，它是问答式引流方法中的一种。

3. 百度文库

百度文库是一个互联网分享学习的开放平台，利用百度文库进行引流的关键点共有 2 个，如下。

（1）设置带长尾关键词的标题。百度文库的标题中最好包含想要推广的长尾词，如果关键词在百度文库的排名较靠前，就能吸引不少的流量。

（2）**选择的内容质量要高。**在百度文库内容方面，推广时应尽量撰写、整理一些原创内容，如把一些精华内容做成 PPT 上传到文库。

4. 百度经验

百度经验的权重虽然没有百度百科、百度知道和百度贴吧的大，但是百度经验作为一个高质量的外链，效果是非常好的。百度经验引流方法的设置如图 4-23 所示。

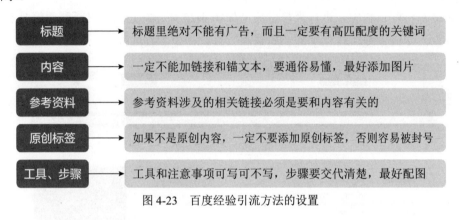

标题	→	标题里绝对不能有广告，而且一定要有高匹配度的关键词
内容	→	一定不能加链接和锚文本，要通俗易懂，最好添加图片
参考资料	→	参考资料涉及的相关链接必须是要和内容有关的
原创标签	→	如果不是原创内容，一定不要添加原创标签，否则容易被封号
工具、步骤	→	工具和注意事项可写可不写，步骤要交代清楚，最好配图

图 4-23　百度经验引流方法的设置

5. 百度搜索风云榜

如何利用百度热词来进行引流呢？首先在计算机上打开"百度搜索风云榜"，寻找热门关键词，从实时热点、排行榜上就能够知道哪些关键词在百度上被搜索的次数较多，这些被搜索次数较多的关键词就称为"热词"。运营者可以结合"热词"发软文，将自己的产品与关键词融合，在各大门户网站、论坛等发表这些融合了关键词的软文。这样只要用户搜索关键词，就能看到相关的内容。

4.3.8　自媒体渠道引流

常见的自媒体引流渠道包括今日头条（头条号）、一点资讯（一点号）、搜狐公众平台、简书、腾讯内容开放平台（企鹅号）、百度自媒体平台（百家号）、阿里大文娱平台（大鱼号）及网易新闻（网易号）等。

例如，今日头条自媒体平台可以帮助运营者扩大自身影响力，增加个人的曝光率和关注度。如今，很多已经成为超级 IP 的网络红人都开通了头条号来传播自己的品牌，以及实现个人商业模式的变现目标。

　　自媒体平台给个人微信号引流的主要方式也是软文形式。图 4-24 所示为笔者的公众号发布的自媒体文章，文章底部顺势放入"关注公众号"按钮，以进行引流。即使粉丝数量不多，只要内容好就能获得推荐，甚至会被推荐给更广泛的人群。

图 4-24　通过内容引流示例

　　另外，除了内容引流外，用户也可以在头条号的简介区放上微信号进行引流，但尽量给用户一些利益，吸引他们主动添加。

第5章　百万IP：
打造属于你自己的个人品牌

当我们有自己的人生规划和兴趣价值，同时也成为一名优秀的"单杠青年"或者"斜杠青年"时，会慢慢积攒自己的私域流量，也许可以收割一批流量红利，但是长久下去往往会涸泽而渔。因此，我们需要同时打造自己的个人IP，结合个人商业模式和个人IP来实现更加长久的变现运营。

5.1　形象包装：宣传本质是包装升级

个人IP的品牌建设是个人商业模式的阶段性目标，同时个人IP打造成功之后也有下一步的发展目标，即扩大IP的商业化和实现品牌的企业化。

俗话说，"有了金刚钻才敢揽瓷器活"。这里的"金刚钻"是指运营者的个人商业模式，而"瓷器活"是指引流变现能力。本节主要向读者介绍在自媒体时代打造高端个人IP品牌的6项素质修炼，帮助大家进行形象包装，赢得用户的好感，增加信任感，提升自己的存在感。

5.1.1　账号名称：你是谁？你是做什么的？

在自媒体平台中，拥有一个得体又很有特色的账号名称是非常重要的。对普通人来说可能这个名称无关紧要，只要自己高兴便好；但对于自媒体的运营者来说，就要仔细斟酌，再三考虑。因为每个运营者都有着自己不同的目标，要给好友呈现出独特的理念才行，所以账号名称一定要有很高的识别度，要打造出一个"网红"名字，把运营者变成"网红"。

账号名称的总体要求是：告诉大家你是谁，以及你是做什么的。同时，账号名称还要考虑两点：易记、易传播。只有把握好要点才能起一个满意的名称，如图5-1所示。

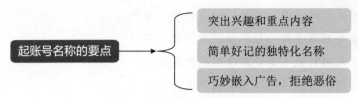

图 5-1　起账号名称的要点

在起名时还要避免下面这些误区。

● 没有汉字，全是符号。

● 使用繁体字和负能量字眼。

● 名字前面加很多 A。

● 名字太长，没有重点。

说了这么多的要点，其实还是建议起一个简单好记的账号名称，如笔者大部分自媒体平台的账号名称就是自己的名字，这样做主要有以下两点好处。

● 增加信任度：让用户有一种亲近的感觉。

● 方便用户记忆：让人难以忘记。

其实使用自己的真名对于增加粉丝信任度是很有帮助的，因为自己的银行卡和支付宝账号都是实名制，用户看到的是真实名字，会产生好感。如果不想让自己的名字变得众人皆知，使用自己的网名也不失为一个好方法。

───── 专 家 提 醒 ─────

需要注意的是，如果直接使用广告作为账号名称，其实是很危险的，要慎用。因为用户的眼睛是雪亮的，一旦看到广告就会产生一种排斥情绪。

5.1.2　个人头像：用哪种类型的头像最好？

除了账号名称以外，自媒体的个人头像应该是最引人注意的内容。在微信好友列表中可以看到朋友们的头像通常是多种多样的，而不同的头像有着不同的心理活动。在表示不同心理活动的头像设置环境下，拥有一个别出心裁的头像，能够得到用户的好感和信任感。

● 用生活照做头像：对自己的接纳度较高。

● 用证件照做头像：中规中矩。

- 用艺术照做头像：有较强的自我中心倾向。
- 用童年照做头像：较感性，觉得过去美好。
- 用家人照片做头像：有很强的依赖性。
- 用卡通图片做头像：思维较开阔。
- 不用头像：性格较粗犷。

个人头像设置也是有技巧的，要根据自己的定位来进行设置，主要从以下几个方面着手，如图 5-2 所示。

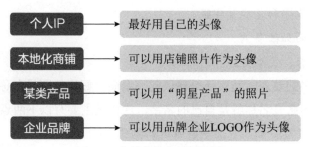

图 5-2　自媒体头像设置的技巧

大部分运营者通常选择使用自己的照片作为头像，如笔者采用的就是这种方式，如图 5-3 所示。这样做更加具有真实性，会增强好友的信任感，因为自媒体个人商业模式的核心是人与人的关系，要建立起相互之间的信任，用自己的照片是最合适的。

图 5-3　笔者的公众号和微博头像都是本人照片

5.1.3　个性签名：粉丝关注你能得到什么？

个性签名即能充分表现自己的话语（签名），是在自媒体平台上展现用户信息的重要内容，如图 5-4 所示。

图 5-4　个性签名简介

个性签名会给用户留下第一印象，所以要特别注意自己的个性签名。例如，在微信中，个性签名会显示在通信录中，在好友搜索到你并将要添加你时，肯定会查看你的个人信息，这时个性签名就是一个加分项。

在个性签名中最好不要直接出现产品信息，个性签名的内容就好比现实生活中的名片文字介绍，在很大程度上决定了你能够获得的粉丝数量。只有那些自然、大气的文字介绍，才会吸引他人的注意，让别人产生继续沟通的兴趣。

5.1.4　封面背景：充分展示你的背景和头衔

在微信朋友圈、微博、抖音、快手等自媒体平台中都需要设置背景墙封面，这是一个与昵称和头像不一样的个性设置场所，其特点如图 5-5 所示。

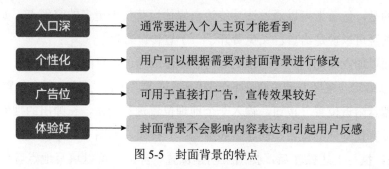

图 5-5　封面背景的特点

从位置展示的出场顺序来看，头像是自媒体人的第一广告位；但如果从效果展示的充分度而言，背景墙图片的广告位价值更大，因为其可以放大图和更多的文字内容，更全面充分地展示个性、特色、产品等。

例如，微信朋友圈中的背景墙照片其实就是头像上的背景封面，如图 5-6 所示。这张背景墙照片的尺寸比例为 48mm×30mm 左右，因此大家可以通过"图片 + 文字"的方式，尽可能地将自己的产品、业务、特色、成就等内容在此处充分展示出来。

图 5-6　微信朋友圈中的背景墙照片示例

5.1.5　地理位置：打造独特的个人"定位语"

在抖音、微信朋友圈、微博等平台发布内容时，都可以添加自己的地理位置。更特别的是，运营者可以通过该功能给自媒体运营带来更多的突破点，如果利用得当，甚至可以说是给自己又免费开了一个宣传广告位。

下面以朋友圈为例，介绍在动态内容中添加地址信息的操作方法。

（1）编辑一条朋友圈信息，并点击"所在位置"按钮，进入"所在位置"界面。点击"搜索附近位置"按钮，输入一个地理位置进行搜索，在弹出的搜索结果中点击"没有找到你的位置？创建新的位置："按钮，如图 5-7 所示。

（2）执行上述操作后，弹出"创建位置"界面，可以填写地点等信息，下面还可以填上电话号码方便对方联络商户，如图 5-8 所示。点击"完成"按钮，设置完毕。

图 5-7　点击相应按钮　　　　图 5-8　填写"创建位置"信息

━━━专　家　提　醒━━━

一个真正成功的自媒体个人商业模式运营者应该能够合理利用每一个小细节来进行自我宣传。地理位置信息这个小细节的设置难度并不大，仅仅是利用微信中的自定义位置的功能就能够成功设置。

5.1.6　招牌动作：在粉丝脑海形成"视觉锤"

无论是哪个时代，一个具有远大理想、勇于拼搏、敢于奋斗的人都会更容易引起人们的关注和鼓励。因此，运营者在自媒体平台上一定要形成自己的独特标签，除了头像、名称和背景等账号设置外，运营者还可以养成自己的"招牌动作"，来加深用户对运营者的记忆。

例如，前美国职业篮球运动员沙奎尔·奥尼尔（Shaquille O'Neal）在每次进球后都喜欢走"霸王步"，给人留下了鲨鱼般凶猛有力的形象，于是大家给他起了个绰号——"大鲨鱼"。

运营者一旦设计了自己的招牌动作，就需要在每次有曝光机会时都使用这个招牌动作。因为招牌动作如果只出现一次，是不会被用户记住的，想要让自己的招牌动作深入人心，就必须增加它的曝光次数。

例如，短视频创作者"多余和毛毛姐"因为一句"好嗨哦"的背景音乐而广为人知，其短视频风格能够带给观众一种"红红火火、恍恍惚惚"的即视感。有趣的内容不仅能让人捧腹大笑，而且还可以让人的心情瞬间变得好起来。

当你的招牌动作出现次数比较多时，会很容易在用户脑海中起到"视觉锤"的作用，以后用户只要看到这个动作，就会联想到你。但是运营者要注意，招牌动作尽量设计得简单、有特点比较好，太复杂的动作拍照时也会很麻烦。

———— 专 家 提 醒 ————

运营者要让人觉得自己积极向上，有很强的上进心，努力奋斗，感受到个人的热情与温暖。这样不仅能够激励用户，并且还能提高他人的评价与看法，吸引人们的关注，让大家更加信任并支持。

5.2　打造个人品牌：你就是超级 IP

全民创业时代，"得 IP 者得天下"，你有自己的 IP 了吗？

互联网就像是一个放大镜，它不仅拓宽了我们的视野，也放大了我们每个人的欲望。由于现在问答形式的流行，我们发现网上都是月入过万的用户，月入10 万元的用户也多如牛毛。看到这些用户之后，我们常常会自问一番，凭什么我现在还在拿着几千元的工资？

我不想继续这样下去了，我要创业，可是我手头只有十几万元怎么创业呢？

现在随便租个店铺，进货都是几十万元的成本，十几万元恐怕只够交房租。

难道我们的创业之路将就此终结？

谁说创业就一定需要很大的资金？现在已经是自媒体时代了，只需一根网线，一台计算机就可以创业。自媒体时代为我们每个人打开了低成本创业的大门。

但是门槛越低的创业，就意味着竞争越激烈，那么我们如何让自己在这个时代分一杯羹呢？最重要的就是打造自己的强 IP，让别人一下就能想到你。

道理我们都懂，可是如何打造自己的 IP 呢？本节将告诉你答案。

5.2.1　扬长避短: 专注自己擅长的领域

每个人都有自己的优点, 只是自己有时很难发现。

在自媒体时代, 我们最主要的任务就是做自己擅长的事情, 因为在这个 "时间就是金钱" 的时代里, 没有太多时间和机会去学习太多的技能。

如果你唱歌特别好, 那就把自己唱歌的视频录好, 发送到多个平台即可; 如果你会跳舞, 那就只发给粉丝跳得最好的舞蹈即可; 如果你别的都不会, 但是养猪特别在行, 也可以在网上分享养猪的心得或者视频。

因此, 要打造个人品牌和超级 IP, 必须去做自己擅长的事情, 切忌盲目地跟风模仿。例如, 当你看到李佳琪分享的口红很火, 就去模仿他拍涂口红的视频; 接着你又看到 "代古拉 k" 跳舞好看, 又去模仿她拍跳舞的视频。最后, 一顿折腾下来, 不仅没有多少粉丝, 而且还会让你变成一个 "四不像"。

一个真正的个人 IP 都有自己鲜明的风格, 因为只有这样才能被大众记住。所以, 运营者只有在自己的专业领域突破、创新, 在这个过程中打造属于自己的风格特色, 才能吸引用户关注。

5.2.2　明确定位: 在某个领域垂直深耕

如今, 由于平台的同质化越来越严重, 因此用户对于平台的依赖性正在逐渐降低, 转而更加关注运营者和产品本身。在这种情况下, 各个细分领域的行家拥有更多的粉丝和流量, 这代表着他们的主动性更强, 更有能力实现变现。

普通人要想打造个人 IP, 首先需要一个明确的核心价值观, 即平常所说的定位, 也就是你能为用户带来什么价值。因此, 在明确自己特长的前提下, 运营者需要找好自己的定位。例如, 你目前做的是职场领域还是职业教育, 抑或是NBA 新闻等, 一定要垂直在某个领域, 然后进行内容的深耕。

选择好领域后, 就要定位自己内容的目标人群。因为我们尽心尽力做这么多内容, 不仅仅是为了自己看的, 而是要进行商业变现。例如, 用户对母婴产品及产业链很清楚, 则可以围绕母婴话题展开内容, 那么毫无疑问目标用户就是 "宝妈宝爸"; 如果用户的内容定位为 "养生", 那么则要瞄准中老年市场。

个人 IP 需要找到自己的精准目标客户群体及其痛点需求, 这是因为弄清楚了这一问题, 可以有以下两个方面的好处。

- 可以帮助自己生产出更符合用户需求的内容或产品，这样的产品自然能够成为最受用户欢迎的产品，同时这样的产品也是最具市场竞争力的产品。
- 可以帮助自己在后期的商业宣传、推广过程中更有针对性地进行推广，减少宣传、推广过程中一些不必要的事项，从而达到更好的推广效果。

运营者首先要找准用户的全部需求，然后针对需求确定产品的主要功能，接下来根据目标用户群体的偏好选择优先打造的内容或产品，最后确定用户对产品形成的核心需求。明确定位的相关技巧如图 5-9 所示。

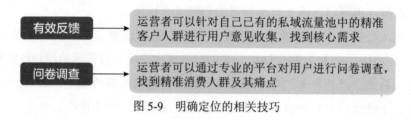

图 5-9　明确定位的相关技巧

当价值观明确了以后，运营者才能更轻松地做出决定，对内容和产品进行定位，然后朝着一个方向努力，突出自身独特的魅力，从而得到用户的关注和认可。个人 IP 运营者始终要明白一个道理：你是一个怎样的人并不是最重要的，重点在于在别人眼中的你是个怎样的人。因此，明确定位是为了形成精准的用户画像，找到个人标签，从而告诉别人你是谁，对他有什么作用和价值。

5.2.3　加强记忆：打造有辨识度的特色

在有了较好的定位之后，接下来要做的就是如何让别人彻底记住你，最好是达到让大家看到口红就能想到李佳琪、一听到 "diu diu diu duang" 就能知道是 "陈翔六点半" 的效果。

我们可以针对抖音、快手等自媒体平台上的一些极具辨识力的 "网红" 进行研究，会发现他们都有自己专属的口头禅或者固定开场语。这是多余的吗？当然不是，因为这都是他们团队早就设计好的。

之所以一遍又一遍地重复，就是为了加强自己的 IP 独特性。例如，"虎哥说车" 惯用的开场语为："很多网友留言说想看 ×× 车，今天它来了；别问落地价，因为 ×× 无价。" 再或者李佳琦经常说的："Oh my god，这也太美了吧？" 他那夸张的表情，目的就是强化自己的 IP。

这样做有什么好处？人们只要听到这句话，就会立马想到那个对应的人。如果说这句话的不是对应的人，人们立刻就能想到他是在模仿哪个"网红"。这就是 IP 的辨识度，可以让你在无形之中产生影响力，这也是自媒体成功的基础。

当然，如果你只想做一个小"网红"，则只需要每天去网上露个脸，刷一下存在感即可。但是，如果你想打造成个人 IP，还需要学会推广和运营自己，培养有辨识度的人格化 IP 气质，具体如图 5-10 所示。

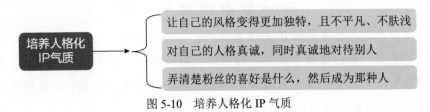

图 5-10　培养人格化 IP 气质

俗话说"小胜在于技巧，中胜在于实力，大胜在于人格"，在互联网中这句话同样有分量。那些已经成名的个人 IP 之所以能受到大家的欢迎、容纳，其实也从侧面说明了他具备一定的人格。

5.2.4　打破认知：快速增加你的知名度

如果运营者都是中规中矩地出现在各行各业中，则容易掩盖自己的闪光点。如何才能快速增加自己的知名度？那就是需要打破人们的认知。

以口红为例，人们一般会以为口红肯定是女生的专利，其实不然，李佳琦就专门从这个角度出发，打破了人们传统的认知，因此他才会被人们快速记住。

打破认知，其实就是故意造成人们认知的反差，从而让你更具有话题性。例如，一般卖猪肉的都是特别彪悍、特别强壮的人，而如果一个穿着职业装的美女挥着大刀去卖肉，也很容易让人们记住，这就是颠覆认知。

5.2.5　粉丝变现：持续输出优质的内容

在有了以上 4 个个人 IP 的属性之后，运营者还需要最后一个属性进行升华，即具备持续输出优质内容的能力，快速实现内容的变现，打造自媒体个人商业模式的闭环。运营者要提升流量，吸引用户关注，提升用户的留存率，都必须要有足够优质的内容，这是实现这些目标的基础，如此才能让个人 IP 持续获得用户的认可。因此，运营者必须定期更新内容，内容最好与热点接轨，但是要注意尺度。否则，徒有如此多的粉丝而不能变现，也会让你的个人商业模式陷入僵局。

个人 IP 的内容多以文字、图片、语音、视频等形式来表现主题，如果想要自己的内容脱颖而出，就必须打造符合用户需求的内容，做好内容运营，用高价值的内容来吸引用户，提高阅读量，带来更多流量和商机。

━━━专 家 提 醒━━━

作为普通人打造个人 IP 的重要条件，创作内容如今也出现年轻化、个性化等趋势。要创作出与众不同的内容，虽然不要求有多高的学历，但至少要能展现一些有价值的东西出来。从某种方面来看，读书和阅历的多少直接决定了内容创作水平的高低。

5.3 个体崛起：垂直领域 IP 的练成攻略

IP 的价值越来越被人们所重视，个人 IP 才是未来的商业模式。不管是谁，只要有一技之长，或者有特别之处，都可以通过自己的努力来打造个人 IP，探索更多人生可能，抓住更多的商业机会。即使是普普通通的人，在自媒体时代也有很多成名的机会。

当你在羡慕那些爆款 IP 的火热时，是否也曾思考过自己要怎样从无到有去打造个人 IP 呢？本节从企业 CEO、垂直电商、微商、职场人士及自媒体人等多个领域介绍从无到有打造垂直领域个人 IP 的方法。

5.3.1 企业CEO如何打造个人品牌？

企业 CEO 做个人 IP 首先要清楚自己的定位，且这个定位应该是某个领域的专家。因为企业 CEO 做个人 IP 的主要目的通常是扩大品牌的知名度，如果自己都不够专业，那用户很难去信任你，更不会信任你的品牌。

确定好专业的定位之后，企业 CEO 要建立一套自己的思想理论，这套理论应该主要针对企业的产品，如产品的含义、功效等。有了自己的思想理论之后，企业 CEO 可以创作一些与产品相关的专业性内容，发布在各个自媒体平台。

　　企业 CEO 也可以出版与产品相关的专业图书。例如，公司的产品是玉石首饰，那么企业 CEO 就可以出版一本如何分辨及鉴定玉石的书，建立自己的专家形象。另外，做公开演讲也是很好的选择，演讲具有很好的感染力，能将个人的思想清楚地传达给大众。

　　企业 CEO 的个人 IP 通常是与自己的事业或品牌共同进退的，打造个人 IP 后，可以极大地降低引流成本。例如，格力电器董事长兼总裁董明珠曾经说过："请成龙做广告要花 1 000 多万元，自己做广告一分钱不用花！"这就是企业 CEO 个人 IP 价值的很好证明。

　　董明珠通过给自己的产品代言，不仅节省了大量的广告费用，更大的好处在于将自己打造成了一个大 IP。同时，她成功的创业经历也具有很好的励志效应，很容易引发用户的共鸣。在大家看来，董明珠是一个非常能干的人，从而间接提升了人们对于其产品的信任度。

　　另一个创业者 IP 的典型案例便是与董明珠有过 10 亿元赌约的雷军。早在 2013 年，雷军和董明珠在"中国经济年度人物"颁奖典礼上立下一个"赌局"。雷军表示："如果小米的营业额在 5 年内超过格力，董明珠就给雷军 1 元钱。"此时的小米刚成立 3 年，就达到了 300 多亿元的年营收。而此时的格力已创立了 20 多个年头，年营收也是小米的 4 倍左右，达到了 1 200 多亿元，因此董明珠也非常有底气地说："要赌就赌 10 个亿。"此后的几年里雷军带着小米拼命追赶，虽然最终没能追上格力，但 2018 年的全年总营收也达到了 1 749 亿元，净利润超过市场预期。

　　小米看似失败了，但在竞争非常激烈的手机市场中却是非常成功的创业企业，这自然离不开雷军的功劳，他也成为名副其实的"网红"企业家，其微博上的粉丝已达到了 2 000 多万名，头条号的粉丝也有 400 多万名。

　　雷军的创业故事仿佛小说一样，非常精彩，甚至连一句随意说出的"Are you ok"？也被网友们加上了魔性的旋律，制作为一首"神曲"，一度占领网易云音乐的 TOP 榜。据悉，《Are you ok》这首网络神曲在哔哩哔哩平台上的点击量接近 2 000 万次，弹幕（用户留言）接近 15 万条。

　　那些企业"大佬"往往都是非常神秘的人物，很少有人知道他们的动态，但雷军却反其道而行之，放下了富商的架子，给大家留下了极为亲民的形象。雷军经常在各种媒体渠道上推广自己的产品，甚至通过直播这种新媒体方式积极与粉丝互动，首场直播秀就收获了 8 万名粉丝。

虽然雷军从来没有正式代言过小米，但他却是小米实际上最大的代言人，他不遗余力地宣传自己的品牌，甚至还亲自出演产品的宣传视频。美国《财富》杂志发布的"2019 世界 500 强"名单中，刚成立 9 年的小米排在第 468 位，成为世界 500 强中最年轻的公司。

从上面两个案例中我们可以非常清楚地看到，企业 CEO 将自己包装成个人IP 后，带来的流量价值是不可估量的。因此，即使你的事业再渺小，你的起步非常低，也要打造个人 IP，展示个人形象价值，占领人们的心智，提升愉悦体验。企业 CEO 打造个人 IP 的主要价值如下。

- 更容易与周围的人、用户、粉丝产生链接。
- 个人 IP 具有更强的鲜活度和立体感，易于建立信任。
- 可以呈现更真实的自己，容易引起用户的情感共鸣。
- 个人 IP 用人格化演绎，会带来更多情感溢价空间。
- 个人 IP 能够衍生周边产品，带来无形资产的增值。

5.3.2 垂直电商如何打造个人品牌？

现在电商平台的竞争非常激烈，所以很多电商卖家都开始转型，去微信、微博、抖音、今日头条、快手、小红书等平台上销售产品。但是，按照现在的发展趋势，垂直电商和个人 IP 的结合才是最好的销售产品的方式。那么垂直电商要转型为个人 IP 该怎么做呢？主要有以下几点。

- 只有将产品、服务和消费者需求都做到统一，才是真正的垂直电商；而垂直电商转型为个人 IP 也需要树立在自己垂直领域的专业形象，才能吸引忠实顾客。
- 定期推出新产品，即每个月都要设置一个新的产品主题，该主题要与电商的垂直领域有关，便于建立电商的品牌理念。
- 在内容中结合热点事件、节日营销等方式，不断地推广自己的品牌和品牌的理念，扩大影响力。

对于垂直电商来说，打造个人 IP 有利于提升自己的议价能力。例如，被称为"带货女王"的薇娅，也即"淘宝网红一姐"，就是通过强大的直播带货能力让自己成为一个超级 IP。

在薇娅直播带货过程中，她的语言朴实，这样会让用户觉得主播可靠，为人实在，能使人产生信任感。同时，薇娅直播带货的产品都是她亲自体验过的，在态度上可以给用户很诚恳的感觉。除此之外，最让人佩服的是薇娅曾在直播间成功卖过总价 4 000 万元的"火箭"，不得不让人佩服薇娅的带货能力。

当然，要想成为个人 IP，首先需要有明确的核心价值观，即平常所说的产品定位，也就是能为用户带来什么价值。我们在打造个人 IP 的过程中，只有当价值观明确以后，才能轻松地做出决定，对内容和产品进行定位，才能突出自身独特的魅力，从而快速吸引人们关注。

在打造个人 IP 的过程中，我们还需要培养自身的正能量和亲和力，可以将一些正面、时尚的内容以比较温暖的形式第一时间传递给粉丝，让他们产生信任，在他们心中形成一种具备人格化的偶像气质。

有人说，在过分追求"颜值"的年代，想达到气质偶像的级别，首先还是要培养人格化的魅力：①个性上独特、不平凡、不肤浅；②保持和维护好人设；③人设设定符合自身外在形象气质。

俗话说"小胜在于技巧，中胜在于实力，大胜在于人格"，在互联网中这句话同样有分量，那些超级个人 IP 之所以能受到大家的欢迎、容纳，其实也从侧面说明他们具备了一定的优良人格。

5.3.3　微商如何打造个人品牌？

现在微商被屏蔽的情况很多，大部分人总是不太信任微商的产品，所以微商最重要的就是获得用户的信任。其实，将自己打造成个人 IP，有了知名度以后，微商也可以获得用户的信任。

微商打造个人 IP 需要注意以下几点。

● 不要天天刷屏卖产品，并且在卖产品之前要维护好和用户之间的关系，如多帮用户解决一些生活中的问题，以此获得用户的信任。

● 不要给用户推荐不适合他的产品。例如，商家卖的是滋润型的护肤品，那么皮肤爱出油的用户就不适合这个产品，这时商家千万不要为了卖出产品而进行推荐，那只会失去用户的信任。

● 当用户向商家咨询产品方面的问题时，商家要能够给出合适的解决方法，并引导用户购买合适的产品。

5.3.4　职场人士如何打造个人品牌？

职场人士做自明星的好处有两个：一是提高知名度，升职更快；二是有了知名度以后，获得的薪水会更高。如今，对于职场人士来说，不是埋头苦干就能被领导赏识的，领导每天思考的是公司的未来和发展，并不会从公司那么多人中看到一个埋头苦干的下属。所以，职场人士需要主动让领导看到自己的价值，而获得领导关注最好的办法就是将自己打造成个人 IP。

那么职场人士将自己打造成自明星需要怎么做呢？具体有以下几个步骤。

第 1 步，职场人士要先清楚现在市场上需要什么样的人才，必须要有一个符合市场的定位，即某个领域的专业人士。

第 2 步，借助自媒体平台发布自己的内容，视频和文章都可以，总之要将自己的专业技能都体现出来。

第 3 步，在公司的网站或论坛里发布自己的内容，让公司的人都知道你是某个领域的专家。

对于职场人士来说，个人 IP 就是自己的招牌，可以通过这种招牌形成一定力量和范围的传播，让自己在激烈的市场竞争中脱颖而出，成为企业中不可替代的人，掌握更多职场话语权。

通常情况下，职场人士的个人 IP 适合走专业路线，即拥有精湛的职场技能，成为某个垂直领域的专家。例如，播音专业人员有三级播音员、二级播音员、一级播音员、主任播音员、播音指导等职称，那么想在播音领域发展的人就要不断提升自己的播音能力，努力成为一名播音指导，成为这个行业的"领头羊"。

要成为职场人 IP，树立个人的形象和代表性，职场人士还需要掌握一些职场攻略和成功技巧。

- 成为职场领袖，不仅要有威信，还要有影响力和号召力。
- 能够帮助同事解决各种职场问题，得到尊重和信任。
- 做好本职工作，待人真诚、平等，赢得大家的认可。
- 为客户创造价值，如帮助客户解决困难或者帮助客户获得成功。
- 处理好上下级的关系，并能够创建和管理好一支优秀的团队。
- 通过各种渠道学习，上下求索，提升自我。
- 保持一如既往、坚持不懈的心态，只求耕耘，不问收获。

5.3.5 自媒体人如何打造个人品牌?

做自媒体必须走个人IP之路。如今,自媒体的概念得到了很好的扩展,很多成功打造个人IP的自媒体人都能够凭借自己的吸引力摆脱单一的平台束缚,在多个平台、区域获得流量和好评。

1. 内容为王: 做有价值的内容

做自媒体有一个基本原则,那就是"内容为王",运营者必须要投入大量的时间创作某个细分领域有价值的内容,这才是"王道"。

那么什么是有价值的内容?例如,对于"悟空问答"平台上用户提出问题,你能用独特的观点阐述并做出被采纳的答案。这里面"被采纳"最为重要,一定要切记采纳的内容,而不是简单回复的内容,两者的区别很大。举一个笔者身边的案例,笔者在头条上认识了两位大咖,一位叫"老鬼归来",另一位叫"管理那点事",他们两位做自媒体给我的感觉就是专注、用心、持续这3个标签。

- 专注是什么?专注就是他们能够专注自己最擅长的领域,持续输出有价值的内容。
- 用心是什么?用心就是对待用户提出的每一个问题,都能花费30～60分钟去思考做解答,并且持续自我阅读思考、修改打磨,呈现出最具采纳价值的内容,分享给提问者。
- 持续是什么?持续就是每天都能贡献3～8篇有价值、有营养和让用户有收获的内容。

在这3个标签中,持续最为可贵。"老鬼归来"说过,每个人都会有忙的时候,但是不能因为忙而放弃更新创作。他会在不忙的时候多创作,建立强大的内容库,忙的时候就可以通过内容库来提取、调用和分享内容。这种精神才是持续的最大保障。

而"管理那点事"更是有计划、有条理地在运作自媒体。笔者和他交流时得知,他每天铁打不动地大概用3小时来打磨创作一篇原创文章,同时每天还会回复6～8个问题,每个问题都会投入30～40分钟来思考解答。

"管理那点事"表示,他从来不思考粉丝和阅读量,因为他相信任何一件事,只要做到"有计划、够持续、能坚持",就会得到一个意想不到的结果。"管理那点事"的话真的没错,不到一年时间,他的头条号就有了65万名粉丝,而且总阅读量超过7亿次。

通过这两个真实的案例分享，笔者相信每个自媒体运营者只要够专注、能用心、能持续，运作出一个自媒体大号，成为领域大咖，打造个人 IP，都是很有可能的。

———— 专 家 提 醒 ————

自媒体在打造个人 IP 的内容时，建议创作出有自己的独特见解、独特视角、独特态度的内容，严禁抄袭。在内容创作和品牌经营中，个性的定义是相通的，都是要做出自己的独特感和辨识度。

个人 IP 对于独特感和辨识度的追求已经强化到了连个人 IP 的 LOGO 也要做到独一无二，甚至对于商标被侵权的保护已经被明确立法。所以，自媒体人在打造个人 IP 时一定要有自己的风格。

---

2. 用户为王：个人 IP 做信任背书

对于自媒体人变现来说，最关键的一点就是信任，因为自媒体不像职场人士那样是大家身边的人，也不像 CEO 那样有实实在在的企业和产品，他们大部分是"草根"出身，因此信任度是最难突破的瓶颈。自媒体人可以通过打造个人 IP，让越来越多的人关注和了解真实的自己，来形成自己的信任背书。

信任是所有商业活动的基础所在，没有信任，别人就很难相信你说的话和你卖的产品。自媒体人打造个人 IP 后，不仅可以产生品牌价值，而且还能够解决自己与粉丝间的信任危机。因为在大家看来，个人 IP 不是冰冷冷的商业广告，而是一个活生生的具有特殊魅力的人。

如今，市场经济已经从"得渠道得者天下"转变为"得用户者得天下"的时代，这一切都是互联网发展带来的结果，它彻底打破了以往封闭的经济模式，形成了一个新的、开放的、"用户为王"的经济时代。

在互联网时代，很多自媒体人都拥有自己的顾客，优秀的自媒体人拥有的是用户，而有个人 IP 的自媒体人则拥有众多"会为自己说话的粉丝"，这些粉丝就是个人 IP 的衍生产品或品牌最好的代言人。因此，要想打造个人 IP，自媒体运营者还需要掌握强大的粉丝运用能力。

在自媒体个人 IP 的粉丝运营中，如何提升粉丝活跃性，让粉丝参与内容互动是粉丝运用的重中之重，下面介绍一些技巧，如图 5-11 所示。

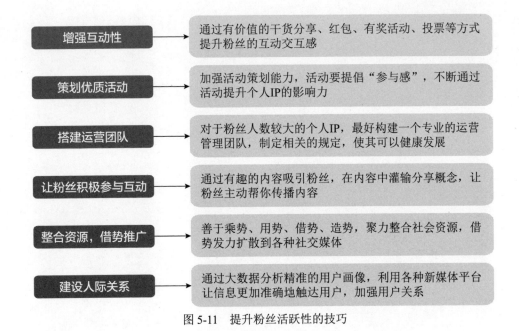

增强互动性	通过有价值的干货分享、红包、有奖活动、投票等方式提升粉丝的互动交互感
策划优质活动	加强活动策划能力，活动要提倡"参与感"，不断通过活动提升个人IP的影响力
搭建运营团队	对于粉丝人数较大的个人IP，最好构建一个专业的运营管理团队，制定相关的规定，使其可以健康发展
让粉丝积极参与互动	通过有趣的内容吸引粉丝，在内容中灌输分享概念，让粉丝主动帮你传播内容
整合资源，借势推广	善于乘势、用势、借势、造势，聚力整合社会资源，借势发力扩散到各种社交媒体
建设人际关系	通过大数据分析精准的用户画像，利用各种新媒体平台让信息更加准确地触达用户，加强用户关系

图 5-11　提升粉丝活跃性的技巧

最后，自媒体个人 IP 还需要有个性化的标签，打造自己的多重"斜杠身份"，以极强的独特性和辨识度在用户心中形成个人印象，并和竞争对手形成显著差别，从而让目标用户一想到某一领域时，便会马上想到有"斜杠标签"的自媒体人。

自媒体个人 IP 的打造，关键在于营造出有别于同行的运营形象，具体表现在品牌的独特性和辨识度，从而通过"斜杠身份"特征的营造，在目标用户心中留下印象，强化个人 IP 的地位。

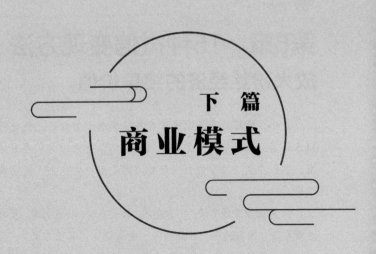

下 篇
商业模式

第6章 15种微信变现方法：
放大粉丝经济的终身价值

如今，微信的发展速度和发展规模都非常惊人，而且月活跃账户数高达11.5亿名，从而也诞生了更多利用微信做生意的人。在自媒体时代，微信是用户手机中必不可少的社交软件，更是用户实施个人商业模式不可或缺的好帮手。

15种微信变现方法： 广告变现、软文变现、粉丝打赏、付费订阅、养号卖号、电商卖货、微商代理、社群经济、微信创业、第三方支持、卖实物产品、卖培训产品、卖生活服务、卖好的项目、卖个人影响力。

6.1 微信平台的变现技巧

如今，很多人选择利用微信来形成自己的个人商业模式，在微信上进行创业或做生意，有的成功也有的失败，关键要看自己怎么去做。本节将给大家分享微信平台的常用变现技巧，希望对想利用微信实施个人商业模式的人有所帮助。

6.1.1 广告变现：获得"流量租金"收益

1.模式含义

商业广告是很多微信运营者的主要获利途径，运营者通过将自己的私域流量出租给个人、平台或品牌商家，让他们在自己的公众号、文章或朋友圈中投放广告，同时收取一定的"流量租金"收益。

2.适用人群

微信广告变现适合有一定粉丝基础的运营者，以及开通了流量主广告的公众号。

3.具体做法

　　流量主是腾讯为微信公众号量身定做的一个展示推广服务。因此，流量广告主要是指微信公众号管理者将平台中指定位置拿出来给广告主打广告，以收取一定费用的一种推广服务。图 6-1 所示为微信公众号"人力资本"中投放的"学而思网校"的流量广告。

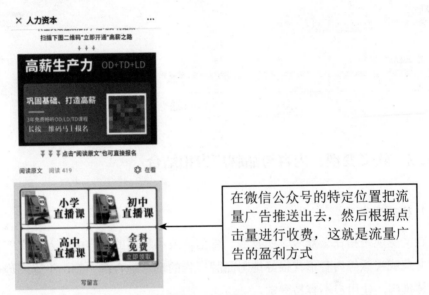

在微信公众号的特定位置把流量广告推送出去，然后根据点击量进行收费，这就是流量广告的盈利方式

图 6-1　流量广告

　　想要做流量广告，微信公众号运营者就要首先开通"流量主"功能。进入微信公众号后台，在左侧的导航栏中选择"推广"→"流量主"选项，如图 6-2 所示。

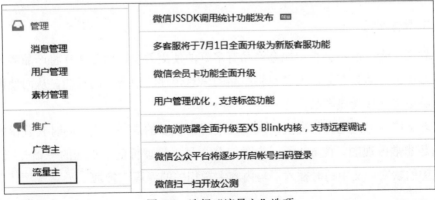

图 6-2　选择"流量主"选项

执行操作后，进入"流量主"界面，单击"申请开通"按钮即可，如图6-3所示。对于想要通过流量广告进行盈利的商家而言，首先要做的就是把自己的用户关注量提上去，如此才能开通"流量主"功能，进行盈利。

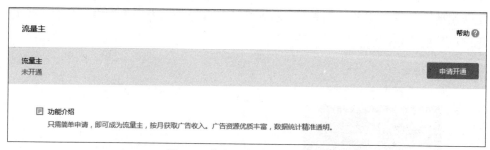

图 6-3　单击"申请开通"按钮

6.1.2　软文变现：内容与品牌广告相结合

1. 模式含义

软文变现是指在公众号、朋友圈、微信群或小程序的内容中植入软文广告，通过文章或视频等内容形式很好地与品牌广告的理念融合在一起，不露痕迹地进行宣传推广，让用户不容易察觉。

2. 适用人群

微信软文变现适合有一定软文创作能力的运营者，能够将宣传内容和文章内容完美结合在一起。

3. 具体做法

软文广告一般不会直白地夸产品有多好的使用效果，而是选择将产品渗入文章情节中去，达到在无声无息中将产品的信息传递给消费者的目的，从而使消费者能够更容易接受该产品。

软文广告形式是微信变现模式中使用得比较多的盈利方式，同时其获得的效果也是非常可观的。图6-4所示为微信公众号"管理价值"推送的一篇介绍 HR 管理类的软文，文中适时插入了与内容主题相关的课程广告。

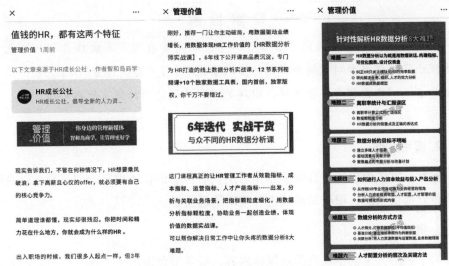

图 6-4　微信公众号"管理价值"推送的软文广告

6.1.3　粉丝打赏：开通微信"赞赏"功能

1. 模式含义

粉丝打赏变现模式是指粉丝给喜欢的运营者或者文章内容送出的金钱支持，表示对运营者或者文章内容的认可，激励他们继续创作的行为。在浏览公众号中的原创文章时，经常可以在底部看到一个"喜欢作者"的按钮，点击后即可对作者进行打赏，如图 6-5 所示。

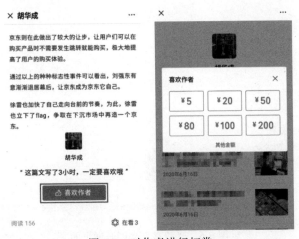

图 6-5　对作者进行打赏

—— 专 家 提 醒 ——

目前，微信已经淡化"赞赏"二字，而将其改为"喜欢作者"，这也体现出了微信平台对优质内容创作者的重视。除了"喜欢作者"外，还有"稀罕作者""中意作者"等字样，以满足不同地区的用户语言使用习惯。

2. 适用人群

粉丝打赏变现模式适合能够创作对用户有价值的优质内容的创作者，以及能够给粉丝提供帮助、积极与粉丝进行互动的运营者。

3. 具体做法

为了鼓励大家创作优质的新媒体内容，很多平台推出了"赞赏"功能，如大家熟悉的微信公众号就有这一功能。而开通"赞赏"功能的微信公众号必须满足以下条件。

● 必须开通原创保护功能，这是一个极为重要的条件。
● 除个人类型的微信公众号外，其他账号必须先开通微信认证。
● 除个人类型的微信公众号外，其他账号必须先开通微信支付。

运营者如果符合开通要求，那么只需在公众号后台进入"赞赏"功能开通页面，单击"开通"按钮，即可申请开通"赞赏"功能，如图 6-6 所示。

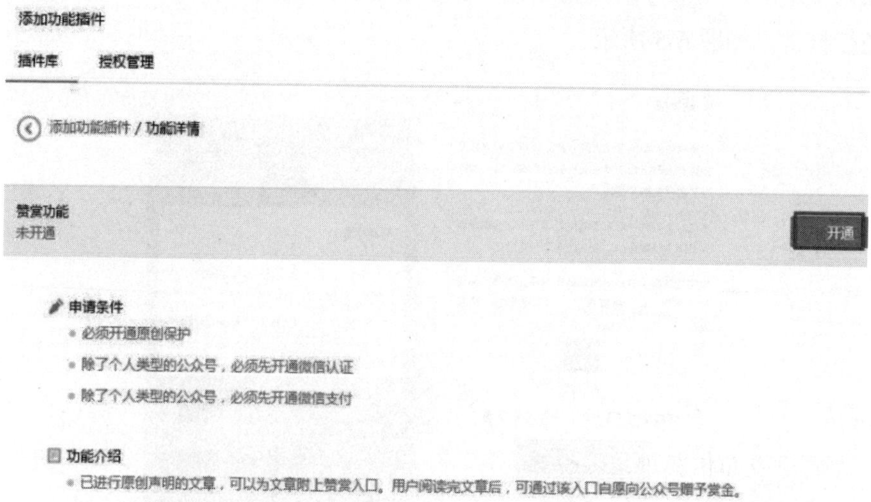

图 6-6 "赞赏"功能开通页面

6.1.4　付费订阅：内容收费，供用户购买

1. 模式含义

付费订阅也是微信运营者用来获取盈利的一种方式，即微信运营者在平台上推送一篇文章，订阅者需要支付一定的费用才能阅读该文章。这种变现模式还能够帮运营者找到忠实粉丝。

2. 适用人群

微信运营者如果要实施付费订阅变现模式，就必须要确保推送的文章有价值，否则就会失去粉丝的信任。因此，这种变现模式比较适合那些有图文、视频和音频等原创能力的内容创作者。

3. 具体做法

运营者可以在微信中开通"付费图文"功能，注意付费图文必须为原创文章，且不支持转载、赞赏和插入广告。图 6-7 所示为"三表龙门阵"发布的微信公众号付费阅读文章，定价为 1 元，同时免费提供 14% 的试读内容。

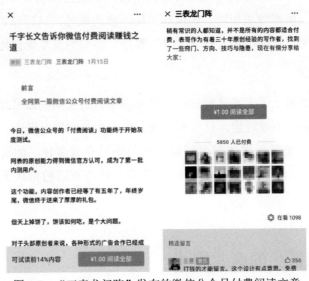

图 6-7　"三表龙门阵"发布的微信公众号付费阅读文章

运营者发布付费图文内容时，可以设置文章价格、试读比例、前言等，一旦发布文章后，这些参数就不能再修改。未付费用户可以免费阅读前言和试读部分，以及查看其他用户的评论，但不能进行留言。用户只有付费后才可以阅读全部文

章内容，以及写评论。

注意：用户支付的金额有一定的结算账期和渠道抽成，而且支付渠道不同，账期和抽成也不同。另外，平台后续也可能会收取一定的技术服务费用。

6.1.5　养号卖号：培养并转让账号来获利

1. 模式含义

在生活中，无论是线上还是线下，都存在转让费。转让费即一个线上商铺的经营者或一个线下商铺的经营者向下一个经营者转让经营权时所获得的一定的转让费用。

随着时代的发展，逐渐有了"账号转让"这一概念。同样地，账号转让也需要接收者向转让者支付一定的费用，因此使得账号转让也成为获利变现的方式之一。

2. 适用人群

养号卖号这种微信变现方式适合有大量粉丝的垂直领域型公众号，在购买时尽量选择与自己所在领域相同、定位和风格一致的账号，这样获得的用户群体也会更加精准。通过直接购买这些"大 V"账号，他们的流量就会转变成自己的。

3. 具体做法

如今，互联网上关于账号转让的信息非常多，有意向的账号接收者一定要慎重对待这些信息，不能轻信，且一定要到比较正规的网站上操作，否则很容易上当受骗。例如，鱼爪新媒体平台可以转让的账号有很多种，如头条号、微信公众号、微博号、百家号、抖音号和快手号等，且在不同的模块下还提供了转让价格参考。

6.2　微信衍生的商业模式

自媒体运营者想要利用微信平台来赚钱，还必须要了解微信中衍生出来的各种商业模式。获得收益是每一个运营者的最终目的，也是运营者劳动付出辛苦的汗水应该得到的回报。本节将为大家介绍微信中的五大衍生商业模式，帮助大家收获自己的个人商业模式成果。

6.2.1　电商卖货：利用微信小店卖产品

1. 模式含义

电商卖货是指通过微信来卖各种产品，商家可以首先通过在微信公众号上发布文章、图片等形式吸引关注者的点击与阅读，获得流量；然后将这些流量引到微信或者产品店铺内，进而促成商品的交易。

图 6-8 所示为公众号"千惠便利"的微商城，实体店商家可以把自己的生意"搬"到微信上，粉丝可以直接在微信中下单购买商品。

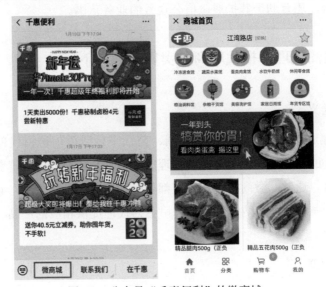

图 6-8　公众号"千惠便利"的微商城

2. 适用人群

微信非常适合沉淀各个电商平台上获得的流量，给电商商家、实体店老板和品牌企业提供了一个全新的销售渠道，拓宽了产品的销售范围。同时，微信公众号为广大商家用户提供了信息管理、客户管理等功能，让客户管理变得更简单，交流性、互动性也变得更强，极大地增加了客户的黏性。

3. 具体做法

运营者可以利用微信小店或者第三方插件来建立自己的微信电商页面。例如，微信小店的功能包括添加商品、商品管理、订单管理、货架管理、维权等，开发者可使用接口批量添加商品，快速开店，挖掘私域流量的购买力，通过微信小店销售产品来实现盈利。

已接入微信支付的公众号可在服务中心申请开通微信小店功能。要开通微信小店，必须有几个先决条件：第一，必须是服务号；第二，必须开通微信支付接口；第三，必须缴纳微信支付接口的 2 万元押金。其中，服务号和微信支付都需要企业认证，再加上较高的押金，整体来看，微信小店的门槛其实比较高。如果你的企业没有这么多预算，建议做微信网站即可，并且效果也不比微信小店差。

对微信官方而言，微信小店将丰富平台的应用场景。运营者在微信中搭建自己的电商平台，还有助于其扩展微信公众号的业务范围。

6.2.2　微商代理：招代理商和卖货双管齐下

1. 模式含义

微商代理通常是指通过微信朋友圈、公众平台或微信群招代理，是一种比较"反常规"的商业模式。因为微商代理既能够让代理交钱，还能够让代理专注地为公司做事。通常，微商招代理入门都要缴纳一定的入门费用，其实这笔费用并不是无偿的——代理缴纳费用后，公司会为代理提供相应的产品、培训及操作方法。

2. 适用人群

微商代理对用户的门槛要求比较低，有一定人脉资源的用户都可以尝试。其中，代理是指某家企业与运营者之间相互合作的营销战略，在此之间已经形成了完整的线上与线下购买平台，为顾客提供一系列的销售服务。

3. 具体做法

朋友圈赚钱通常有两种方式：一种是招代理商赚差价；另一种就是自己直接卖货。相比之下，代理的钱才是"大头"，但是代理并没有那么容易做。

代理商不需要仅仅为一家企业而服务，只要他们想，并且有足够的空闲时间，就可以接无数个品牌的销售活动，不受任何限制。所以，代理商相对来说是比较自由的，运营者在进行微商代理变现的过程中，其实可以从老客户或是大客户中发掘出一些代理商。他们不对企业负责，只对运营者本人负责；另外他们的工作强度并不大，不会耽误休息或上班时间，还能利用闲暇时间赚一些外快。

想要吸引代理，建立自己的销售团队，除了好的产品口碑外，还需要有产品的品牌。在这个时代，消费者的品牌意识都非常强，都觉得品牌的东西有质量保证，可以放心购买。因此，运营者还可以通过打造自己的品牌来吸引代理。

（1）发布授权书消息。代理的产品如果有授权书，可以在朋友圈发布消息让朋友们都看到。授权书相当于一个品牌的凭证，有了授权书，朋友对你所代理产品的信任度会有所提高，更容易接受。

（2）晒买家反馈及订单。多晒代理产品的买家秀和顾客反馈，这样的宣传形式比发产品信息要好得多。用小视频的方式在朋友圈晒订单情况，可使有代理意向的客户更快地加入代理行列。

（3）传达相关专业知识。在朋友圈里除了发布产品信息外，还应该传达一些与产品相关的专业知识，如产品的使用方法、成分、功效等，这样才会让代理认为你是专业的，才会来找你。

6.2.3　社群经济：社群盈利思维让业绩暴涨

1. 模式含义

微信社群经济是指通过微信群来聚集一些有相同爱好和需求的用户，通过电商零售、广告推广、会员收费、线下活动、众筹、代理分销、增值服务、内部创业及项目投资等方式来进行变现。

"物以类聚，人以群分"，社群经济这种变现模式并不仅仅是建群、加人和卖货，而是要让有相同兴趣的人形成强关系，打造一个能够自动运转的"去中心化"生态圈，从而创造更多的商业机会。

2. 适用人群

在自媒体时代，每一个运营者都需要有社群的加持，没有用户基础的运营者注定做不长久。同时，所有的创作型运营者也都要做好社群管理，通过社群来为用户创造价值，满足用户需求。

3. 具体做法

下面介绍几种社群经济常用的变现方式。

1）社群电商

运营者可以通过自建线上电商平台来提升用户体验，砍掉更多的中间环节，通过社群把产品与消费者直接绑定在一起。社群电商平台主要包括 APP、小程序、微商城和 H5 网站等，其中"小程序 +H5 网站"是目前的主流形式，可以轻松实现商品、营销、用户、导购和交易等全面数字化。

通过"小程序 +H5 网站"打造双线上平台，企业和商户可以在线上商城、门店、收银、物流、营销、会员、数据等核心商业要素上下功夫，构建自身的电商生态，对接社群的私域流量，打造"去中心化"的社交电商变现模式。

除了自建电商平台外，运营者也可以依靠有影响力有流量的第三方平台，在上面推出直营网店，或者发展网络分销商，来进行私域流量变现。

2）社群广告

在社群经济时代，我们一定要记住一个公式：用户 = 流量 = 金钱。同公众号和朋友圈一样，有流量价值的社群也可以用来投放广告，而且效果更加精准，转化率也相当高，同时群主能够通过广告的散布实现快速营收。

社群是精准客户的聚集地，将广告投放到社群宣传效果会更好，群主可以多找一些同类型的商家合作。当然，广告主对于社群也非常挑剔，他们更倾向于流量大、转化高的社群，这些都离不开群主的精心运营。

3）会员收费

招收付费会员也是社群运营者变现的方法之一。通常来说，付费会员一般要享有一些普通会员不能享有的特权。

- 能够获得优质的、完整的培训课程。
- 能够和运营者进行一对一的交流。
- 能够参加微信群组织的线下活动。
- 能够拥有微信群高级身份标识。

除了以上一些特权之外，付费会员还可以参与群内部的一些项目筹划、运营工作，能够与社群的领头人物成为好友，达成长远的合作关系，还能共享各自优质的资源。

4）社群活动

对于拥有一定数量的粉丝，同时是本地类的社群而言，可以通过线下聚会的活动形式进行盈利。常见的几种社群活动的变现形式如下。

- 找商家给群活动冠名赞助。
- 与商家合作开展活动实现盈利。
- 举办收费活动实现盈利，如开展线下培训活动，收取培训费。

6.2.4　微信创业：抓牢5个创业小范围机会

1. 模式含义

微信运营者可以通过与企业合作，围绕相关的企业业务或产品进行小范围的创业，来实现微信流量变现。

2. 适用人群

微信小范围创业的变现模式适合那些没有团队和资金的用户，可以在一个固定的小范围区域或者细分垂直领域进行创业。

3. 具体做法

下面列举了一些微信小范围创业的基本变现形式。

（1）增值服务变现。通过免费试用的方式吸引粉丝，为他们提供一些工作、生活、技能等方面的帮助或相关服务。当积累一定粉丝后，可以针对有深入需求的用户进行收费。

（2）咨询服务变现。各垂直领域专家可以为用户提供长期和精准的咨询服务，增强信任度。随着关系的不断加深，这些用户就会为你的产品或服务埋单。

（3）跨界合作变现。运营者可以找一些定位和类型不同的微信公众号或社群，和他们进行跨界合作，互换彼此的资源，以及相互引流，帮助这些运营者增加流量，提升变现的能力，自己也从中赚取收益。

（4）做供应商变现。这种方式适合厂家或代理商，如果是个人则可以采用预售形式，和一些微信"大V"、公众号或社群合作进行分销，先报单再拿货。这样不仅可以缓解资金压力，而且也能解决配送问题，但要注意产品质量。

（5）拍卖营销变现。拍卖是一种竞争买卖行为，就是指商家将一件有价值的物品以公开竞价的方式让粉丝各自喊价，最终叫价最高者获得这件物品。

采用这种变现方式的前提是自己拥有内容、技能、店铺或产品等资源，或者和其他企业或资源提供方达成合作，在自己的平台上给合作方提供一个链接入口。当微信号拥有一定的私域流量和变现能力后，即可形成一个商业闭环，进而实现商业价值的最大程度发挥。

6.2.5 第三方支持：利用SaaS型工具变现

1. 模式含义

随着新媒体平台的快速发展，微信运营者要想快速实现个人商业模式变现，除了自身需要努力外，还可以求助于"第三方支持"。这里的"第三方支持"主要是指基于微信平台的 SaaS 型工具产品，其作用就在于能为运营者提供变现方面的技术支持。这一类产品主要有短书和小鹅通等。

2. 适用人群

在这些产品的技术支持和运营方案指导下，致力于在新媒体领域进行内容创业的自媒体人可以在平台上输出内容，创建一个专注于优质内容变现的"知识小店"。

3. 具体做法

在这一变现模式中，付费用户将会更便捷地从平台上获取内容——只需扫一扫二维码，就可完成订阅、收听、购买等一系列操作。而在这一过程中，内容创业者可轻松获得收益。

例如，小鹅通是一家基于微信的 SaaS 公司，主要为自媒体上的内容创业者提供付费支持、内容分发、运营管理与社群运营等服务。小鹅通的内容载体形式多种多样，包括音频、视频、图文和付费问答，可以帮助用户打造实现内容承载、用户运营和商业变现的生态闭环。图 6-9 所示为小鹅通知识付费的基本解决方案。

用户可以按需选择相应的小鹅通版本，以全面满足内容创业行业的多场景应用需求。目前，小鹅通已与吴晓波频道、十点读书、张德芬空间、功夫财经、印象笔记、樊登读书、知乎、豆瓣时间及一条等多个自媒体和内容平台合作，为其提供定制化的内容变现方案，如图 6-10 所示。

图 6-9　小鹅通知识付费的基本解决方案

图 6-10　小鹅通的客户案例

　　对内容创业者来说，第三方支持这一类型的工具型产品之所以成为变现的一种重要方式，除了其用户使用便捷外，其原因还在于平台能提供包含图文、音频、语音直播、视频直播等在内的多样化的知识形态，以及运营方面的指导，特别是在用户、付费转化和社群运营等方面，更是为内容付费的变现提供了强大支持。

6.3 微商卖货变现技巧

微商主要依靠微信来运营自己的商业模式，其购物导向性非常强，而对朋友关系则比较淡漠。因此，在个人商业模式时代，微商必须改变以往的运营方式，学会经营自己的私域流量，将自己打造为用户心中的"专家＋好友"，打造长线的用户关系，这样才能让自己的生意做得更长久。

6.3.1 卖实物产品：成本更低，提成更高

1. 模式含义

卖实物产品是指通过微信渠道出售各种商品，并从中赚取佣金差价或销售提成。微商的销售是直接面对消费者的，省去了很多中间环节，产品不需要复杂的流通过程。

微商主要通过朋友圈和微信群来发布产品信息（见图 6-11），买家看中商品后，可以直接拍下付款，然后通过快递员送到他们手中。如果是同城交易，那么快递过程可以直接省略，微商可以选择亲自送货上门。

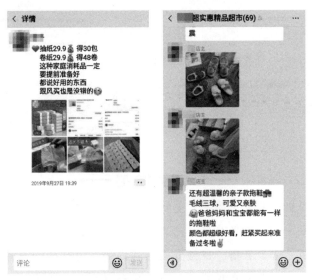

图 6-11　微商通过朋友圈和微信群发布产品信息

2. 适用人群

微商的主要用户群体包括以下两类。

（1）**个人微商**：主要通过微信朋友圈出售各种实物产品，商品主要包括化妆品、服装、母婴用品、保健品、图书等。

（2）**企业微商**：主要通过微信公众号推送紧扣消费者需求的行业和品牌内容，同时以促销、试用等方式推广企业产品，吸引潜在的目标消费人群。

3. 具体做法

通过朋友圈卖产品是大部分微商和自媒体运营者的变现方式，运营者通过在各种电商平台入驻开店，在朋友圈转发相关的产品链接，吸引微信好友下单，从而实现变现。例如，卖计算机书籍的商家可以在朋友圈里分享一些计算机相关技巧和动向，中间再自然而然地介绍自己的书籍产品，这样朋友就很容易接受产品。

个人微商借用的平台包括微信小店、微盟、有赞、口袋购物、淘小铺、淘宝客及拼多多的"多多进宝"等，这些平台都拥有去中心化和去流量化的特点。

- 零成本开店门槛低，没有经营压力。
- 由平台提供货源，无须囤货，平台代发。
- 平台有完善的交易机制，买卖更方便。
- 平台有消费者保障制度，信任度更强。
- 商品更加多元化，满足消费者的需求。
- 从推广分享到购买返佣有完整的生态链。
- 销售数据全面互通，可系统化管理客户。

另外，企业微商则更多地依赖公众号的运营，在操作难度上要比个人微商更高。企业微商不仅需要做内容引流，还需要做产品的营销推广。通过微信卖实物产品变现，可以让运营者不再以电商平台为中心，抛弃以往那种通过简单粗暴的付费流量来获得销量的方式，转而通过微信这个强大的社交渠道直接联系到客户，从而带来销量。此外，运营者还需要更加重视产品的口碑相传，在买家的社交圈子上（微信朋友圈、微博等）形成广泛的二次传播，吸引更多的客户。

6.3.2 卖培训产品：内容好，躺着也可以赚钱

1. 模式含义

培训产品通常是一种虚拟的知识或技能产品，微商通过卖这种培训产品变现，不仅不需要实物产品，而且不用招代理，只需要掌握一门专业技能，然后入驻一些微课平台，将自己的技能转化为图文、音频或者视频等课程内容，转发到朋友圈、微信群或者公众号，吸引有学习需求的用户下单即可。

2. 适用人群

在移动互联网时代，人们的生活节奏变得越来越快，消费者的行为习惯也发生了翻天覆地的变化，他们需要有效利用大量的碎片化时间来获取优质信息，因此基于移动互联网和智能手机的课程培训产品更加符合他们的消费习惯。培训产品本质上是一种精神产品，需求层次要明显高于其他产品。同时，培训产品的主要消费群体是一些支付能力较强的人群，而且他们对于高质量课程产品的需求非常强烈。

然而，市场上的免费课程产品水平良莠不齐，质量没有保障，因此倒推消费者去通过付费来获得优质的培训内容。当然，如果运营者要开发培训产品，首先自己要在某一领域比较有实力和影响力，这样才能确保教给付费者的内容是有价值的。

3. 具体做法

如今，通过卖培训产品变现的平台非常多，如微博、微信、今日头条、喜马拉雅、得到、知乎 Live、分答、优酷、秒拍、一直播等平台纷纷推出相应的培训产品。同时，这些平台为用户提供了内容发布渠道，用户可以将自己的课程产品一键转发至微信好友、朋友圈、社群等渠道，简化培训产品变现的过程，缩短内容生产者的盈利周期，提升利润率。

微商卖培训产品这种个人变现模式的基本解决方案如下。

（1）**知识变现**：包括付费音频、付费视频、付费图文、付费专栏、付费问答和付费咨询等多种内容形式，运营者可以自由编辑内容，直接同步覆盖微信小程序等学习渠道。同时，运营者可以自由组合单品售卖、系列专栏和付费会员等多种变现模式，满足用户的长期或短期课程培训的场景需求。

（2）**分销代理**：运营者可以招募一些微信好友作为分销者或代理者，让他们协助推广自己的培训产品。好友成功推广后，获得相应的分销利润，实现裂变吸粉，让变现更轻松。

6.3.3　卖生活服务：搭建本地生活服务平台

1. 模式含义

很多运营者通过微信公众号向自己的粉丝售卖各种服务，来达到私域流量变现的目的。这种变现方式与内容电商的区别在于，服务电商出售的是各种服务，而不是实体商品，如搭车、住酒店、买机票等。

2. 适用人群

卖生活服务这种变现方式适合一些传统的 O2O 类型的商家，在自己的业务范围或技能领域下，可以通过微信为周边的用户提供一些生活上的帮助或服务。

3. 具体做法

建议运营者通过微信"公众号 + 小程序"的方式向用户提供一些有偿服务。例如，公众号"木鸟民宿"就是一个典型的服务电商平台，可以为用户提供民宿预订服务，在公众号内容页面中通过精美的图文展现景区攻略、民宿房源和价格等信息，用户可以直接点击图片跳转到小程序下单，如图 6-12 所示。

图 6-12　公众号"木鸟民宿"提供的相关收费服务

6.3.4 卖好的项目：让专业的人做专业的事

1. 模式含义

卖好的项目这种变现模式，主要是研发、包装各种各样的项目，通过微信中的人脉资源出售这些项目来赚钱，让项目设计方和实施方都能各取所需。

2. 适用人群

卖好的项目这种变现模式适合那些操盘了很多项目，但因个人原因没有赚到钱的人，或者个别失败的项目。运营者可以将这些项目出售给那些拥有更多项目资源的人，让"专业的人做专业的事"，不仅自己能够获得收益，而且可以帮助别人进行创业。

3. 具体做法

卖项目变现最常见的方式就是招商加盟和社交众筹。运营者可以通过朋友圈和微信群发布自己的项目加盟信息，这种方式适合餐饮连锁、汽车养护、家居建材、美容健身、酒店 KTV、首饰加工等行业。

社交众筹则是一种基于社交网络传播进行的筹资项目，作为必不可少的一种项目融资方式，它从商业方式逐渐向生活方式和思维方式过渡，成为新常态式的存在。在个人商业模式的变现过程中，社交众筹也变得越来越重要，它为每一个创业者的创业梦提供了更多的资金支持。当然，这种社交众筹模式同样需要强大的流量支持，没有流量入口，也就没有用户导入，后面的事情更是无从说起。

社交是人类发展、进步的基础，人类无时无刻不在进行着社交。随着移动互联网时代的到来，社交的需求也慢慢转移到了手机等移动设备上。对于运营者来说，社交众筹还有一个新渠道，即自己的微信号。

在微信进行社交众筹可能听起来不太可行，但由于运营者自身人脉资源的优势，在微信进行众筹活动可能会有意想不到的收获。众筹本身就是一种面向大众进行募集的活动，主要价值在于人，而微信恰巧是人脉力量的一个聚集地。将众筹和微信两者相结合，将使众筹项目释放更大的能量。

例如，一位作家打算推出一部新的微电影，但由于个人资金有限，需要外界资金的投入，那么他就可以在众筹平台上发布一个关于微电影的众筹项目，同时还可以将项目分享到自己的微信朋友圈来为项目引流，吸引微信好友参与。如果有人对这个项目的未来前景比较看好，有兴趣参与到这个微电影项目的制作中，那他就可以投入相应的资金帮助这个项目成功启动。

6.3.5　卖个人影响力：价值千万的信任变现

1. 模式含义

在互联网时代，个人影响力可以简单地理解为用户的关注度，有影响力就说明有人关注你、信任你。因此，影响力是一种非标品化的商品，也可以成为微商出售的对象。影响力成交就是通过流量交易的方式进行变现，尤其对于微商行业来说，流量是"生死存亡"的命脉，流量越多，销量才会越多。

2. 适用人群

自媒体行业变现的本质其实就是"用人脉换钱"，即利用人脉进行扩散变现，从而赚钱。其中，通过熟人的人脉来进行扩展信任程度最高，引流成本最低，引流效果最好。人脉可以帮助我们少走弯路，多走捷径，拥有更多机会。

自媒体变现的过程就是打造个人影响力，这仍然是一种"网红"经济体，因此使用这种商业模式变现的运营者还需要具备一些基本特质。

- 用户持续给予的发自内心的信任感。
- 过硬的核心技术支撑，作为立身之本。
- 有价值和内涵的知识产品，形成用户认知。

3. 具体做法

个人影响力变现的关键在于打造良好的个人形象，链接精准的人际关系资源，增加自己人际关系的黏性，从而让个人价值实现全方位的精准变现。下面总结了3 个打造个人影响力的技巧，如图 6-13 所示。只有当你的产品、内容和技能可以满足用户的需求，获得他们的认可时，他们才有可能为你的影响力埋单。

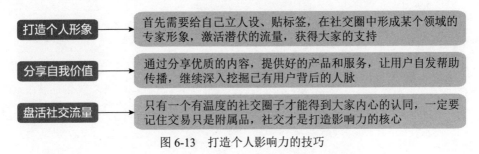

图 6-13　打造个人影响力的技巧

影响力变现这种个人商业模式的本质，是以"人"为中心，而不是传统商业的以"货"为中心。因此，运营者在使用影响力变现时也必须以"人"为核心，做好"人"的经营，通过人与人之间的信任关系来实现拉新和转化。

当运营者获得了高质量的社交人脉资源后，即可更加容易地获得成功和财富。当你有了足够大的影响力之后，财富就会找上门来，如产品代言、形象代言、商业广告等，这些方式都能够快速给你带来更大的收益。

第7章　17种电商变现方法：
激活粉丝，推动产品的销量

如今，大部分消费者已经形成了网购习惯，这也导致传统电商遭遇流量天花板，流量红利已经荡然无存，用户增速大幅放缓，甚至一些平台出现负增长的状况。不管是做淘宝电商还是自媒体"网红"，都需要打造个人商业模式，让自己能够突破流量瓶颈，开拓更广阔的市场。

17种电商变现方法： 淘宝 C2C 电商模式、天猫 B2C 电商模式、拼多多社交电商（C2B）模式、京东自营式电商模式、微店云销售电商模式、阿里巴巴 B2B 电商模式、唯品会特卖电商模式、亚马逊跨境电商模式、贝贝网母婴电商模式、盒马鲜生生鲜电商模式、珍品网奢侈品电商模式、乐村淘农村电商模式、淘宝客推广模式、内容电商变现模式、淘宝直播边看边买、阿里 V 任务、网店装修变现。

7.1　电商商业模式的变现途径

随着互联网的发展，电子商务这种商业模式迅速崛起，开网店创业成为一种时尚。

线上线下的广大企业和个人商家该如何抓住新电商的机遇？如何进行新电商模式的转型升级？本节将介绍几家有代表性电商的商业模式的常用变现途径，这些平台在近几年不仅发展势头迅猛，而且商业价值也越来越大，同时这些变现途径和商业模式还可以同时迸发、结合合作，创造巨大的利润。

7.1.1　淘宝：C2C电商模式

1. 模式含义

C2C（Customer to Customer）是一种个人与个人之间的电子商务模式。

例如，某个消费者有一部手机，通过互联网把它卖给另一个消费者，这就是一个简单的 C2C 电商交易过程。毫无疑问，淘宝是 C2C 电商领域中的佼佼者，已经在潜移默化地改变着人们的生活方式。

2. 适用人群

C2C 电商模式的用户数量最多，而且产品种类齐全，商家的利益能够得到充分保证，同时还可以为买家带来实惠和便利，适合各行各业的创业者。淘宝通过丰富的商品吸引大量用户，年度活跃消费者达到了 5.76 亿名（截至 2019 年 8 月 23 日）。

3. 具体做法

在淘宝开店首先需要一个准确的市场定位，因为只有对市场和产品定位做到心中有数，才能在激烈的竞争中占据一席之地。

俗话说，"隔行如隔山"，这是因为每一行都有自己的门道和特点，因此创业者需要不断积累经验，选择最适合自己从业的类目。那么，创业者要如何选择自己的类目呢？可以遵从以下几项原则。

（1）**资源广**：有广泛的货源，如开服装店，自己家附近有大型衣帽批发市场。

（2）**行业前景好**：产品的前景好，卖家看中该行业的前景，知道一定会赚钱。

（3）**卖家个人兴趣**：根据自己的兴趣来定，这种情况一定要坚持下去，哪怕一开始不容易，后面也会越来越好。

选择好适合自己的商品类目后，创业者即可通过手机一键开店。进入手机淘宝的"我的淘宝"界面，在"必备工具"选项区中点击"查看全部工具"按钮，进入"更多"界面，在"第三方提供服务"选项区中点击"我要开店"按钮，如图 7-1 所示。执行操作后，进入"无线开店"界面，根据提示设置店铺头像、店铺名称和描述，点击"立即开通"按钮即可，如图 7-2 所示。

当创业者成功开店，正式成为一名淘宝商家后，还需要做好后续的店铺运营工作，降低营销成本，让投资回报率实现最大化。

下面介绍一些基本的淘宝店铺运营技巧。

（1）**做好店铺的装修设计**。店铺装修包括店标、店招、活动页、店铺公告、店铺主页、产品详情页等。好的店铺装修既能推广品牌，还能让你的店铺与其他店铺区分开来，加深消费者对店铺的印象、认知度和心理接受度。

（2）**SEO（Search Engine Optimization，搜索引擎优化）提升店铺排名**。淘宝店铺的 SEO 就是利用淘宝搜索排名规则，让商家的产品精准展示给搜索人群。简单地说，就是当商家的目标客户搜索卖家的产品时，利用一些方法将自己的产品展示在搜索结果页面的前排。

（3）**店铺和产品的引流推广。**淘宝引流包括付费引流和免费引流两种渠道，商家可以结合使用，获得更多的引流资源。其中，付费引流包括钻石展位、直通车、淘宝客等方式；免费引流包括标题关键词优化、打造新品标签、引导用户收藏/加购/好评、参加免费试用、微淘引流、橱窗推荐引流、聚划算引流，以及利用微博、微信、抖音、头条号等站外自媒体渠道引流。

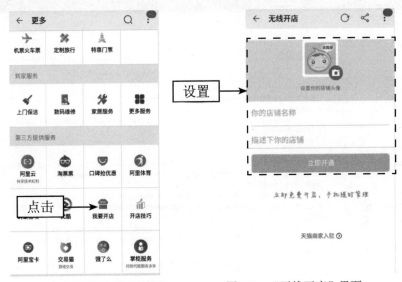

图 7-1　点击"我要开店"按钮　　　　图 7-2　"无线开店"界面

7.1.2　天猫：B2C电商模式

1. 模式含义

B2C（Business to Consumer）是一种企业对个人的电子商务模式，包括各种商务活动、交易活动、金融活动和综合服务活动等。

其中，天猫平台就是一个第三方交易型的 B2C 电商平台。淘宝是针对个人用户开店的平台，而天猫则是针对品牌企业开店的平台。据悉，2019 年期间，"双 11"天猫平台的交易总额突破 2 684 亿元，参与用户数超过 5 亿名，亿元品牌榜甚至 10 亿元品牌榜的品牌数量也创下新高。

2. 适用人群

入驻天猫的门槛比较高，商家和商品都必须满足一定的入驻标准，而且该标准会实时进行修订。商家可以进入"天猫商家 / 天猫规则"页面中查看相关的招商入驻要求，包括天猫店铺类型及相关要求、店铺保证金 / 软件服务年费 / 费率标准、入驻限制等规则，如图 7-3 所示。

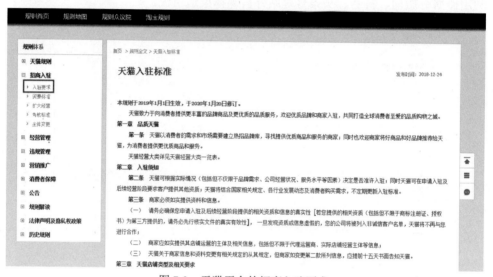

图 7-3　天猫平台的招商入驻要求

天猫平台的入驻商家主要包括以下两类。

（1）**品牌商家**：天猫发布的热招品牌。商家也可以推荐优质品牌给天猫，部分类目不限定品牌入驻。

（2）**企业商家**：合法登记的企业用户，并且能够提供天猫入驻要求的所有相关文件，不接受个体工商户和非中国大陆企业。

3. 具体做法

当商家符合天猫的入驻要求后，可以根据自己的店铺类目开始准备并提交相关的入驻资料，系统审核通过后需要完善店铺信息，具体入驻流程如图 7-4 所示。

用户可以在计算机端打开天猫官网，在商家服务中选择"商家入驻"选项，进入其页面，单击"立即入驻"按钮，如图 7-5 所示。根据提示填写相关资料和设置店铺信息，即可完成天猫店铺的入驻流程。

图 7-4　天猫平台入驻流程

图 7-5　天猫"商家入驻"页面

━━━ 专 家 提 醒 ━━━

当品牌商家创建好天猫店铺后，在店铺上线前还需要发布规定数量的商品，以及进行店铺装修，设计出属于自己的店铺风格，打造旺铺。

7.1.3　拼多多：社交电商（C2B）模式

1. 模式含义

对于商家来说，社交电商主要是指运用各种社交工具、社会化媒体和新媒体平台来实现商品的销售和推广等目的。另外，在该过程中，商家还会聚集更多的粉丝群体，同时这些粉丝还会相互传导，帮助商家带来更多的顾客。

社交电商即"社交元素＋电子商务"，其中社交元素包括关注、分享、交流、评论及互动等行为，将这些行为应用到电商中，可以实现流量的快速裂变。例如，拼多多就是一个专注于 C2B（Customer to Business，消费者到企业）拼团的第三方社交电商平台，用户通过发起和朋友、家人或者邻居等的拼团，可以以更低的价格购买优质商品。拼多多平台上包含各种社交互动元素，刺激用户进行分享。

2. 适用人群

拼多多不仅平台流量大，而且开店门槛非常低，只要有一定的供货能力，就可以在拼多多上开店。在产品类型方面，尽量选择低价的且走量大的产品，因为低价能够快速获客，量大能够制造出漂亮的数据，这些都非常符合平台偏好。

因此，作为商家，必须考虑自己能否做出低价的产品，并且还能盈利，产品成本、工价成本和物流成本都是需要商家慎重考虑的因素。

3. 具体做法

拼多多的开店渠道比较多，主要包括 PC 端和移动端，具体的开店渠道和基本流程如图 7-6 所示。

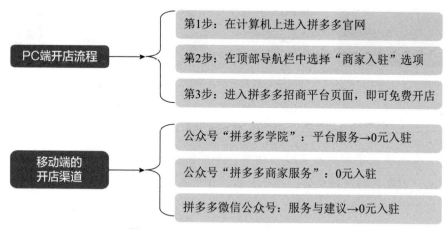

图 7-6　拼多多的开店渠道和基本流程

例如，商家可以通过拼多多微信公众号的方式入驻，在底部菜单中选择"服务与建议"→"0 元入驻"选项，进入"我的店铺"界面，即可在此完善资料。点击"完善资料"按钮，设置相应的个人店铺信息，包括店铺类型、店铺名称、主营类目、手机号码和登录密码等。资料完善后，即可通过公众号平台快速发布商品，以及进行商品管理、客服聊天、订单管理、电子面单、多多进宝推广及商家采购站等操作。

卖家还需要分析店铺产品的自身特点和用户的真实需求，做好店铺的关联推荐产品，让顾客购买更多的产品，从而提升客单价，获得更多盈利。

● TOP 级大卖家的主要提升方向在于团队的精细化运营能力，从而让自己获得更多的曝光量，争取更多的竞争资源，做出更多爆款产品。

● 对于中型卖家来说，主要提升方向在于差异化的产品策略，从而避开与 TOP 级大卖家的直接竞争。因此，中型卖家需要多研究产品款式的布局，打造高附加值的产品来提高自己的利润水平，最好能够让付费流量直接实现盈利。

总之，拼多多的核心在于"拼"，要"拼"成功就需要找人，也就必须通过微信（见图 7-7）、朋友圈及 QQ 等社交工具去分享，形成大范围的交流与互动。同时，大家在购买后还会产生消费评价及购物分享等，此时就能够引起更多的人关注该商品。

图 7-7　通过微信分享拼多多商品

7.1.4　京东：自营式电商模式

1. 模式含义

京东采用的也是 B2C 模式，不过它与天猫的区别在于高度自营，是一种企业级的 B2C 电商模式，类似于大商场。因此，京东是一个自营式电商模式的综合门户平台，这种电商模式的主要特征和平台优势如图 7-8 所示。

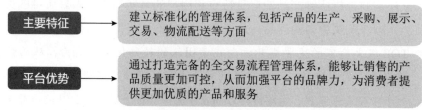

图 7-8　自营式电商模式的主要特征和平台优势

━━━━━ 专 家 提 醒 ━━━━━

自营是指由供应商提供商品及页面信息，京东负责销售及发货给顾客，是一种为自有品牌代工的 OEM（Original Equipment Manufacturer，原始设备制造商，也称为定点生产，俗称代工生产）模式。

---

2. 适用人群

京东平台的重点招商对象包括 3 类，具体要求可以在京东的"平台规则"页面查看"招商合作"中的《京东开放平台招商标准》，如图 7-9 所示。

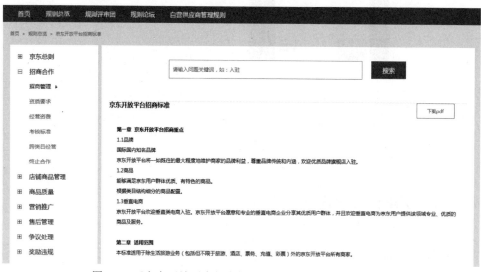

图 7-9　《京东开放平台招商标准》中对于招商对象的说明

3. 具体做法

满足京东平台开店要求的商家可以准备相关的资质材料，并开通京东钱包，提交入驻申请，相关流程如图 7-10 所示。

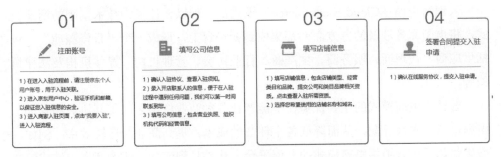

图 7-10　京东开店的入驻流程

提交入驻申请后，平台会对商家的资质进行审核，具体流程如图 7-11 所示。

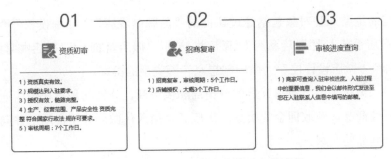

图 7-11　平台对入驻商家的资质审核流程

商家通过审核后，还需要完成一些开店任务。

（1）**联系人和地址信息维护**：完善不同管理角色联系人信息，以及做好退换货等常用地址信息的维护。

（2）**账号安全验证**：设置账号绑定手机、邮箱（可用于重设找回密码）。

（3）**缴费开店**：首先要在线支付平台使用费、质保金，完成缴费。京东确认缴费无误后，店铺状态将变为开通，商家即可登录商家后台开始正常经营。

成功在京东开店后，商家一定要注意遵守平台规则，做好店铺的付费流量和免费流量，以及通过内容营销、数据分析工具、店铺装修等方式提升店铺权重和转化率，让自己的产品慢慢火爆起来。

7.1.5 微店：云销售电商模式

1. 模式含义

云销售电商（Cloud E-commerce）模式是一种以云计算为技术基础的商业模式，将电子商务涉及的方方面面都集成到云平台上，形成一个"云资源池"，包括供应商、代理商、服务商、生产商、行业协会、管理机构、媒体机构及法律机构等。

云销售电商模式的主要优势在于能够让各种商业资源之间相互协调和互动，根据市场需求来分配，从而降低各个环节的成本，提高商业的运转效率。例如，微店就是采用云销售电商模式的典型平台，从工具到流量，帮助商家一站式解决社交网络开店的所有问题。

2. 适用人群

微店的主要入驻对象包括经过认证的"品牌旗舰店""品牌授权""微店全球购""微店手艺人""微店私厨""微店烘焙师""微店新农人""微店咖啡师""微店品酒师""微店设计控""微店创想家"等类型的卖家。

同时，微店平台上还有大量的分销商和供应商。分销商是指在微店通过代理销售供应商商品，获取佣金的卖家；供应商是指入住微店分销市场，并向分销商提供代理商品的卖家。

3. 具体做法

微店拥有千万级的活跃用户，DAU（Daily Active User，日活跃用户）数量也达到百万级别。微店的开店门槛比较低，商家可以通过手机或计算机一分钟免费开店，适用于个人和企业的不同场景。微店还为商家提供了百余种营销工具，覆盖拉新、转化、裂变等推广需求，帮商家拓展销路，大幅提高店铺营业额。

微店的获客渠道也非常多，包括微信小程序、朋友圈、公众号、直播、短视频、线下门店等，让多渠道用户流量能够快速直达店铺，吸引高复购客户人群。同时，平台还提供流量扶持，包括千万线上平台流量和线下微店商圈门店，让商家可以用更低的成本获得更多生意机会。

值得一提的是，商家还可以通过微店平台的"分销"模式，把生意放到"云"端，打造线上销售团队，告别高昂的推广成本。微店平台拥有一件代发、二级分销、分成推广、粉丝推广等多种分销模式，帮助商家匹配适合自己的生意模式。平台还会在百万商家中寻找优质代理，并让销量上榜的大咖全程指导，定制个性化的代理分销模式。小代理无须下载 APP，通过小程序转发即可完成分账订单等操作。

另外，微店还为品牌企业提供移动零售的一站式解决方案，来定制开发 VIP 客户，建立优质的口碑和鲜明的品牌形象，具体功能如下。

（1）品牌定制商城：个性化定制品牌专属的网页私域商城、微信小程序商城和宣传海报。

（2）全渠道营销方案：提供 H5 私域商城、腾讯直播、短视频在内的微信全渠道营销方案。

（3）多网站管理系统定制：总部协调管理，分店拥有自己的独立网店、商品、订单、营销、会员、资金等，并且在数据营销方面提供灵活的互通策略。

7.1.6　阿里巴巴：B2B电商模式

1. 模式含义

B2B（Business to Business，企业对企业）是一种专属于企业之间通过互联网进行产品、服务及信息交换的电商模式。

例如，阿里巴巴批发网就是一个为全球企业服务的 B2B 电商平台，为商家提供海量商机信息和便捷安全的在线交易市场，同时为买家采购批发提供风向标。B2B 电商模式的主要优势为降低采购成本、降低库存成本、节省周转时间、扩大市场机会，让企业的规模更大、竞争力更强。

2. 适用人群

阿里巴巴的入驻商家包括源头厂家、官方旗舰店、品牌专营店及实力卖场 4 种类型，如图 7-12 所示。

图 7-12　阿里巴巴的入驻商家类型

例如，如果你有自己的工厂，并同时持有自己的品牌或者代理某个品牌，则可根据自己的业务发展策略来选择合适的入驻渠道。

● 如果希望凸显自己的生产加工能力，可报名源头厂家。

● 如果希望塑造品牌形象，则可报名官方旗舰店或品牌专营店。

3. 具体做法

不同类型的商家，其入驻标准和资质要求也不同，用户可以根据自己的业务或产品来选择合适的行业入驻，具体流程如图 7-13 所示。入驻阿里巴巴平台后，商家可以获得品牌展现、营销扶持、专属服务、工具赋能等权益，助力中小企业快速成为平台头部商家。

图 7-13　阿里巴巴的入驻流程

（1）**品牌展现**：包括特有牛头标志、能力头衔身份、全景拍摄及专属 Work 后台等功能服务，全方位展现企业的实力，凸显商家的尊贵身份。

（2）**营销扶持**：平台提供各种核心营销场景扶持工具，包括搜索结果固定位、主搜加权、搜索直达、Widget 展示、实力汇频道、横向场中场、搜索展播专属红包、商品搜索流量扶持等权益，促进转化成交。

（3）**专属服务**：包括专享培训课程、金融特权、专属服务特权等服务，助力商家快速成长。

（4）**工具赋能**：为商家提供各种智能化工具，如专属旺铺模板、店小蜜专属使用权、直播功能、专属橱窗位、专属上传视频数、潜客邀约使用特权、专属创易秀模板、专属子账号数量等权益，赋能商家高效运营。

7.1.7　唯品会：特卖电商模式

1. 模式含义

特卖电商模式是指通过"精选品牌"的方式来打造自己的发展特色，这种电商模式的主要特点为选品策略极其精准，供应链运营高效，用户体验比较好，代表平台有唯品会、折 800、聚美优品、楚楚街、聚划算等。

其中，唯品会的品牌定位就是"一家专门做特卖的网站"，为用户提供"精选商品＋独享低价＋尊享服务"的全方位尊贵消费体验。唯品会通过深度整合线上特卖与线下特卖，布局全渠道特卖零售，打造"特别的商品"和"特别的价格"。

2. 适用人群

唯品会的会员群体是为数众多的年轻人群、白领群体及名牌爱好者，其主要合作对象为国际名牌、中国名牌等知名品牌商家，或者已获得中国驰名商标、国家免检产品等称号的产品。

不过，唯品会的供应商合作门槛比较高，必须是具备法人资格的合法经营的公司或企业，同时至少具备图 7-14 所示的资格之一。

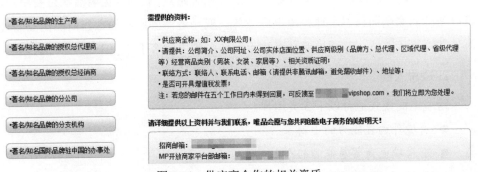

图 7-14　供应商合作的相关资质

3. 具体做法

加入唯品会平台的主要优势如下。

- 有针对性的营销推广方式，积累大量的用户基础。
- 针对不同用户群体进行品牌特卖，快速扩大品牌知名度。
- 专业团队进行品牌包装宣传，加深消费者对品牌的印象。
- 专业的商业数据统计系统，帮助品牌合作商更好地制定市场战略。

满足需求的供应商可以进入唯品会 MP 开放平台，提交入驻申请，并完成相关资料的填写。注意，商家提交的材料必须真实有效，企业的经营情况必须符合入驻要求，同时品牌授权有效、链路完整。

唯品会的核心业务为自营服饰穿戴品类商品，核心战略为"好货聚焦"，通过"深度折扣＋高性价比"的优质商品吸引消费者。在下游供应链上，唯品会会筛选信誉好且有竞争力的供应商进行长期合作，为商家提供平等的创业机会和健康有序的市场环境，目前已经有 6 000 多家深度合作的品牌。

7.1.8 亚马逊：跨境电商模式

1. 模式含义

跨境电商（Cross-Border Electronic Commerce）模式是指通过电子商务平台达成商品交易和进行电子支付结算的国际商业活动，基本为 B2B 和 B2C 这两种贸易模式，具有全球性、无形性、匿名性、即时性、无纸化及快速演进等特点，代表平台有天猫国际、亚马逊海外购、eBay、全球速卖通、沃尔玛等。

例如，亚马逊海外购平台对接海外 13 大相关站点，拥有 3 亿名活跃付费用户，可以帮助商家全面拓展全球跨境电商业务。亚马逊海外网站的在售商品由亚马逊海外站点直接发货，并通过亚马逊物流配送至国内顾客手中。

2. 适用人群

跨境电商模式适合以下 3 类用户。

- 有境外购置能力的小商家。
- 有跨境电商贸易能力的个人。
- 品牌商、经销商或生产商等类型的供货商。

3. 具体做法

亚马逊全球开店站点包括亚马逊北美站、亚马逊欧洲站、亚马逊日本站、亚马逊澳大利亚站、亚马逊印度站、亚马逊中东站、亚马逊新加坡站等。商家可以根据自己的所在地选择合适的海外站点开店，相关流程如图 7-15 所示。

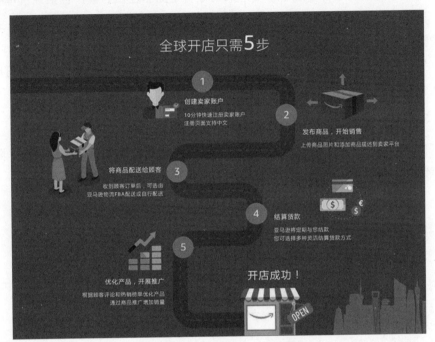

图 7-15　亚马逊全球开店流程

例如，选择亚马逊北美站开店，即可同时开通美国、加拿大、墨西哥站点，打开链接北美消费者的通路，让商品接触每月超 9 500 万名北美客户，在北美地区树立自己的品牌，让中国品牌"走出去"。同时，平台为商家提供可靠的创新和服务，帮助商家打理物流、客服、后勤等烦琐的事务，让商家能够轻松管理全球业务。

7.1.9　贝贝网：母婴电商模式

1. 模式含义

母婴电商模式是指专注服务母婴产品的类垂直电子商务模式，简单来说就是专门卖母婴产品的电商平台，如贝贝网、辣妈商城、好孩子、母婴之家、蜜芽等。

例如，贝贝网主要提供童装、童鞋、玩具、儿童用品等产品，其用户群体主要为 0～12 岁的婴童及生产前后的妈妈。

2.适用人群

母婴电商模式适合专注于母婴产品的零售企业和连锁店铺，包括经营母婴服饰、童鞋、成人服饰、鞋包、玩具文体、母婴用品、食品生鲜、居家百货、美妆个护等类目的商家。

贝贝网的商家必须为具有独立法人资格的公司，因此暂不接受个体工商户、合伙企业和个人独资企业的商家入驻。

3.具体做法

贝贝网的入驻店铺包括旗舰店、专卖店、专营店、普通店铺 4 种类型，除普通店铺外，其他 3 类店铺都需要提供品牌资质。其入驻流程如图 7-16 所示。

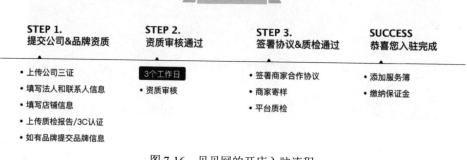

图 7-16　贝贝网的开店入驻流程

贝贝网的主要业务包括限时秒杀（限时限量）、9.9 包邮（低价和性价比）、上首页（打造超级爆款）、品牌清仓（快速清仓，回流资金）及贝店业务（精选全球货源，供应链直采）。商家可以根据自己的营销需求选择合适的对接业务来布局，缩减渠道，降低成本，让产品快速出货。

7.1.10　盒马鲜生：生鲜电商模式

1.模式含义

生鲜电商是指专注于生鲜类产品交易和相关服务的垂直型电子商务模式，包括新鲜的水果、蔬菜、生鲜肉类等产品。除了阿里巴巴、京东等传统电商巨头打造的综合类生鲜电商平台外，还出现了物流电商（如顺丰优选）、食品供应商（如中粮我买网、光明菜管家）、垂直生鲜电商（如莆田网、优菜网、本来生活网）、农场直销（如多利农庄、沱沱公社）、线下超市（如华润万家、永辉超市）、社区 O2O（如淘点点）等多样化的生鲜电商模式。

例如，盒马鲜生就是阿里巴巴平台依据新消费环境来重构新消费价值观的水果生鲜新零售门店，以数据和技术驱动打造社区化的一站式新零售体验中心，用科技和人情味带给人们"鲜美生活"。盒马鲜生的门店大部分开在人流聚集的居民区，而且只能用支付宝付款，这样可以很好地收集用户的消费行为大数据，从而为用户做出个性化的消费建议。

2. 适用人群

盒马鲜生对于加盟商的基本合作要求为"高品质商品、稳定供货能力、以消费者为核心"。同时，盒马鲜生的合作对象分为以下两类，用户可以根据自己的产品和业务资源选择合适的途径。

（1）**供应商**：重构数字化供应链高效赋能商家，回归零售本质，升级消费者体验，打造新零售共荣生态圈。

（2）**联营商户**：为商家提供共享流量红利、高效数字化管理门店、O2O 全链路运营等功能。

3. 具体做法

图 7-17 所示为盒马鲜生合作伙伴的入驻流程。盒马鲜生运用了大数据、移动互联、智能物联网及自动化等创新技术，再加上各种先进的设备，来优化和匹配"人、货、场"三者之间的关系，不管是供应链还是仓储和配送，都有一套完整的物流体系。盒马鲜生最大的特点就是快速配送：门店附近 3 千米范围内，30 分钟送货上门。

图 7-17　盒马鲜生合作伙伴的入驻流程

7.1.11 珍品网：奢侈品电商模式

1. 模式含义

奢侈品电商是指用电子商务的手段在互联网上直接销售各类奢侈品，主要集中于服装、箱包、腕表、鞋履和配饰等品类，相关平台有珍品网、尚品网、尊享网、寺库、第五大道等。因为奢侈品是一种低频消费产品，而互联网又有高昂的流量成本，这让很多平台入不敷出，甚至关门或转型。

不过，在火爆的跨境电商市场的带动下，奢侈品电商的市场潜力再一次被激活。例如，珍品网就是一个专注于奢侈品特卖的电商平台，拥有数百种国际一线品牌资源，货源采用全球直采方式，保持与国际专柜同步。

2. 适用人群

奢侈品电商适合那些追求高品质生活、喜欢时尚及有奢侈品货源的品牌商家，他们善于关注新鲜的潮流资讯和时尚主张，能够为用户创造高端消费体验。

3. 具体做法

珍品网不仅有最受消费者欢迎的 TOP 品牌，同时还开展了跨境海外直邮业务，为消费者提供性价比高的奢侈品。入驻珍品网目前只能通过合作电话和邮箱的方式进行沟通，商家可以前往珍品网官网查看具体的联系方式。

7.1.12 乐村淘：农村电商模式

1. 模式含义

农村电商模式通过互联网平台嫁接各种农村信息资源，为农村、农业和农民提供服务，打造有序的农村商业联合体，让农民受益的同时增加商家的利润。

农村电商模式的代表平台有农村淘宝（村淘）、京东农村电商、苏宁易购、淘实惠、乐村淘等。例如，乐村淘就是一个专注于农村电商模式的平台，其产品包括各种特色农产品、农用工具、家居百货、电器数码、服装服饰等品类。

2. 适用人群

农村电商模式非常适合在乡村镇发展的有激情、思维灵活、熟悉互联网和网购的本地年轻创业者或返乡青年。

以乐村淘为例，商家在入驻时需要提供营业执照、税务登记证、组织机构代码证、产品质量检验合格证明、商标注册证等证件；同时，特殊商品进店经营还必须提供特殊资质证件，如保健食品批准证书、卫生许可证、绿色食品证书、有机食品认证证书等。同时，乐村淘还推出了加盟方案，包括县级管理加盟、省级管理加盟，县级管理加盟的具体要求如图 7-18 所示。

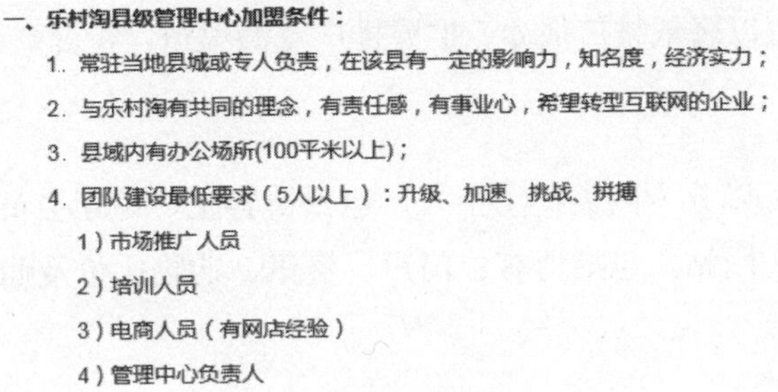

一、乐村淘县级管理中心加盟条件：
1. 常驻当地县城或专人负责，在该县有一定的影响力，知名度，经济实力；
2. 与乐村淘有共同的理念，有责任感，有事业心，希望转型互联网的企业；
3. 县域内有办公场所(100平米以上)；
4. 团队建设最低要求（5人以上）：升级、加速、挑战、拼搏
　　1）市场推广人员
　　2）培训人员
　　3）电商人员（有网店经验）
　　4）管理中心负责人

图 7-18　县级管理加盟的具体要求

3. 具体做法

当商家准备好相关的入驻资料和证件后，可以进入乐村淘商城官网，点击页面上的"客户服务"→"商家入驻"按钮申请在线开店，具体流程为签署入驻协议→提交商家信息→签订合同及缴费→开通店铺。

乐村淘的收益包括短期收益、中期收益和长期收益。

（1）短期收益： 合作区域的销售额分成、特色馆运营平台收益、供货商相关奖励、自营品牌收益、乐县域运营收益。

（2）中期收益： 平台广告收益、政府补贴、企业合作收益、乐村淘物流收益及承接当地电商公共服务带来的收益。

（3）长期收益： 由乐村淘衍生出来的更多盈利方式，可由合作双方进行协商来分配利润。

7.2　电商平台的运营变现技巧

在电商模式中，除了直接开店卖货外，还衍生了很多个人变现技巧，如淘宝客推广、内容电商、淘宝直播、阿里 V 任务及给商家提供店铺装修服务等，只要利用好这些模式，都可以带来大量的财富。

7.2.1 淘宝客推广模式

1. 模式含义

淘宝客和实体店中的导购员功能比较类似,主要工作就是帮卖家推销商品,然后赚取卖家的返利(佣金)。对于卖家来说,使用淘宝客推广不仅能够快速打造爆款,而且还可以降低推广成本,扩展推广资源渠道,获得更高的投资回报比。

2. 适用人群

淘宝客通常可以分为两类:①个人,包括博客主、论坛会员、聊天工具使用者及个人站长;②网站,包括博客、门户、资讯、购物比价及购物搜索等网站。

3. 具体做法

进入阿里妈妈主页,在顶部导航栏中选择"产品"→"淘宝客"选项,进入商家联盟中心页面,登录后即可进入"淘宝客"主页,在此可以开通淘宝客,以及创建、查看和管理推广计划。淘宝客推广还会计算买家一段时间内的消费次数,支付给淘客佣金,其跟踪逻辑为:买家点击淘宝客的推广链接,系统会跟踪 15 天的时间,15 天之内去店铺购买都会扣除佣金。

想做好淘宝客,先做好自己的商品和店铺是关键。对于淘宝客推广来说,商品分析非常重要,切忌将所有商品都交给淘宝客来推广。在选择推广商品时,不同的计划要选择不同商品来进行推广。商家需要在自己能接受的范围内设置一个合适的佣金比率,将更多的佣金回馈给淘宝客,这样才能带来更多的成交。

7.2.2 内容电商变现模式

1. 模式含义

内容电商模式是指将图文、短视频和直播内容与电子商务结合,通过这些优质的内容增加消费者对产品的兴趣,促使他们下单购买。

2. 适用人群

内容电商变现模式适合网红、超级 IP 等内容创业者,他们在互联网中积淀的粉丝资源将在电商平台中实现商业利润;而粉丝则在其中完成向消费者的角色转变;电商平台直接将用户引导到商品,完成最后的商业闭环。

3. 具体做法

淘宝购物已经成为消费者最喜爱的购物、消遣方式，为锁定消费者需求，增加消费者黏性，商家纷纷开启粉丝营销之路，想方设法将"访客"变成"顾客"再转为"粉丝"，用内容电商打造新的商业模式。

商家可以通过淘宝提供的各种内容营销工具为消费者提供有价值的信息，同时传递自己的产品和服务，激发消费者的购买欲望从而成交。从手机淘宝 APP 的首页布局就可以看到，如今内容营销占据的版块超过了八成，如微淘、淘宝头条、淘宝直播、有好货、每日好店、哇哦视频等，而且手淘流量通过内容营销带来的访问已占到三成。

例如，哇哦视频主要是围绕"物"来进行创作，"物"指的是泛生活内容为主的电商短视频。哇哦视频的内容主要集中在亲测实拍、网红热卖、真人种草及购后经验这 4 个创作方向上，如教程开箱、试吃试玩、试穿试用及真人点评等，很多红人店主的转化效果都非常好。

对于推广预算充足的商家来说，建议可以自己拍短视频，当然制作能力必须超过那些红人店铺，否则很难达到好的推广效果。因此，如果商家预算不足，或者不具备拍摄条件，则建议选择与视频机构合作。商家可以通过"淘榜单"参考各种数据来寻找一些靠谱的达人。

7.2.3　淘宝直播边看边买

1. 模式含义

淘宝直播是一个以网红内容为主的社交电商平台，为明星模特红人等人物 IP 提供更快捷的内容变现方式。

2. 适用人群

在淘宝直播平台上，大部分淘宝达人真实身份其实是淘女郎、美妆达人、时尚博主及签约模特等，他们发布较多的基本上是美妆、潮搭、母婴、美食、旅游类产品及相关的内容形式，这些产品都是互联网中比较受欢迎的类型。

3. 具体做法

淘宝直播分为达人入驻、商家入驻、机构入驻和专业制作团队入驻等通道，不同类型的用户可以根据实际情况来选择，如图 7-19 所示。例如，选择达人入驻通道后，还需要进行实人认证和资料填写，包括直播间头像、昵称及签订协议等，如图 7-20 所示。

图 7-19　淘宝直播入驻通道　　图 7-20　主播入驻设置界面

另外，主播还需要开通直播发布权限、直播浮现权限，进阶主播成长等级，获得相应的权益。同时，主播还需要掌握专业的行业知识，并熟悉直播商品的卖点，以及策划好直播脚木，从而提升直播商品的成交率，增加自己的收益。

7.2.4　阿里V任务

1. 模式含义

阿里 V 任务是阿里巴巴推出的一个品牌内容营销解决方案，帮助商家无缝连接合适的达人，达人可以在平台上接受商家发布的各种有偿推广任务，并获取任务酬劳。阿里 V 任务是一个赋能达人和机构实现商业化变现的平台，具体任务包括为商家提供商品、品牌的内容创作、渠道推送服务等。

2. 适用人群

阿里 V 任务的入驻用户主要包括创作者和 MCN 机构。其中，创作者的基本要求为 L2 等级及以上、拥有直播浮现权的主播及淘宝认证视频基地，MCN 机构的基本要求为成功入驻淘宝机构平台的机构。

3. 具体做法

首先，满足要求的创作者进入阿里 V 任务首页，单击"立即开通"按钮，选择"我是服务方"选项；然后，根据自己的内容定位选择合适的角色，包括阿里创作者、主播、淘女郎、视频基地及直播 PGC 栏目等；接下来，根据页面提示填写相关的入驻信息，同时仔细阅读和同意入驻协议内容；最后，缴存保证金，并签署保证金协议，即可成功入驻。

同时，达人选择任务时，需要先确定商家的任务目的。例如，有好货官方活动中的达人必须能写有好货的文案。总的来说，粉丝数越多，粉丝越活跃，则达人获得高收益的机会就越大。

7.2.5　网店装修变现

1. 模式含义

网店装修变现是指运营者为网店提供店铺装修服务，从而获得一定的收益。通过电商视觉营销设计，可以帮助商家提升店铺品牌形象，增加消费者购买的欲望，增加店铺和商品的转化率。

2. 适用人群

网店装修变现模式适合那些有空余时间且精通店铺视觉设计的店铺掌柜、美工和运营专员，可以帮助没有电商经验、没有专业团队的商家提升店铺流量和销量。

3. 具体做法

网店装修包括主图制作、详情页制作、视频制作、店铺首页设计等工作，使用的工具包括各种网页和图像编辑工具，如 Adobe Photoshop、Fireworks、Dreamweaver、Frontpage、Adobe After Effects 等。运营者可以直接在淘宝上开一个专为商家提供店铺装修设计的店铺，直接出售相关服务，如图 7-21 所示。同时，运营者可以开发一些店铺装修模板来提升工作效率。

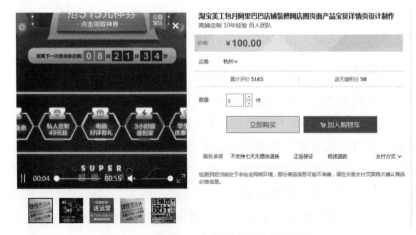

图 7-21　通过淘宝出售网店装修设计服务

第8章 22种内容变现方法：
专注分享专业的知识经验

内容变现，简而言之就是把内容当成产品来卖，该内容的形式非常丰富，包括文字、图片、视频、直播和音频等。随着移动互联网和移动支付技术的发展，内容变现这种商业模式也变得越来越普及，可以帮助知识生产者获得不错的收益和知名度。

22种内容变现方法： 付费图文、付费问答、付费视频、付费音频、付费课程、付费专栏、付费社群、付费会员、广告联盟、流量分成、买断版权、冠名赞助12种内容变现模式，以及知乎、悟空问答、千聊、简书、在行一点、知识星球、喜马拉雅、蜻蜓FM、豆瓣时间、网易公开课10个内容变现平台。

8.1 内容变现年入百万的操作方法

内容变现，其实质在于通过售卖相关的内容产品或知识服务来让内容产生商业价值，变成"真金白银"。在互联网时代，我们可以非常方便地将自己掌握的知识转化为图文、音频、视频等产品/服务形式，通过互联网来传播并售卖给受众，从而实现盈利。

8.1.1 付费图文：微信"付费图文"文章变现技巧

1. 模式含义

图文内容，显而易见，指的就是由文字和图片组成的内容形式。在所有的互联网内容中，文字内容是最为基础、直接的内容形式，它可以有效表达创作者的主题思想。但是，如果纯文字形式的内容字数很多，篇幅很长，则非常容易使读者产生阅读疲劳感及抵触心理。

因此，图片是图文内容绝对不能忽略的一个关键元素。因为，有时候一张好图片能够胜过千言万语，其感染力及表达力会更明显。同时，它还能为内容运营者推送的文章起到锦上添花的作用，如图 8-1 所示。

图 8-1　图文结合的内容形式示例

2. 适用人群

付费图文这种内容变现的商业模式适合那些有一定写作能力的人，而且还要学会一些基本的搜图、拍照、修图等技巧，让自己的图文内容变得更加优质，更能吸引读者的目光。

3. 具体做法

付费图文内容变现的操作平台非常多，如微信、头条号、短书等。高质量的内容不仅可以有效提高平台用户的留存率，而且还能为平台带来更多的复购率。

例如，微信订阅号推出了"付费图文"功能，内容创作者可以对自己的原创文章设置收费。当然，要开通"付费图文"功能，公众号还需要满足一些基本条件，如图 8-2 所示。另外，内容创作者也可以设置部分试读内容进行宣传引流，吸引还没有付费的用户阅读，提升他们付费的可能性和积极性。

付费图文变现不仅能够让创作者获得更多收益，而且还可以提升他们的创作动力，以打造出更多的优质内容。在进行付费图文内容变现时，有一些技巧和注意事项，如图 8-3 所示。

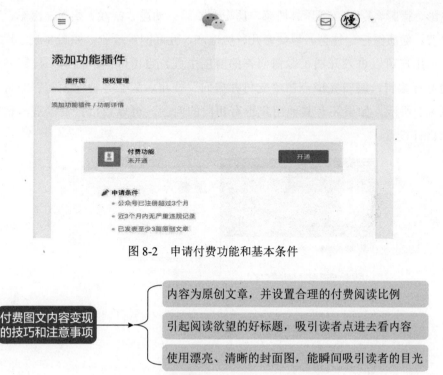

图 8-2　申请付费功能和基本条件

图 8-3　付费图文内容变现的技巧和注意事项

8.1.2　付费问答："微博问答"回答问题就能赚钱

1. 模式含义

在互联网时代，人们获取各种知识内容变得更加容易，不仅可以非常方便地上网搜索各种问题的答案，同时还可以通过一些问答互动类知识付费平台获得更加专业和深入的答案。面对人们日益剧增的知识渴望需求，就产生了这种"付费问答"新媒体商业变现模式。

"付费问答"简单来说就是"花钱买答案"，答案的领域多种多样，只要你熟知某个行业或某个知识领域，都可以成为"答主"，去帮助有需求的用户解决一些问题，同时获得相应的收益。付费问答可以沉淀大量的新知识，并且能够聚集高度活跃的用户，是可行度较高的知识变现路径，它的长期可行度甚至不亚于广告变现模式。

例如，新浪微博推出的"微博问答"功能，其问题领域包括事实、搞笑幽默、电影、摄影、财经、音乐、情感、历史、数码、动漫、游戏、娱乐、汽车、科学科普、健康医疗、体育、母婴育儿、房地产、互联网等行业，如图8-4所示。

用户可以进入开通了微博问答的博主主页，点击"向他提问"按钮并对问题进行编辑，编辑完成点击"支付并提问"按钮，耐心等待博主回答即可，如图8-5所示。如果还有其他用户也有相同的问题，可以直接打赏围观，金额可以自行设置。

图8-4　"微博回答"界面　　图8-5　"编辑问题"界面

2. 适用人群

"付费问答"内容变现模式适合在某个方面有专长的用户，同时用户还需要善于总结，能够把自己掌握的知识、技能、经验或见解总结为答案，并梳理出清晰的逻辑进行合理排版，通过图文并茂的形式写出个人的特色，真正解决用户的痛点需求，从而获得平台推荐和用户欢迎。

3. 具体做法

现在很多人都会遇到一些困惑，大家都会在互联网上找答案。如果你能够给他们提供专业的答案，不仅会受到他们关注，而且还会获得他们的付费和打赏收入。因此，对于有专长的用户来说，也可以入驻一些付费问答平台来实现内容变现，如悟空问答、分答、在行、知乎、知了问答及微博问答等。虽然这些平台的运营模式基本类似，但也有各自的特色。

　　以微博问答为例，该平台采用的是邀约开通的方式，在微博问答内测期间，率先对已开通"V+ 会员"的博主及部分付费问答博主开放试用，后续将开放给更多认证用户。付费提问被回答后，如其他粉丝进行付费围观，提问者也会获得相应的收益。

　　当用户开通微博问答服务后，将会收到通过成功的私信，点击私信中的基础设置链接，可以设置擅长领域和定价。系统会根据用户的粉丝数和领域提供一个基础定价，用户可根据自身情况酌情调整。在手机端依次进入"我"→"粉丝服务"→"内容收益"→"通用设置"→"微博问答设置"界面，填写擅长领域和提问定价，点击"保存"按钮即可；在 PC 端可以进入"管理中心"→"内容收益"→"微博问答"→"问答通用设置"界面进行设置，如图 8-6 所示。

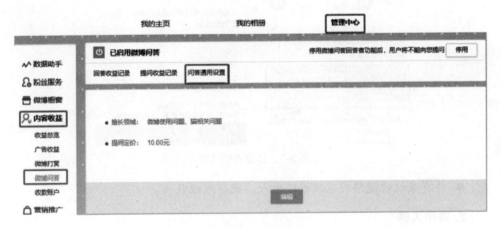

图 8-6　设置擅长领域和定价（PC 端）

━━━━ 专 家 提 醒 ━━━━

　　每天上午 10 点用户会收到"@ 微博问答"官微发送的前一天的收益数据私信，也可以进入"内容收益"模块中查看收益详情。微博平台的盈利方式与在行一点平台类似，主要采取对问答双方抽成的方式，向双方各收取 10% 的平台服务费。

8.1.3 付费视频：加入优酷的"视频创收平台"

1. 模式含义

付费视频内容变现有以下两种理解方式，不同的方式有不同的操作方法。

● 将自己的知识技能拍摄为视频内容，吸引用户付费观看，如图 8-7 所示。

图 8-7　付费视频课程

● 将有版权的视频内容授权给他人，获得版权收入。

2. 适用人群

付费视频变现模式适合做垂直类的专业性强的视频栏目，要求创作者口才好、有创意、会表演及有演示型技能知识，同时有一定的视频创作能力，能够创造优质的原创视频内容。

3. 具体做法

付费视频的变现平台非常多，如优酷、爱奇艺、搜狐视频、百度视频、腾讯视频、芒果 TV 等。以优酷为例，用户可以将自己制作的视频上传到优酷，并进行宣传引流，同时可以加入"优酷分享计划"和"视频创收平台"来实现商业变现，如图 8-8 所示。

图 8-8　优酷视频创收平台

8.1.4　付费音频：通过荔枝微课开收费音频课程

1. 模式含义

付费音频内容变现模式是指将自己的知识、技能或者创作的文章等内容录制成语音，然后在一些新媒体平台或者自己的社群中发布，让粉丝付费购买。

2. 适用人群

付费音频内容变现模式适合以下人群。

（1）对某个领域有研究的人，分享自己所在领域的专业技能和知识，吸引一批特定的受众关注。例如，股票、汽车、营销、企业管理、影视评论、外语、财经、历史、教育或者 IT 科技等知识领域，只要你对其中任何一个领域有研究，都可以通过音频来分享这些专业知识，实现内容变现。

（2）声音好听的人，即使没有自己的内容，也可以购买一些热门小说的版权，或者经典的相声评书、音乐作品等，甚至是简单的搞笑段子、娱乐新闻、情感经历、影视评论等，这些内容都可以录制成音频，来吸引感兴趣的粉丝购买和打赏。

例如，由喜马拉雅主播"有声的紫襟"推出的《斗罗大陆》有声小说，虽然单集价格只有 0.20 喜点（1 喜点 =1 元），但其播放量达到了 1.62 亿次，累计收益也是非常惊人的，如图 8-9 所示。

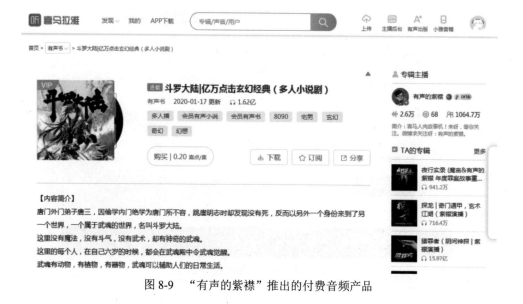

图 8-9　"有声的紫襟"推出的付费音频产品

3. 具体做法

音频内容的传播适用范围更为多样，在跑步、开车甚至工作等多种场景都能收听音频节目。可见，相较于视频，音频更能满足人们的碎片化需求。与建立微信公众号、开通官方微博一样，用户也可以搭建自己的音频自媒体账号，如喜马拉雅、蜻蜓 FM、荔枝微课、考拉 FM 及千聊等，这些都是很好的付费音频变现平台。

例如，荔枝微课就是一个以语音直播内容为主的知识精读平台，用户不仅可以在此收听感兴趣的直播内容，购买知识课程，也可以一键开课，实现自身知识内容变现。荔枝微课采取的是 UGC 模式，每个用户都可以认证上课进行分享，分享门槛比较低。荔枝微课平台的入驻讲师包括明星、"网红"、各垂直领域的 KOL 知识生产者及机构。

以荔枝微课的公众号为例，进入"个人中心"界面，点击"一键开课"按钮，如图 8-10 所示。进入"创建课程"界面，设置相应的课程标题和开课时间，课程类型可以选择免费课、付费课或者加密课。如果选择付费课，则还需要设置付费价格和邀请奖励分成，如图 8-11 所示。设置完成后，点击"立即开课"按钮，即可创建自己的付费音频课程直播间。

图 8-10　点击"一键开课"按钮　图 8-11　"创建课程"界面

荔枝微课的开课模式包括直播模式和录播模式两种类型。

（1）直播模式： 包括"PPT+ 语音互动""图文 + 语音互动""视频 + 语音互动"3 种在线直播模式。

（2）录播模式： 包括音频录播模式和视频录播模式。

● 音频录播模式：提前录制长音频课程并上传到后台，通过音频讲解的形式来授课，学员可以随时随地听课学习、留言互动。

● 视频录播模式：提前录制长视频课程内容并上传到后台，通过视频讲解的形式授课，可以让学员学习更加专注，讲师更加轻松。

━━━━ 专 家 提 醒 ━━━━

除付费音频课程外，荔枝微课还支持"赞赏"和"赠送"等付费形式，可以让用户的内容变现方式更加灵活，获得更多的粉丝和收入。

8.1.5　付费课程：加入腾讯课堂，成为一名"名师"

1. 模式含义

付费课程是内容创作者获取盈利的主要方式，它是指在各个内容平台上推送文章、视频、音频等内容产品或服务，订阅者需要支付一定的费用才能看文章、看视频或者听音频。用户通过订阅 VIP 服务，为好的内容付费，可以让内容创作者从中获得尊严和回报，这样他们才能有更多的精力和激情进行持续的内容创作。

例如，由腾讯公司推出的在线教育平台——腾讯课堂，背靠腾讯的强大流量优势，吸引了众多优质教育机构和名师入驻，打造老师在线上课教学、学生及时互动学习的课堂。腾讯课堂作为一个第三方中立平台服务提供者，用户可以利用该平台自主发布、运营和推广其课程。腾讯课堂下设职业考试、电商营销、兴趣生活、IT 互联网、升学考研、设计创作及语言留学等众多在线学习精品课程，如图 8-12 所示。

图 8-12　腾讯课堂

———— 专 家 提 醒 ————

很多自媒体平台、社交平台及直播平台都在专注于原创内容的生产和变现模式。付费课程和付费会员有一个共同之处，就是能够找出平台的忠实粉丝。但是，内容创作者如果要通过付费阅读来变现，就必须确保推送的内容有价值，否则就会失去粉丝的信任。

2. 适用人群

付费课程内容变现模式适合知识服务公司、线上教育公司、线上授课老师、课程制作公司及视频录课团队等人群。用户最好能取得一定的学历或者专业证书，提升自己的权威性，同时还需要掌握一些课程包装、PPT 设计、流程图、后期制作、分析调研等技能和准备工作。图 8-13 所示为腾讯课堂平台中的抖音电商运营相关的付费课程。

图 8-13　腾讯课堂平台中的付费课程

3. 具体做法

付费课程这一内容变现模式常用于各种在线教育、自媒体、视频网站和音频平台，如腾讯课堂、网易云课堂、"得到" APP、简书、樊登读书会、十点读书等平台。例如，腾讯课堂的入驻包括个人、机构、分销课程和企业合作等形式。

（1）个人开课。个人开课老师需要拥有任意一项资格证明，包括教师资格证书（如数学老师）、专业资格证书（如健身教练）、高等学历证书（如博士生）及微博认证（如自媒体名人）等，基本流程如图 8-14 所示。

图 8-14　腾讯课堂的入驻和上课流程

（2）**机构开课**。机构可以免费申请入驻，入驻时需要按照课程内容选择对应的主营类目，后续发布课程都会归属在这一类目下。

（3）**分销课程**。用户可以进入"分销课程"页面，选择相应课程后单击"我要分销"按钮，生成专属链接，然后将其通过 QQ、微信或微博等渠道分享给其他人，他人购买后即可获得相应的分销收益。

（4）**企业合作**。为企业提供优质、专业的培训课程解决方案，包括高级定制内容和职业实战课程等，帮助企业打造专属精品内容，帮助员工提升工作效率。

另外，优秀的老师还可以加入腾讯课堂推出的"名师计划"，打造更优质的课程服务，同时享受更多平台特权和收益，如图 8-15 所示。

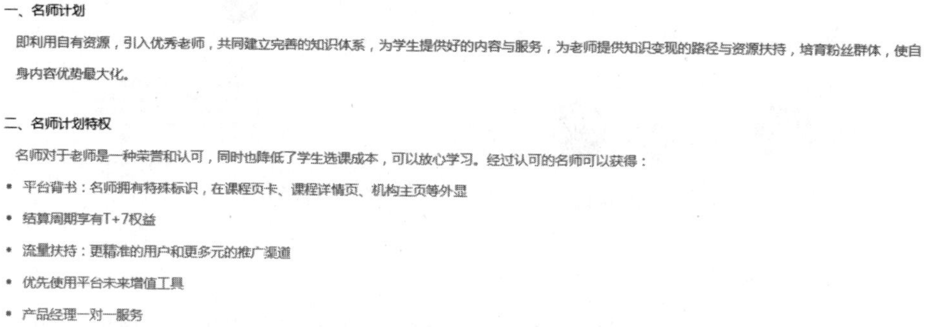

一、名师计划

即利用自有资源，引入优秀老师，共同建立完善的知识体系，为学生提供好的内容与服务，为老师提供知识变现的路径与资源扶持，培育粉丝群体，使自身内容优势最大化。

二、名师计划特权

名师对于老师是一种荣誉和认可，同时也降低了学生选课成本，可以放心学习。经过认可的名师可以获得：

- 平台背书：名师拥有特殊标识，在课程页卡、课程详情页、机构主页等外显
- 结算周期享有 T+7 权益
- 流量扶持：更精准的用户和更多元的推广渠道
- 优先使用平台未来增值工具
- 产品经理一对一服务

图 8-15　腾讯课堂"名师计划"的相关特权

8.1.6　付费专栏：今日头条付费专栏的暴利玩法

1. 模式含义

付费专栏是指内容变现的作品有比较成熟的系统性，而且内容的连贯性也很强，不仅能够突出创作者的个人 IP，同时能够快速打造"内容型网红"。付费专栏的内容形式包括图文、音频、视频及多种形式混合的专栏内容，专栏作者可以自行设置价格，用户按需付费购买后，专栏作者即可获得收益分成。

例如，喜马拉雅、蜻蜓 FM、豆瓣时间、今日头条等平台都开设了付费专栏。例如，今日头条的付费专栏还推出了"青云计划"，来奖励优质的专栏创作者，如图 8-16 所示。其中，2019 年度就有 1.4 万位创作者的 12 万篇文章获"青云计划"奖励，奖金数额超过 6 710 万元。

图 8-16　今日头条付费专栏 "青云计划"

2. 适用人群

付费专栏内容变现模式适合能够长期输出专业优质内容的创作者，付费专栏的目的在于吸引潜在的 "付费用户"。相比较打赏和点赞的随意性阅读，订阅付费专栏的粉丝通常是高黏性、强关联的用户，因此需要通过付费专栏来传递价值，满足用户需求。

另外，拥有大流量的自媒体人也可以寻找一些优质作者合作，来推广他们的付费合作，赚取一定的佣金收入。图 8-17 所示为笔者在今日头条中推出的付费专栏产品，通常笔者都会先做好目标用户定位，并将最能吸引精准用户的元素放到标题中。

图 8-17　笔者的付费专栏产品

3. 具体做法

付费专栏适合做一些系列或连载的内容，能够帮助用户循序渐进地学习某个专业的知识，同时可以满足各种内容形态和变现需求。

以头条号为例，头条号的付费专栏不是所有人都可以申请的，而是只对部分优质作者开放，其申请条件如下。

● 已开通图文 / 视频原创权限。

● 账号无抄袭、发布不雅内容、违反国家政策法规等违规记录。

● 最近 30 天没有付费专栏审核记录。

● 经过人工综合评审，账号图文 / 视频发文优质。

如果头条号用户满足以上条件，可以进入头条号 PC 端后台的"个人中心"→"我的权益"→"账号权限"页面，即可看到"付费专栏"功能，如图 8-18 所示。有专栏开通权限（"申请"按钮显示为红色）的用户可以单击"申请"按钮并提交资质，审核通过后，头条号左侧会出现"付费专栏"功能模块。

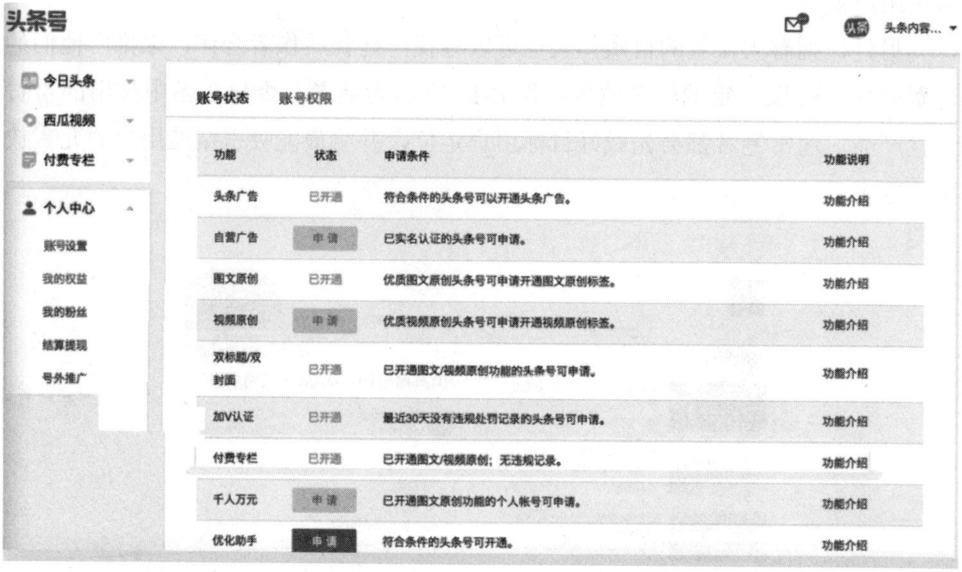

图 8-18　开通头条号"付费专栏"功能

开通头条号的"付费专栏"功能后，专栏作者即可创建、发布和管理图文、视频、音频等专栏内容，如图 8-19 所示。在每月的 2～4 日，专栏作者可以进入头条号后台进行提现。付费专栏的主要权益如下。

（1）赚取分成：专栏售卖后，专栏作者可以从中获得分成收益。

（2）工具服务：专栏作者可以使用优惠券、分销功能、智能推荐等工具来促进专栏售卖，提升专栏作品的曝光量和转化率。

（3）**数据分析：**专栏作者可以使用头条号的专栏数据分析工具分析专栏作品的推荐量、阅读量和专栏收益等数据，找到收益的增长空间。

图 8-19　"付费专栏"功能模块

8.1.7　付费社群：QQ"入群付费"，花钱才能进

1. 模式含义

在付费会员之外，还有一种与之相似的变现模式，即付费社群模式。社群就意味着一群人的聚合，而有人也就代表它有了流量和资源。如果该社群还提供了一些有价值、很实用的服务，那么其吸引的用户和流量就是一笔相当可观的潜在资源。

社群的范围比较广泛，大到一些协会（如手机摄影协会、互联网协会等），小到一些微信群，都可以成为社群。当然，并不是说随随便便创建一个微信群就可以实现盈利，还需要对社群进行规划和运营，包括完善的组织架构、社群定位、社群名号及社群规则等。

2. 适用人群

付费社群这种内容变现方式的适用人群比较广泛，如大学生、上班族、"宝妈"、创业者、办公室人员、企业老板、企业营销人员、微商及想兼职增加收入的人群等。

社群的创建门槛虽然非常低，但社群的定位一定要精准，一个社群中的用户必须要有相同的追求，而你提供的内容刚好能满足他们这方面的追求，这样他们才会愿意为你的内容埋单。

3. 具体做法

将社群建立好并拥有一定的粉丝基础后，可以采用一种最直接的盈利模式，那就是第 8.1.8 节将介绍的付费会员模式。例如，很多"大 IP"基于微信群建立了一个完整的社群体系，其他人要想加进来共享其中的资源，则需要按月、按季或者按年来缴费。

基于这一点，有些平台就推出了"付费群组"功能，出现了一些需要付费才能加入的社群。例如，腾讯就在 QQ 平台上推出了"入群付费"功能。在 QQ 群"入群付费"功能中，其入群需付费多少一般由群主决定，一般为 1 ~ 20 元不等。当然，通过这种方式入群的群组人员，其权限也相对加大——只要支付完入群费用就可直接入群，无须再通过群主或管理员审核。

对"入群付费"的变现方式，运营者也是需要有一定的粉丝基础的，首先需要该群有一定的等级，如开通 QQ 群"入群付费"功能，就对群等级、群信用星级和群主等级进行了规定，如图 8-20 所示。

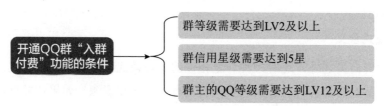

图 8-20　开通 QQ 群"入群付费"功能的条件

─── 专 家 提 醒 ───

需要注意的是，付费社群必须要有精准的目标用户群体，并能为他们提供有价值的内容或服务。这样，用户才会愿意付费入群。也只有这样，才能打造出一个能快速变现的付费群组，最终实现获利。

8.1.8　付费会员：头条"圈子"圈住人脉和钱脉

1. 模式含义

招收付费会员也是内容变现的方法之一，这种会员机制不仅可以提高用户留存率和提升用户价值，而且还能得到会费收益，建立稳固的流量桥梁。

2. 适用人群

付费会员模式适合某个行业领域的资深从业者和培训讲师。付费会员变现最典型的例子就是"罗辑思维"，其推出的付费会员制如下。

- 设置了 5 000 个普通会员，成为这类会员的费用为 200 元 / 个。
- 设置了 500 个铁杆会员，成为这类会员的费用为 1 200 元 / 个。

普通会员 200 元 / 个，而铁杆会员 1 200 元 / 个，这个看似不可思议的会员收费制度，其名额却在半天就售罄了。

3. 具体做法

对于创业者和内容平台来说，付费会员不仅能够帮助他们留下高忠诚度的粉丝，同时还可以形成纯度更高、效率更高的有效互动圈，最终更好地获利变现。例如，拼多多推出的"省钱月卡"其实就是一种间接的付费会员模式，如图 8-21 所示。

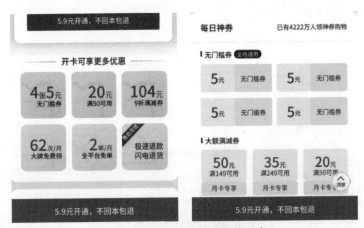

图 8-21　拼多多推出的"省钱月卡"

再来看新媒体领域的付费会员模式，如笔者就是通过今日头条的"圈子"功能来实现会员变现的，收费为 9.9 元 / 年，如图 8-22 所示。"圈子"相当于一个灵活方便的轻量级 UGC 社区，创作者可以通过"圈子"功能创建免费或付费粉丝社群，不仅可以在此和粉丝双向交流、互动，而且还能更加方便地管理社群内容。

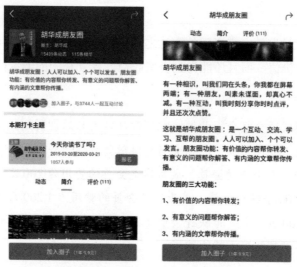

图 8-22　笔者的头条号"圈子"

满足相应条件的头条号，可以进入头条号后台中的"个人中心"→"我的权益"→"账号权限"页面，单击"申请"按钮直接开通"圈子"功能，如图 8-23 所示。

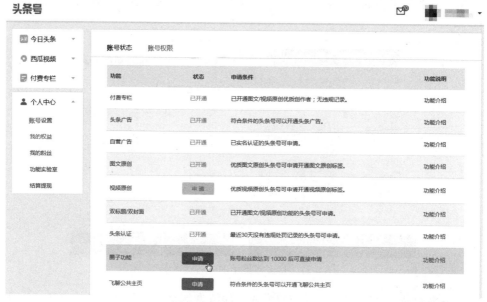

图 8-23　开通"圈子"功能

━━━ 专 家 提 醒 ━━━

申请开通"圈子"功能的头条号需要满足以下两个条件。

● 账号粉丝数大于 10 万名。

● 账号无抄袭、发布不雅内容、违反国家政策法规等违规记录。

　　如果运营者想要成功通过"圈子"来实现会员收费，则还需要有准确的内容定位、优质的社群质量和活跃的用户互动，能够真正让会员有所收获。只有这样的"圈子"才能真正实现长久的盈利，如图 8-24 所示。

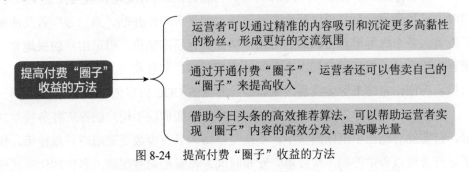

图 8-24　提高付费"圈子"收益的方法

8.1.9　广告联盟：快手"快接单"广告推广收入

1. 模式含义

　　广告联盟平台是指连接广告主和联盟会员的第三方中间平台，广告主可以在平台上发布自己的推广需求；联盟会员则可以根据自己的内容定位和渠道特点在平台上接广告任务，布置到自己的内容渠道，从而获得相应的广告收益；而广告联盟平台则从中赚取相应的服务费。

━━━ 专 家 提 醒 ━━━

　　如今，各大内容平台都根据自己的平台特点推出了各种各样的广告变现形式来提升平台的竞争力。虽然它们的形式不同，但本质上都在偏向更注重消费者体验的"原生态广告"，通过自媒体内容这种简单粗暴的品牌曝光方式来抓住用户的心理，更好地实现品牌转化。

2.适用人群

广告联盟这种内容变现商业模式适合有大量粉丝群体的运营者，同时尽量接一些与自己内容定位相符合的产品广告。

通俗地说，出钱做广告的人就是广告主，包括品牌、企业或者商家等有推广需求的人或组织，是广告活动的发布者，或者是销售或宣传自己产品和服务的商家，同时也可能是联盟营销广告的提供者。

3.具体做法

广告发布是很多自媒体平台的主要获利途径,在内容变现领域同样很受欢迎。同时，这种变现途径又可以分为多种形式，如平台广告补贴、第三方广告及流量广告等。各个内容平台可以通过对用户属性进行精准定位，根据用户的兴趣智能推荐知识产品，提高用户和内容之间的连接效率，并且利用大数据分析提高广告价值，为创作者带来更多收益，从而激发海量的 UGC 内容创作热情。

例如，"快接单"是由北京晨钟科技推出的面向快手用户的推广任务接单功能，目前此功能在小范围测试中，不接受申请，只有少数受邀用户可以使用。快手运营者可以自主控制"快接单"发布时间，流量稳定有保障，多种转化形式保证投放效果。运营者可以通过"快接单"平台接广告主发布的应用下载、品牌或者商品等推广任务，并拍摄视频来获得相应的推广收入。

另外，"快接单"还推出了"快手创作者广告共享计划"，这是一种针对广大快手"网红"的新变现功能。主播确认参与计划后，无须专门去拍短视频广告，而是将广告直接展示在主播个人作品的相应位置上，同时根据广告效果来付费，不会影响作品本身的播放和上热门等权益。粉丝浏览或点击广告等行为都可能为主播带来收益。

8.1.10 流量分成：暴风短视频，平台分成很简单

1.模式含义

参与平台任务获取流量分成，这是内容营销领域较为常用的变现模式之一。这里的分成包括很多种，导流到淘宝或者京东的销售的产品的佣金也可以进行分成。平台分成是很多网站和平台都适用的变现模式，也是比较传统的变现模式。

以今日头条为例，它的收益方式就少不了平台分成。但是，在今日头条平台上并不是一开始就能够获得平台分成的，广告收益是其前期的主要盈利手段，平台分成要等到账号慢慢"成长""壮大"才有资格获得。另外，如果想要获得平台分成之外的收益，如粉丝打赏，则需要成功摘取"原创"内容的标签，否则无法获取额外的收益。

2. 适用人群

流量分成内容变现商业模式适合拥有超大流量和高黏性用户的运营者，同时流量的来源要相对精准。

3. 具体做法

例如，暴风短视频平台的分成模式相对于今日头条而言就简单得多，而且要求也较少，具体规则如图 8-25 所示。

分成规则　　　　　　　　　　　　　　　　　　　　　　　　查看详细>>

分成方法：收益=单价×视频个数+播放量分成

上传规则：每日上传视频上限为100个（日后根据运营情况可能做调整，另行通知）

分成价格：单价=0.1元/1个（审核通过并发布成功）；播放量分成：1 000个有效播放量=1元（2013年12月26日~2014年1月26日年终活动期间1 000个有效播放量=2元）

分成说明：单价收益只计算当月发布成功的视频，所有有效的历史视频产生的新的播放量都会给用户带来新的播放量分成

分成发放最低额度：100元

分成周期：1个自然月，每月5日0点前需申请提现，20日前结算，未提现的用户视为本月不提现，暴风影音不予以打款，收益自动累积到下月。

图 8-25　暴风短视频平台的分成规则

───── 专 家 提 醒 ─────

值得注意的是，暴风短视频平台分成实际上远远无法囊括创作短视频的成本，并且平台和内容创作者是相辅相成、互相帮助的，只有相互扶持才能盈利更多。这种变现模式要合理运用，不能一味依赖，当然，也可以适当经营那些补贴丰厚的渠道。

这一平台的盈利流程也很简单，4 步即可轻松搞定，如图 8-26 所示。

平台流程

图 8-26　暴风短视频平台的盈利流程

8.1.11　买断版权：独家播放带来海量流量和收入

1. 模式含义

各种发明创造、艺术创作，乃至在商业中使用的名称和外观设计等都是知识产权，都能够通过出售版权来获得收益。

2. 适用人群

买断版权这种内容变现商业模式的要求比较高，用户需要有自己的作品，包括影视、文字作品、口述作品、音乐、戏剧、曲艺、舞蹈、杂技艺术作品、美术、建筑、摄影、软件等，同时这些作品还应当具有独创性。

3. 具体做法

如今，国内一些比较大型的视频网站都采用了买断版权的内容变现战略，将特殊版权与强力 IP 相结合，以增加付费用户的数量，如腾讯视频、QQ 音乐和爱奇艺等都喜欢用买断的方式来操作。

例如，腾讯视频独播上线的电影《再见美人鱼》首日播放量便接近 5 000 万条，同时该影视作品采用"免费试看＋付费观看全集＋会员下载"等盈利模式，以此来实现内容变现。腾讯视频买断内容版权后，便利用已有的各种终端资源来全力宣发内容，从而实现流量最大化，这是其成功的要点所在。

8.1.12　冠名赞助：吸引广告主的赞助快速变现

1. 模式含义

一般来说，冠名赞助指的是内容运营者在平台上策划一些有吸引力的节目或活动，并设置相应的节目或活动赞助环节，以此吸引一些广告主的赞助来实现变现。

2. 适用人群

冠名赞助变现适合影视类大 IP，这些人拥有极大的影响力和粉丝群体，而且可以将 IP 与产品进行长期捆绑引流，因此吸引了很多广告主。

3. 具体做法

冠名赞助的广告变现主要表现形式有 3 种，即片头标板、主持人口播和片尾字幕鸣谢。而对内容平台来说，其冠名赞助更多的是指运营者在平台上推送一些能吸引人的软文，并在合适位置为广告主提供冠名权，以此来获利的方式。

这种冠名赞助的形式，一方面，对运营者来说，它能让其在获得一定收益的同时提高粉丝对活动或节目的关注度；另一方面，对赞助商来说，可以利用活动的知名度为其带来一定的话题量，进而对自身产品或服务进行推广。因此，这是一种平台和赞助商共赢的变现模式。

例如，由爱奇艺马东工作室打造的说话达人秀视频节目——《奇葩说》，其主要内容就是寻找拥有各种独特观点、口才出众的说话达人。到 2017 年，《奇葩说》已经推出了 4 季。据悉，《奇葩说》第一季由美特斯邦威冠名，费用高达 5 000 万元，网络点击量达到了 2.6 亿次。

当然，在这些高额广告收入的背后，仍然需要优质内容来支撑，否则可能只是昙花一现。另外，这种泛娱乐领域内容的广告比较丰富，首先是 PGC（Professional Generated Content，专业生产内容）内容，然后还有网络综艺、网络剧集和网络电影等多种强影视 IP 的内容形式。这是在电视媒体时代大家养成的习惯，即认为广告是电视中才会出现的内容。

8.2　10 大平台的内容变现方法

对于做内容变现的运营者来说，可以利用的主流流量平台有很多，而且各平台的内容特点和变现方式也有所差异，因此运营者如何选择最适合的平台来进行内容变现非常重要。本节将选择 10 个比较常用的内容变现平台进行介绍。

8.2.1 知乎：成为某个小众领域牛人

1. 平台简介

知乎平台是一个社会化问答社区类型的平台，是真实的网络问答社区，帮助用户寻找答案和分享知识。需要注意的是，知乎平台首页上显示的内容是根据用户选择的感兴趣的话题推送的。

知乎是一个问答平台，要想运营好知乎，就要从提问和回答这两种主要的内容形式入手。需要注意的是，用户的回答必须具有知识性，有含金量，要能够引起读者的注意。同时，回答的字数最好在 120 字以内，或半个页面的长度，太长的文章容易让读者失去阅读兴趣。

2. 适用人群

知乎平台的用户群体非常多元化，其中主要人群为新兴中产人群和有一定影响力的用户群，具体如图 8-27 所示。

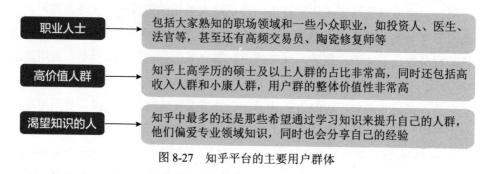

图 8-27 知乎平台的主要用户群体

知乎平台的平均月访问量已经突破上亿人次，主要产品定位是知识共享。问题页面是知乎最主要的页面，用户既可以通过搜索来了解相关问题，也可以自己直接提问或者作答自己熟悉的问题。

3. 具体做法

知乎平台的主要盈利模式为"知乎 Live+ 值乎 + 知乎书店 + 广告收入"，其中知乎 Live 和值乎是普通用户实现内容变现的主要形式。

（1）知乎 Live：对于主讲人获得的实际酬劳，平台会抽取 30% 的服务费，但会返还给优质主讲人 20% 的补贴，同时开放更多流量支持。对于消费者来说，平台提供"七天无理由退款"，同时建立绿色投诉通道，保障消费者权益。

（2）**值乎**：这是知乎推出的付费资讯服务，用户必须付费才可以看到问题答案。用户可以向答主付费咨询，答主则通过编辑内容回答问题来获得收益，游客则可以花 1 元钱旁听答案。

任何用户都可以作为内容生产者，基于兴趣来出售知识经验；消费者根据需求寻找同领域的知识生产者，让他帮助自己解决问题。知乎一直定位知识分享社区，主要商业模式为抽成和电子书出售，不仅可以拓展用户需求场景，而且还能减少平台对大咖网红的依赖度，长期以来积累了大量对优质知识有需求的用户。

8.2.2　悟空问答：答问题直接拿现金

1. 平台简介

作为一个类似知乎这一问答社交平台的内容产品，悟空问答不仅在短时间内吸引了众多用户关注，更重要的是，即使是普通用户，也有获利的机会。

相对于今日头条平台上的其他内容产品而言，悟空问答更具随机性，它不是头条号创作者基于某一观点或中心而有着一定时期准备的内容，这样更能检验头条号创作者的知识水平和处理问题、解决问题的能力。同时，在今日头条平台上，头条号创作者不仅可以通过回答问题来分享自己的知识、经验和观念，还可以通过提出问题来解决生活和工作中遇到的问题。

2. 适用人群

悟空问答平台的主要用户为领域专家、达人及学习型用户，他们都能够持续输出 PGC 内容，同时普通用户也可以通过提高回答问题质量来获得进阶收益。

3. 具体做法

在"悟空问答"频道，只要符合条件的提供优质内容的创作者参与问答，就有可能获得问答分成。这里的符合条件主要表现在两个方面：一是创作者本身；二是创作的内容，具体分析如下。

（1）**创作者本身**。从头条号创作者本身来说，其获得问答分成的条件是必须持续创作优质问答内容，平台根据其曾经有过的回答内容质量来进行判断并邀请其回答问题，在这样的情况下就能获得问答分成。

（2）**创作的内容**。当创作者获得了问答分成资格时，并不代表他能持续地获得利益分成，还必须在接下来的运营中持续输出优质内容。这里所指的"优质内容"必须具备以下条件，如图 8-28 所示。

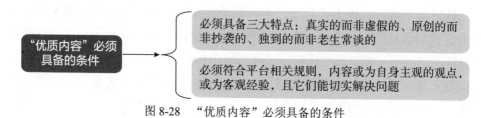

图 8-28　"优质内容"必须具备的条件

悟空问答内容的分成依据主要包括内容质量、作者权重和粉丝互动 3 个方面，具体如图 8-29 所示。

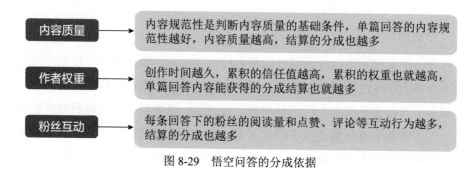

图 8-29　悟空问答的分成依据

━━━━ **专 家 提 醒** ━━━━

悟空问答中的结算分成是以单篇来计算的，而就单篇而言，其所获得的分成主要由质量决定，且没有上限。

在悟空问答中，可以通过两种方式来开通收益。如果所运营的头条号是没有在悟空问答中回答过问题的新号，此时就可以通过邀请回答问题的方式来开通收益。通过这种方式开通收益时要注意如下事项，具体如图 8-30 所示。通过邀请方式认真回答了答题链接中的问题后，只要提交成功，第二天即可获得收益，也就说明悟空问答收益已经开通，同时有机会获得优质回答奖励。

如果所运营的头条号已经在悟空问答中回答过问题了，此时创作者唯有通过坚持不懈地创作优质回答内容，被动地等待系统主动开通收益。

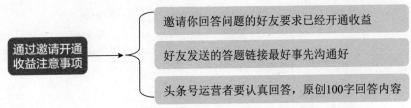

图 8-30 通过邀请开通收益注意事项

当系统开通收益后，就会在选择回答问题后的页面显示"回答得红包"，表示系统已经帮该头条号开通收益。在悟空问答 APP 上，如果系统已经开通收益，那么页面显示就不再是"回答得红包"字样，而是"回答得现金"字样。

━━━━━专 家 提 醒━━━━━

需要注意的是，这里的红包是不定的，系统会根据内容的质量和推荐量、阅读量来决定分成。因此，运营者无论是在开通收益前还是开通收益后，都应该注意保证内容质量的优质。

8.2.3 千聊：音频课程直播变现平台

1. 平台简介

内容变现越来越成为一种趋势，而且很多平台开通了内容付费功能，不仅节省了读者筛选内容的时间，而且也对知识分享者提供了一定的内容收益，是对优质内容提供者的一种鼓励。千聊平台正是这样一个供用户进行专业知识的分享与传播的互动社群平台。因此，许多想要在新媒体领域开疆拓土的企业、商家和自媒体人都选择了这一平台来实现快速吸粉和变现，如图 8-31 所示。

千聊微课的内容形式包括知识资讯内容、经典书籍解读、大咖精品课和精华内容课程等，覆盖 22 个类目，汇聚 20 万门课程，每个类目下有上万个精华内容和各种主题优质直播间，用户想学的内容基本都能找到。

2. 适用人群

千聊平台的主要用户群体包括注册机构、讲师和学员三大部分，适用于各种培训、课程、脱口秀、聊天室、旅行直播、活动直播等场景。

图 8-31　千聊平台中的付费课程

3. 具体做法

千聊微课是基于微信平台做起来的，由腾讯众创空间孵化，是微信生态里知识服务平台的领导者。据悉，千聊微课微信端的每日活跃用户已经达到百万级，公众号粉丝数超过 700 万名，拥有 30 万名讲师和机构入驻，累计覆盖听众数达到 9 000 万名。

有条件的新媒体运营者可以尝试在这种微课 APP 上开设课程，这对于引流很有帮助，真正的知识能给读者带来很多好处，他们是不会吝啬对向他们提供知识的好老师给予鼓励的。所以，一个好的课程往往在打出新媒体品牌的同时，也能收获数量可观的粉丝。

千聊微课的开播门槛非常低，用户登录后即可进入"个人中心"，点击"创建直播间"按钮一键创建直播间，同时设置相应的课程价格即可开课。主播可以通过语音图文直播，同时支持课件展示、一对一互动和赞赏等功能。

千聊微课的商业模式主要为"收费直播＋赞赏＋付费社区"，通过捆绑销售来提升收益，用户付费意愿非常强烈。主播的主要收入来自收费直播和粉丝赞赏。据悉，千聊平台上获得打赏收入最多的主播达到了 22.6 万元。千聊平台是永久免费的，针对用户直播间的收益，除了微信会扣除 0.6% 的手续费外，其他收入都可以直接提现到微信钱包。

8.2.4　简书：较纯粹的写作变现平台

1. 平台简介

简书是一个去中心化的 UGC 内容创作社区，口号为"创作你的创作"。该平台不仅可以撰写和编辑内容，而且还能够发布和分析内容，内容载体以图片和文字为主，内容涵盖小说、故事、互联网、科普、职场、励志、理财、文化、历史、工具、技能和电子书等。

与众多新媒体平台不同的是，简书平台有"简信"功能，创作者可以与粉丝进行私信沟通和交流。建议创作者把简信充分利用起来，不要只顾着发表文章和回复评论。简信可以建立起粉丝与运营者之间的感情，不仅增加了互动，而且能增强粉丝对创作者的信任。例如，创作者可以设计一些问题，用简信做一个问答活动。

2. 适用人群

简书的基本定位为写作和阅读社区，因此只要用户具有一定的写作能力，就可以在简书写作、发表和投稿文章。同时，简书的主要用户群体集中在中高端人群上，他们有强烈的学习知识和表达思想的需求。

3. 具体做法

简书平台上不仅有大量的原创内容，而且其强大的社交功能也让平台的用户黏性非常高。简书平台的付费模式主要包括简书会员、优选连载、简书版权和简书大学堂等。

（1）**简书会员**。简书会员包括普通会员（VIP）和尊享会员（SVIP）两种类型，会员的价格和权益也有很大的差别，如图 8-32 所示。

（2）**优选连载和简书版权**。创作者可以通过发布优质的连载小说来赚取稿费，主要包括现实题材、长篇小说、通识教育和优秀个人成长等类型。对于小说作者，建议彻底完稿后，且字数在 10 万字以上再来投稿。版权收益可以理解成版税，不单纯是稿费，还包括影视、有声小说及电子书等产品的收益。

图 8-32   简书会员

（3）**简书大学堂**。这是简书推出的付费知识产品，由直播课程、付费社区及付费书籍 3 部分构成。

- 直播课程：课程内容包括手绘、运营和摄影等，课程形式为图文语音直播，课程时长为一个月左右，课程价格为 1 ～ 299 元不等。
- 付费社区：由简书的头部 IP 开设，社区内容包括读书、创业、女性等方面，互动形式为微课和社群互动，订阅价格为 360 ～ 980 元不等，订阅时长为一年，加入社群后可学习群主更新的课程内容。
- 付费书籍：书籍内容包括职场、艺术和历史等领域，展现形式分为电子书和有声书两种方式，书籍价格为 3.99 ～ 11 元不等，更新期数为几期至几十期不等。

另外，创作者还可以在系统后台的"赞赏设置"页面中开通打赏功能，这样便能利用平台获取收益，吸粉引流。用户在阅读后自愿"打赏"为文章付费，简书对打赏金额抽成 5%。

8.2.5   在行一点：提供咨询服务收费变现

1. 平台简介

在行一点即原"分答"平台，是由在行团队推出的一个付费语音问答平台，主要专注于 UGC 领域的付费知识问答，其主要变现模式为"付费语音问答 + 偷听分成"。

2. 适用人群

"分答"在上线初期通过邀请大量名人明星入驻，带来高人气和更多现金流。同时，"分答"并不局限于知识问答领域，而是同时具备观点性和娱乐性，以及内幕式的问答方式，可以勾起用户的好奇心，从而获得很多用户关注。此后，"分答"通过挖掘垂直领域的付费问答项目，鼓励个人用户成为平台的知识生产者，发表个人见解，提供知识分享，并且获得收益。

在行一点主要采用短音频和文字的内容形态，核心功能可以分为问（快问、提问专家、链接在行）、答（回答、抢答、拒绝回答）、听（试听、偷听、限时免费听、赠送）和收听（关注），其主要优势如图8-33所示。

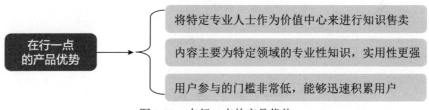

在行一点的产品优势

- 将特定专业人士作为价值中心来进行知识售卖
- 内容主要为特定领域的专业性知识，实用性更强
- 用户参与的门槛非常低，能够迅速积累用户

图 8-33　在行一点的产品优势

3. 具体做法

在行一点的主要产品形式如下。

1）定向提问——UGC（User Generated Content，用户原创内容）

- 方式：用户向指定的答主发起提问。
- 价格：答主自行设定，几元至几千元不等。

2）快问——PUGC（Professional User Generated Content，专家生产内容）

- 方式：用户悬赏提问，由平台筛选有资质的众多答主抢答。
- 价格：通常为 10 元。

3）小讲——PUGC（Professional User Generated Content，专家生产内容）

- 方式：答主提前录制音频 + 问答互动。
- 价格：大部分在 10 元以内。

4）社区——PGC（Professional Generated Content，专业生产内容）

- 方式：付费订阅 + 社区讨论，文章和音频会每周进行更新。
- 价格：79 ～ 299 元 / 半年。

在行一点采用 60 秒内的语音回答将问题公开，围观者可花 1 元"偷听"答案，费用由提问者和回答者 1 ∶ 1 分成。在行一点平台上的盈利模式主要包括答主、用户和游客 3 类角色，如图 8-34 所示。答主可以设置付费问答的价格（一般为 1 ～ 500 元），用户可以选择感兴趣的答主直接提出问题（≤ 50 字），并支付相应的问答费用。

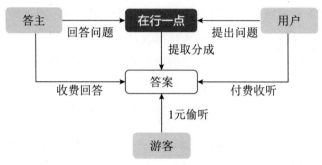

图 8-34　在行一点的盈利模式

───── 专 家 提 醒 ─────

　　用户还可以通过悬赏功能设定一定数额的问答费用，吸引众人回答；答主则利用抢答功能，通过语音和文字等方式来回答问题；然后由悬赏者从众多抢答中选出自己满意的答案，并支付对应的赏金。而对于平台来说，其主要通过抽取一定比例的用户付费酬金作为收入。

8.2.6　知识星球：出售知识的好平台

1. 平台简介

　　知识星球即原来的"小密圈"知识社群平台，是一个通过品质社群连接内容创作者和内容消费者的内容变现工具。

2. 适用人群

　　知识星球的核心用户主要是微信公众号经营者、微博大 V 和行业专家，这些有大量粉丝的创作者都可以通过知识星球平台来分享优质内容，运营社群与粉丝深度交流，以及实现知识变现。在用户来源上，知识星球倾向于垂直领域的中小型作者、KOL 的粉丝群体，这些人被称为星主。

3. 具体做法

用户可以关注知识星球的公众号，点击"我的星球"按钮，进入"知识星球"界面。点击"创建星球"按钮，选择相应的收费模式，如图 8-35 所示。设置用户的加入费用，采用年费方式，范围为 50 ～ 3 000 元 / 年，如图 8-36 所示。

图 8-35　选择相应的收费模式　　图 8-36　设置加入费用

设置费用后，接下来需要完善星球的相关资料，包括星球类型、名称、简介和成员加入需要审核等，尽量找准自己的擅长点或者要做的目标内容。点击"完成"按钮，即可快速创建一个星球社群。创建星球社群后，可以对外分享发布，吸引粉丝付费加入社群。知识星球的社群玩法比较多元化，如问答社区、纯内容输出等，而且还可以分类检索内容。

在知识星球平台上，星主可以向用户按年收费，收费模式包括固定时长和固定期限 2 种方式。

（1）**固定时长：**每个用户的服务期都是 365 天，不管你在何时加入星球社群，都可以享受 365 天的服务。

（2）**固定期限：**从创建星球的这一天开始提供运营服务，总时间同样为 365 天。在这种方式下，用户的加入时间不会影响星球的运营时间，即用户加入越早，服务期越长。当然，星球的内容也会逐渐沉淀，后面加入的用户仍然可以看到之前发布的内容。

采用固定期限收费方式时，需要注意当星球临近到期日时，加入的新用户会越来越少，而且他们享受的服务期限相对于早加入的人要短很多，因此满意度也会降低。某些晚加入的用户可能会心理不平衡，因为他们的服务期限可能不足 365 天，甚至更短。此时星主要向他们说明，所有人看到的内容都是一样的，不会影响他们获得的知识。

星主可以绑定微信账号，直接提现到微信零钱。通常在入账 72 小时后即可提现，但每天只能提现一次，而且每次提现金额必须高于 10 元，同时单日限额 2 000 元。用户付费后，可以在有效期内随意进入星球，不再产生费用。知识星球会收取 5% 的手续费，用于提供更好的产品和服务。

8.2.7 喜马拉雅：制作一套付费音频课

1. 平台简介

喜马拉雅在版权合作的基础上融合了"UGC+PUGC+PGC"等多种内容形式，同时布局"线上 + 线下 + 智能硬件"等多渠道来进行内容分发，打造完整的生态音频体系。喜马拉雅通过不断挖掘上游原创内容，充分利用 IP 衍生价值，实现知识生产者、知识消费者和平台的三方共赢。

2. 适用人群

喜马拉雅的用户特点如下。

（1）**积累大量高黏性的听众用户**。喜马拉雅的官网数据显示，其手机用户超过 4.7 亿名，汽车、智能硬件和智能家居用户超过 3 000 万名，还拥有超过 3 500 万名的海外用户，并且占据了国内音频行业 73% 的市场份额。

（2）**拥有全品类的内容产品服务**。8 000 多位有声自媒体大咖、500 万有声主播，同时有 200 家媒体和 3 000 多家品牌入驻，覆盖财经、音乐、新闻、商业、小说、汽车等 328 类过亿个有声内容。

在喜马拉雅平台上，用户主要是通过声音来变现，因此要求用户首先要有好的音色音质，掌握一定的播音发声和配音技巧，同时还需要善于使用音频剪辑工具。

━━━ 专 家 提 醒 ━━━

需要注意的是，在通过喜马拉雅平台做内容变现时，你的声音必须足够专业。专业化主要体现在用户有很强、很专业的声音演绎能力，以及能够在某一个领域持续输出内容。

3. 具体做法

喜马拉雅的内容变现包括付费订阅和主播打赏两种方式。

1）付费订阅

从具体的付费订阅节目内容来看，喜马拉雅的产品变现方式可以分为精品节目、低价专区和单集购买 3 种方式。

- 精品节目：采用一次性订阅方式，通常为 100～300 集，价格为 99～399 元不等，内容涵盖广泛，如商业投资、社交口才等。
- 低价专区：采用一次性订阅方式，通常为 100 集左右，价格为 9.9 元、19.9 元、29.9 元不等，内容以生活领域的技巧心得为主，如养生、理财和职场等。
- 单集购买：部分内容可以单集购买，每集 0.1～2 元不等，节目内容主要集中在小说、相声和评书等类目领域。

其中，知识课程专栏是平台的主打精品节目，喜马拉雅专注于打造更多精品化的音频类专栏产品，来供用户付费订阅。例如，《好好说话》就是通过场景切入，从沟通、说服、辩论、演说到谈判，教给用户一整套应付生活场景需求的话术。对于知识课程类平台来说，订阅付费的潜力非常巨大，这是传统的视频付费模式带来的好处，培养了用户为优质内容付费的消费行为。

2）主播打赏

喜马拉雅平台目前已经成为知识付费领域里的一个超级"独角兽"，有各种各样的音频付费课程，培养了大量的优质主播资源，主播的收益渠道包括广告服务和送礼赞助。同时，主播和粉丝通过深入的互动，已经形成了强关系链和强信任度，粉丝的付费意愿都比较高。

专 家 提 醒

喜马拉雅通过不断深挖粉丝经济，开发各种礼物打赏功能，来帮助主播引导粉丝打赏实现变现。同时，喜马拉雅将"猜你喜欢"智能推送功能整合到付费内容中，可以帮助用户更好地解决消费决策问题，为他们推送更多感兴趣的内容，提升用户的转化率，为主播带来更多变现机会。

8.2.8　蜻蜓FM：可根据流量拿收入

1. 平台简介

与喜马拉雅一样，蜻蜓 FM 也是一个移动端的音频知识产品平台，同时还从大量的娱乐流量中挖掘出用户的学习需求，借助知识变现重焕生机和活力。

2. 适用人群

蜻蜓 FM 以休闲类音频节目起家，相声、小说和情感节目是用户的主要需求。蜻蜓 FM 最初通过与运营商合作收取付费分成，如今也在大量打造付费精品区，坚持在 PGC 的基础上深耕 PUGC 内容领域，通过优质内容掘金付费产业。

蜻蜓 FM 通过与大量的名人大咖合作，在生态链上游牢牢把控住内容的生产环节，同时利用直播音频产品切入知识付费领域，打造完整的音频商业生态。

（1）**多元化内容**。蜻蜓 FM 的内容生产源类型丰富、风格多样，不仅和掌阅科技、17K 小说网、汤圆创作、朗锐数媒、酷听听书等有密切合作，而且重点孵化大量的高校、学生及明星等内容达人资源，打造爆款音频内容。

（2）**坚持 PGC 内容**。蜻蜓 FM 通过邀请能够生产优质内容的电台主持人入驻，给予他们更多的资源扶持，从而保证在线内容源源不断地输出，同时还可以将这些主持人本身的粉丝转化为平台粉丝。例如，《高晓松晓说》《蒋勋细说红楼梦》《罗辑思维》《郭德纲相声集》等都是其头部内容的重要部分。

（3）**多形式直播联动**。蜻蜓 FM 通过"音频＋视频"等内容形式实现多渠道直播联动，开启直播专区，同时与各大直播平台合作来生产直播内容。音频直播对于网络的要求更低，可以满足用户随时随地听直播的需求。

另外，蜻蜓 FM 还与音频付费产品的下游应用场景深度结合，将产品嵌入各大品牌手机应用市场、车载系统及智能家居等领域，打造生活服务的移动音频入口，全面渗透用户生活。

3. 具体做法

蜻蜓 FM 不断提升 PUGC 能力，专注优质内容生产，重点发力粉丝经济变现模式，打造强大的内容付费核心竞争力。

（1）**内容付费**。蜻蜓 FM 的主要盈利方式为内容付费，通过多元化的发布渠道来开启付费精品区，用户需要付费来购买这些精品内容，帮助主播实现更多营收。例如，《方文山的音乐诗词课》的购买价格为 69 蜻蜓币，1 个蜻蜓币等于 1 元。

（2）**付费会员**。用户为开通会员附加功能而付费。蜻蜓 FM 的超级会员套餐为 228 元 / 年，可以免费收听所有带会员专享和会员标示的内容，同时还以更低折扣购买付费内容。

（3）**流量分成**。蜻蜓 FM 比传统电台拥有更广的覆盖面和更多的粉丝量，不仅可以提高主播的知名度，而且主播还可以获得平台的流量分成收入。主播可以申请蜻蜓 FM+V，加入分成计划，获取广告收益。

另外，主播还可以参加蜻蜓 FM 的官方任务和活动，获取更多奖励收入。例如，蜻蜓 FM 举办的全球博主竞技大赛，奖金池高达 1.6 亿元。

8.2.9　豆瓣时间：付费订阅与推广佣金

1. 平台简介

豆瓣时间是由豆瓣平台推出的内容付费产品，平台通过深度分析用户需求来精心制作付费专栏的知识产品。

豆瓣时间的内容形式主要包括专栏类音频产品和直播类音频产品。豆瓣时间的专栏类音频产品包含数十期至上百期不等的精品内容，呈现形式以音频和文字为主，并且会每周定时进行更新。豆瓣时间直播类音频产品数量并不多，而且大部分是免费或者低价产品。

2. 适用人群

豆瓣时间的内容形式主要为 PGC 模式，通过邀请学界名家、青年新秀及各行各业的达人来制作精品内容。豆瓣时间的内容领域主要是文化领域，聚集了大量的文艺青年，自然而然地被标上了"文艺"和"小资"的标签，这一点和豆瓣本身的定位也是相辅相成的。

3. 具体做法

豆瓣时间的核心业务流程为：用户在平台上选择喜欢的知识产品，然后订阅支付购买，即可开始学习。豆瓣时间付费专栏产品的定价基本在 29 ～ 128 元范围内，如图 8-37 所示。付费专栏产品还支持赠送功能，用户可以购买这些专栏产品送给自己的朋友，不仅可以提高用户转化率，而且还能吸引更多粉丝入驻平台。

另外，豆瓣时间还推出了"豆瓣时间联盟"计划，用户可以申请成为豆瓣时间的高级推广员，将优质内容分享给其他人。当有人通过用户分享的链接购买推广产品后，用户将获得对应比例的佣金收入，如图 8-38 所示。

图 8-37　豆瓣时间付费专栏产品　　图 8-38　"豆瓣时间联盟"推广规则

─── 专 家 提 醒 ───

豆瓣时间的大部分付费专栏产品可以免费试听部分课程，用户可以先试听，然后根据内容来决定是否购买，在一定程度上提升了用户体验，帮助用户更好地做出消费决策。

豆瓣时间保持了豆瓣社区文化基于兴趣的特性。据悉，豆瓣时间上线仅 5 天，就创下了百万元销售额，同时付费订阅用户也突破万人。

8.2.10　网易公开课：在线教师赚钱更有路

1. 平台简介

网易公开课是一个为用户提供各种内容服务的在线平台，内容形式包括文字、图片、音频、视频等。用户不仅可以阅读和收听其中的内容，还可以转发分享这些内容，与更多用户进行内容的交流和互动。

2. 适用人群

垂直领域专家、意见领袖、评论家等个人创作者，或者以内容生产为主的公司、机构，都可以在网易公开课上发布免费或付费课程。讲师入驻后，可以通过文字、音频或视频等内容形式来表达自己的个人见解和传播行业知识，内容包括文学、数学、哲学、语言、社会、历史、商业、传媒、医学 / 健康、美术 / 建筑、工程技术、法律 / 政治、心理学、教学 / 学习等。

3. 具体做法

网易公开课平台免费课程和付费课程双管齐下，海量免费内容可以激起用户学习的热情，精选付费内容则可以满足用户深度的学习需求，打造从流量到价值的闭环。图 8-39 所示为网易公开课平台中的付费内容。

图 8-39　网易公开课平台中的付费内容

目前，网易公开课的付费项目不支持自主入驻，用户在入驻前需要与平台运营人员确定好合同意向，并提供网易邮箱账号，由运营人员协助开通课程专栏维护平台权限后，即可登录网易公开课后台。

用户入驻后，需要先设置机构信息，然后签署相应的课程合作协议，在其中可以约定分成比例。此处的分成比例是指每卖出一份课程，课程提供方可以获得的分成比例。设置好这些信息后，用户才能上传相关课程内容，同时还可以修改课程价格。

第9章　18种直播变现方法：
借网红经济实现产品引爆

在短视频的爆火之下，也带来了"短视频＋直播"模式的想象空间，让直播再一次火爆起来。特别是一些直播网红，其利用本身的强大号召力和粉丝基础，以直播内容打造自己的专属私域流量池，来进行用户引流和商业变现。

18种直播变现方法： 卖会员、粉丝打赏、付费观看、版权销售、企业宣传、游戏道具、网红变现、现场订购、植入产品、直播活动、MCN网红、出演网剧、形象代言、商业合作、公会直播、游戏广告、游戏联运、主播任务。

9.1　浅谈直播变现的6种常见形式

本节总结了直播变现的6种常见形式，如卖会员，让用户享受特殊服务；粉丝打赏，让用户为主播的表现给出奖励。此外，还有版权销售、游戏道具、付费观看等变现方式。

9.1.1　卖会员：以特殊服务获变现

1. 模式含义

会员是内容变现的一种主要方法，不仅在直播行业比较风行，而且在其他行业也早已经发展得如火如荼，特别是各大视频平台的会员制，如YY、乐视、优酷、爱奇艺等。如今很多视频平台也涉足了直播，于是它们将会员这一模式植入了直播之中，以此变现。

2. 具体做法

直播平台实行会员模式与视频平台实行会员模式有许多相似之处，其共同目的都是变现盈利。那么会员模式的价值到底体现在哪些方面呢？分析如下。

（1）平台可以直接获得收益。

（2）直播平台的推广部分依靠会员的力量。

（3）通过会员模式可以更加了解用户的偏好，从而制订相应的营销策略。

（4）会员模式可以使用户更加热衷直播平台，并养成定期观看直播的习惯。

平台采用会员制的原因在于主播获得打赏的资金所占比例较高，一定程度上削弱了平台自身的利益；而会员模式无须与主播分成，所以盈利更为直接、高效。对于主播用户来说，可以通过微信来管理会员，针对付费会员开设专属直播间。

9.1.2　粉丝打赏：卸下粉丝戒备心

1. 模式含义

打赏这种变现模式是一种新兴的鼓励付费模式，用户可以自己决定要不要打赏，现在很多直播平台的盈利大多数依靠打赏。打赏就是指观看直播的用户通过金钱或者虚拟货币来表达自己对主播或者直播内容的喜爱的一种方式。

2. 具体做法

打赏已经成为直播平台和主播的主要收入来源，与微博、微信文章的打赏相比，视频直播中的打赏来得更快，用户也比较冲动。

打赏与卖会员、VIP 等强制性付费模式相比，是一种截然相反的主动性付费模式。当然，在直播中想要获得更多的粉丝付费鼓励，除了需要提供优质的直播节目内容外，还需要一定的技巧。给文章打赏，是因为文字引起了用户的情感共鸣；而给主播打赏，有可能只是因为主播讲的一句话，或者主播的一个表情、一个搞笑的行为。相比较而言，视频直播的打赏常缺乏理性。同时，这种打赏很大程度上也引导着直播平台和主播的内容发展方向。

粉丝付费鼓励与广告、电商等变现方式相比，其用户体验更好，但收益无法控制。但是，对于直播界的超级网红来说，这些方式获得的收益通常不会太低，而且可以短时间内创造大量的收益。

9.1.3　付费观看：优质内容变现

1. 模式含义

在直播领域，除了打赏、受众现场订购等与直播内容和产品有着间接关系的盈利变现外，还有一种与直播内容有着直接关系的盈利变现模式，即优质内容付费模式——粉丝交付一定的费用再观看直播。这种盈利模式首先应该基于 3 个基本条件：有一定数量的粉丝、粉丝的忠诚度较高、有优质的直播内容。

2.具体做法

在具备上述条件的情况下，直播平台和主播就可以尝试进行优质内容付费的盈利变现模式，它主要出现在有着自身公众号的直播内容中，是基于微信公众号文章的付费阅读模式发展而来的。

关于优质内容付费的盈利模式，在尽可能吸引受众注意的前提下，该模式主要可以分为 3 类，具体如下。

（1）**先免费，后付费**。如果主播有优质的内容，但平台直播业务的开展还处于初创期，则需要先让受众了解平台和主播。这就需要让受众通过免费的方式来关注主播和直播内容，从而培养用户关注的兴趣，进而推出付费的直播内容。

（2）**限时免费**。直播平台和主播除了提供初创期免费的直播课程外，有时还会提供另一种免费方式——限时免费。一般是直播平台设置免费的方式和时间，意在说明该直播课程不是一直免费的，有时会以付费的方式出现，提醒受众注意关注直播节目和主播。

（3）**折扣付费**。为了吸引受众关注，直播平台与日常商品一样采取了打折的方式。它能让受众感受直播节目或课程原价与折扣价之间的差异，当原价设置得比较高时，受众一般会产生一种"这个直播节目的内容应该值得一看"的心理，然而又会因为它的"高价"而退却。假如此时打折，就提供给了那些想关注直播的受众一个观看的契机——"以低价就能看到有价值的直播，真值！"

当然，直播如果想把付费观看这种变现模式发展壮大，其基本前提就是要保证直播内容的质量，这才是直播内容变现最重要的因素。

9.1.4 版权销售："大块头"变现

1.模式含义

版权销售这一内容变现模式也大多应用于视频网站、音频平台等领域。对于直播而言，主要就在于各大直播平台在精心制作直播内容时引进的各种优质资源，如电视节目的版权、游戏的版权等，而版权提供方则可以获得版权收入。

2. 具体做法

例如，2017 LPL 全赛季的版权由全民直播、熊猫直播、战旗直播三大直播平台获得，而斗鱼直播和虎牙直播只得到了常规赛周末赛事的部分版权。

作为直播行业中势头发展一直稳健的游戏直播来说，各大赛事直播的版权都是十分宝贵的，不亚于体育赛事的直播。因为只要拿到了版权，就可以吸引无数粉丝前来观看直播，而且赛事的持续时间较长，可以为直播平台带来巨大的收益。

9.1.5　企业宣传：为企业提供技术支持

1. 模式含义

企业宣传主要是指直播平台推广针对性的行业解决方案，为有推广需求的企业提供付费技术支持。

2. 具体做法

直播平台可以提供专业的拍摄设备和摄像团队，帮助企业进行会议宣传、品牌推广、产品推广、活动宣传等直播活动，同时提供每场直播影像的数据分析服务，满足企业客户的更多需求。

例如，云犀拍摄就是一个为客户提供一站式拍摄、直播及短视频制作的服务商，致力于为企事业单位提供高质量的实时影像服务，其合作流程如图 9-1 所示。

图 9-1　云犀拍摄的企业合作流程

9.1.6 游戏道具：引人心动的变现模式

1. 模式含义

对于游戏直播而言，道具是一种比较常见的盈利模式。与视频平台相比，游戏用户更愿意付费，因为游戏直播的玩家和用户群体的消费模式类似，观看时免费，但如果要使用道具就需要收费。

2. 具体做法

相较于其他直播而言，游戏道具的盈利模式明显存在不同之处，即直播节目内容是免费的，但是当受众要参与其中成为游戏玩家而使用道具时，就需要进行购买。当然，这也是游戏直播最大的盈利变现途径。

直播可以激发游戏玩家购买道具，因为道具收费本来就是游戏中传统的收费模式，但如今通过直播的方式直接给用户呈现出使用了道具后再玩游戏的效果，就会给用户带来一种更直观的感受，让用户更愿意去购买道具，而不是像以前那样考虑道具到底值不值得购买。

9.2 实现直播长久变现的 12 种方法

所有的直播营销最终目的都只有一个——变现，即利用各种方法，吸引用户流量，让用户购买产品，参与直播活动，让流量变为销量，从而获得盈利。本节将向大家介绍几种直播变现的策略，以供参考。

9.2.1 网红变现：高效实现盈利目标

1. 模式含义

网红变现是一种基于以网红为核心的相关产业链延伸出来的一系列商业活动，其商业本质还是粉丝变现，即依靠粉丝的支持来获得各种收益。

2. 适合人群

网红变现模式适合有颜值、有极具辨识度的人设，有专业的策划团队、有精准的粉丝群体的网红大咖。

3. 具体做法

网红变现模式的方法主要有以下几种。

（1）**卖个人的影响力**。通过网红的影响力来接广告、做品牌代言人，或者做产品的代购等方式进行变现。

（2）**建立网红孵化公司**。大网红可以创建自己的公司或团队，通过培养新人主播，为他们提供完备的供应链和定制产品，孵化出更多的小网红，从而共同增强自身的变现能力。

（3）**打造个人品牌**。网红通过建立自己的品牌，让自身影响力为品牌赋能，产生品牌效应，促进品牌产品或服务的销售。

9.2.2　现场订购：将流量转化为销量

1. 模式含义

对于一些有着自己产品的企业和商家来说，其直播产生的盈利变现主要还是集中于产品的销售方面，为直播吸引足够的流量，最后让流量转化为实际销量，这样的盈利变现模式就是受众现场订购模式。

2. 适合人群

现场订购模式适合有店铺、产品的商家，其可以选择让自己变成主播，或者招募专业直播，以及和网红主播进行合作等方式，通过直播卖货增加产品销量。

3. 具体做法

受众现场订购模式带给主播和企业、商家的是实际的现金流，而想要获得现金流，就需要让受众下单购买产品。因此，在进行直播时，运营者有必要在直播中从以下两方面出发设置吸睛点吸引用户下单。

（1）**在标题上设置吸睛点**。例如，加入一些直播节目中产品所能带给你改变的词汇。例如，"早秋这样穿减龄 10 岁"，其中"减龄 10 岁"明显就是一个吸睛点；或是在标题中展现产品的差异点和新奇点，如"不加一滴水的面包"。采用这种方法设置直播节目标题，可以在更大程度上吸引更多的受众关注，而有了受众也就有了更多的流量，此时只要直播推广的产品品质优良，那么离受众现场下单订购也就不远了。

（2）**在直播过程中设置吸睛点**。这一方法同样可以通过两种途径来实现。

● 一是尽可能地展现优质直播内容的重点和中心点或产品的优异之处，让受众在观看的过程中受到启发，从而现场下单订购。例如，在淘宝直播上，当服饰、美妆产品的实际效果展现出来时，其完美的形象和效果就会促使很多人下单，甚至可能产生一分钟之内多数人下单的情况。

● 二是当直播进行了一段时间后，间断性地发放优惠券或进行优惠折扣，这样可以促使还在犹豫的受众下单。

9.2.3　植入产品：植入商家广告变现

1. 模式含义

在直播领域中，广告是最简单直接的变现方式，主播只需要在自己的平台或内容中植入商家的产品或广告，即可获得一笔不菲的收入。

2. 适合人群

植入产品或广告变现模式适合拥有众多粉丝的直播节目和主播。

3. 具体做法

在直播中植入产品或广告的变现模式主要包括以下两类。

（1）**硬广告**。所谓"内容即广告"，这是众多视频节目的本质体现。因此，主播可以直接在直播节目中发布商家的广告，也可以直接转发商家在其他平台上的广告和内容。

（2）**软植入**。商家广告通过直播内容不经意间植入，为自己的产品做宣传，广告的痕迹很少。

9.2.4　直播活动：营销活动促进消费

1. 模式含义

在直播平台上，运营方还会针对新用户和会员展开各种各样的活动，并以此来实现变现。

2. 适合人群

直播活动变现模式适合有活动策划能力且有更多企业合作资源的主播或平台。

3. 具体做法

针对新用户，一般采用送礼品或一定数额的充值方式让用户获得某一项利益，来吸引受众关注直播。例如，"充值领徽章"的游戏直播营销活动，一方面能实现变现；另一方面能吸引受众进入直播平台，提升与平台的黏性。

针对会员用户，直播平台一般会不时地推出各种不同的营销活动，促进会员消费和与平台的互动，并充分挖掘老客户的营销潜力。具体说来，其营销活动一般包括两类，一是礼包的赠送，二是其他与会员权益相关的新的活动的推出。

9.2.5　MCN网红：机构化运作稳定变现

1. 模式含义

MCN（Multi-Channel Network）模式来自国外成熟的网红运作，是一种多频道网络的产品形态，基于资本的大力支持，生产专业化的内容，以保障变现的稳定性。

2. 适合人群

MCN 网红变现模式适合各领域的头部、腰部或尾部网红。90% 以上的头部网红，其背后都有一个强大的 MCN 机构。

用户要想打造 MCN 网红孵化机构，成为"捧起网红的推手"，自身还需要具备一定的特质和技能。

- 熟悉直播业务的运营流程和相关事项，包括渠道推广、团队建设、主播培养、市场活动开发等。
- 熟悉艺人的运营管理，能够制定符合平台风格的艺人成长激励体系。
- 善于维护直播平台资源，能够建立和优化直播人员的运营体系和相关机制。
- 有团队精神和领导团队的经验，能够面试和招募优质的新艺人，指导他们的职场发展。

- 熟悉娱乐直播行业，对行业内的各项数据保持敏感，能够及时发现流行、时尚的事物。
- 熟悉网红公会的运营管理方法，对游戏、娱乐领域的内容有浓厚的兴趣。

3. 具体做法

随着新媒体的不断发展，用户对接收的内容的审美标准也有所提升，因此这也要求运营团队不断增强创作的专业性。由此，MCN 模式逐渐成为一种标签化 IP，单纯的个人创作很难形成有力的竞争优势。

加入 MCN 机构是提升直播内容质量的不二选择。

- 一是 MCN 机构可以提供丰富的资源。
- 二是 MCN 机构能够帮助创作者完成一系列的相关工作，如管理创作的内容、实现内容的变现、进行个人品牌的打造等。

有了 MCN 机构，创作者就可以更加专注于内容的精打细磨，而不必分心于内容的运营、变现。

MCN 模式的机构化运营对于新媒体平台内容的变现来说是十分有利的，但同时也要注意 MCN 机构的发展趋势，如果不紧跟潮流，就很有可能无法掌握其有利因素，从而难以实现变现的理想效果。单一的 IP 可能会受到某些因素的限制，但把多个 IP 聚集在一起就容易产生群聚效应，进而提升变现的效率。

9.2.6 出演网剧：唱歌拍剧收入不菲

1. 模式含义

出演网剧变现模式是指主播通过向影视剧、网剧等行业发展，来获得自身口碑和经济效益的双丰收。

2. 适合人群

出演网剧变现模式适合拥有表演或唱歌等才艺的直播主播，只要主播拥有一定的名气，就有可能获得网剧的邀约。

3. 具体做法

拍网剧的要求比较高，大部分直播主播需要经过一定的专业培训，增强自己的表演技能。同时，出演网剧这种变现模式还需要运用艺人经纪的方式来进行运作，在提升主播的粉丝数量、忠诚度、活跃度的同时，带来更多的商业价值。其具体策略如图9-2所示。

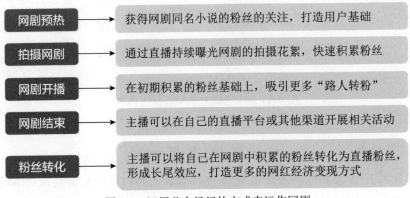

图9-2　运用艺人经纪的方式来运作网剧

9.2.7　形象代言：有偿帮助品牌传播信息

1. 模式含义

形象代言变现模式是指主播通过有偿帮助企业或品牌传播商业信息，参与各种公关、促销和广告等活动的直播，促成用户对产品的购买行为，并使品牌建立一定的美誉或忠诚度。同时，代言人也会获取代言费。

2. 适合人群

形象代言变现模式适合一些明星、商界大腕或者自媒体人等大IP。

3. 具体做法

形象代言变现模式的收益主要依赖于主播个人的商业价值，包括形象价值、粉丝价值、内容价值、传播价值等方面，这也是主播提升收入的关键因素。互联网上的很多明星商务交易平台都会对当下热门的明星和网红进行商业价值估算，主播可以将其作为参考目标，从各个方面来努力提升自己，如图9-3所示。

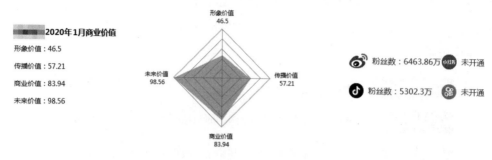

图 9-3　明星和网红的商业价值估算

━━━━━ 专 家 提 醒 ━━━━━

　　当大 IP 主播担任一个企业或品牌的形象代言人后，也需要通过各种途径来维护品牌形象，为其快速扩展市场，以此证明自己的代言价值，而且还能使自己得到更好的发展。

9.2.8　商业合作：帮助品牌实现宣传

1. 模式含义

　　商业合作模式是指主播采用跨界商业合作的形式来变现，主播通过直播帮助企业或品牌实现宣传目标。

2. 适合人群

　　商业合作变现模式适合自身运营能力强且有一定商业资源或人脉的主播。

3. 具体做法

　　对于直播行业来说，进行跨界商业合作是实现商业变现的一条有效途径：对于企业来说，跨界融合可以将主播的粉丝转化为品牌忠实用户，让产品增值；而对于主播来说，在与企业合作的过程中，可以借助他人的力量，扩大自身的影响力。

　　因此，我们在做个人商业模式的变现时，不需要再单打独斗，而是可以选择一种双赢的思维：跨界合作，强强联手，实现新的变现场景和商业模式。

9.2.9　公会直播：享有更高提成比例

1. 模式含义

在直播行业内部，如今已经形成了一个"平台→公会→主播"的产业链。公会就像是主播的经纪人，能够为其提供宣传、公关、签约谈判等服务，帮助新主播快速提高直播技巧和粉丝人气，同时会在主播收入中进行抽成。

2. 适合人群

公会适合新主播，或者有特色但缺乏运营能力的主播。

3. 具体做法

加入公会后，主播通常可以获得如下好处。

● 主播可以与公会协商礼物提成，提高自己的抽成比例。

● 每月的收益可以全额结清，部分公会还会提供保底收入。

● 公会可以对主播的直播技能进行培训，并提供直播设备和内容的支持。

● 公会可以帮助主播在高峰时期开播，抢占更多的流量资源和热门推荐位。

● 加入公会后，主播可以参与更多的官方活动。

● 主播可以与公会互享粉丝资源，提升直播间的活跃气氛。

───── 专 家 提 醒 ─────

当然，加入公会也有一些弊端，主要是公会会对主播进行抽成，以及在人员管理和直播时间的控制上更加严格，不如个人主播自由。

加入直播公会有以下两种方法。

（1）与公会签约，做全职主播。这种方法的好处通常是有保底工资和更高的礼物提成比例。但是，签约后公会会对主播的工作提出一些要求，以及安排更多的任务，同时需要遵守直播平台规则。

（2）挂靠直播公会，做兼职主播。这种方式通常没有保底收入，但礼物提成比例比普通个人主播更高，以及能够享受公会的流量扶持待遇，而且不用接受公会任务，开播时间比较自由。但是，挂靠公会时公会通常会收取一定的费用，而且也需要遵守直播平台规则。

例如，开通抖音平台的直播权限，要求主播的粉丝数量达到 10 000 人；但主播如果能够加入和抖音官方合作的公会，则没有粉丝也能开通直播权限。图 9-4 所示为抖音直播加入和退出公会的方法和相关说明。满足直播要求的主播，也可以提前与公会协商，然后申请入会。

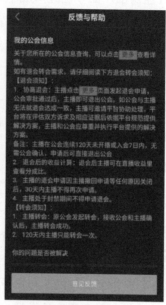

图 9-4　抖音直播加入和退出公会的方法和相关说明

9.2.10　游戏广告：收取巨额的广告费

1. 模式含义

游戏广告变现模式是指主播通过直播某款游戏，或者在直播间放上游戏下载的二维码链接，给粉丝"种草"，为游戏引流，同时获得一定的广告推广收入。

2. 适合人群

游戏广告变现模式适合各种游戏"技术大神"、颜值高的美女主播及游戏视频创作者。

3. 具体做法

在直播间推广游戏时，主播还需要掌握一些推广技巧。

- 声音有辨识度。
- 清晰的叙事能力。
- "脑洞"大开策划直播脚本，将游戏角色当成演员。
- 直播内容可以更为垂直细分一些，尽可能深耕一款游戏。内容越垂直，用户黏性就会越高，则引流效果越好，越容易受到广告主的青睐。
- 主播需要学会策划聊天话题，与粉丝互动交流，提升粉丝好感与黏性，活跃房间气氛。
- 主播需要认真安排每天的档期，坚持努力，所有高收入的主播都是努力的结果。

9.2.11　游戏联运：精品游戏充值提成

1. 模式含义

游戏联运是一种游戏联合运营的直播变现模式，即在自己的直播平台上运营游戏，由游戏厂商提供客户端、充值和客服系统等资源，主播提供直播内容和广告位等资源，双方针对某款游戏进行合作运营。由直播主播推广带来的玩家充值收入按约定的比例进行分成。

2. 适合人群

游戏联运适合有钻研精神、喜欢研究游戏商业规律的人设型玩家，或者测评解说类直播达人，能够深入评测或者解说某款游戏的玩法和攻略。同时，这种模式还适合有游戏运营经验或者拥有较大流量主播资源的直播机构或公会。

3. 具体做法

游戏联运和游戏广告的操作方法比较类似，但收入形式的差别比较大。游戏广告通常是一次性收入，对于主播的推广效果有一定的考核；游戏联运相当于主播自己成为游戏厂商的合伙人，可以享受玩家在游戏中的充值提成。

游戏联运是一种"利益共享、风险共担"的合伙人商业模式，能够让合作双方的利益实现最大化，其具体优势如下。

- 将游戏产品精准传递给目标用户，快速获取忠实用户。
- 降低游戏的推广成本，给游戏做"冷启动"。
- 合作双方优势互补、互利互惠，达到共赢的目的。

9.2.12 主播任务: 享受平台扶持收益

1. 模式含义

有一些新的直播平台为了吸引主播入驻, 以及增加主播开播时间, 通常会给主播提供一些有偿任务, 主播完成任务后可以获得对应的平台扶持收益。

2. 适合人群

主播任务变现模式适合一些没有直播经验的新手。

3. 具体做法

例如, 在抖音直播界面中, 主播可以点击右上角的"主播任务"图标, 查看当前可以做的任务, 包括直播要求、奖励和进度。点击任务还可以查看具体的任务说明, 如图 9-5 所示。

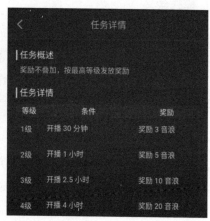

图 9-5　主播任务

———— 专 家 提 醒 ————

"音浪"是抖音平台上的虚拟货币, 当前比例为 1 ∶ 10, 即 1 元等于 10 个音浪。需要注意的是, 提现时还需要扣除一定的平台抽成。

同时, 在直播过程中, 主播可以使用有趣的礼物互动玩法调动粉丝送礼的积极性, 增加自己的直播收入。直播结束后, 主播可以对直播间的数据进行分析, 为下一次直播做优化调整提供有力依据, 让直播变得更加精彩。

第10章 21种短视频变现方法：
打造多元化的盈利模式

iiMedia Research（艾媒咨询）发布的数据显示，2019年短视频行业的用户规模达6.3亿人，增速25.1%。这些数字对于创业者和企业意味着什么？意味着短视频领域有大量的赚钱机会，因为用户就是金钱，用户在哪里，哪里的个人商业模式就更多，变现机会也就更大。

21种短视频变现方法：包括流量广告、浮窗LOGO、贴片广告、品牌广告、视频植入5种常见形式，抖音、映客、快手、秒拍、美拍、火山小视频6大热门平台，以及抖音购物车、商品橱窗、抖音小店、鲁班店铺、精选联盟、DOU+上热门、蓝V认证、POI信息商家、抖音小程序、多闪APP 10种常见抖音短视频变现方式。

10.1 短视频广告变现的5种常见形式

广告变现是目前短视频领域最常用的商业变现模式，一般按照粉丝数量或者浏览量结算。广告通常为流量广告或者软广告，将品牌或产品巧妙地植入短视频中来获得曝光。

10.1.1 流量广告：多种展现形式

1. 模式含义

流量广告是指将短视频流量通过广告手段实现现金收益的一种商业模式。流量广告变现的关键在于流量，而流量的关键就在于引流和提升用户黏性。例如，抖音作品分成计划就是一种流量广告变现模式，是指在原生短视频内容的基础上，抖音平台会利用算法模型来精准匹配与内容相关的广告。

2. 适合人群

流量广告变现适合拥有大流量的短视频账号，这些账号不仅拥有足够多的粉丝，而且他们发布的短视频也能吸引大量观众观看、点赞和转发。

3. 具体做法

创作者需要开通作品分成计划权限后才能看到入口，具体路径为"我"→"创作者服务中心"→"作品分成计划"，如图 10-1 所示。流量广告的变现方式为流量分成，会依据视频数、播放量和互动量等因素来评估参加作品分成计划的视频授权收益。

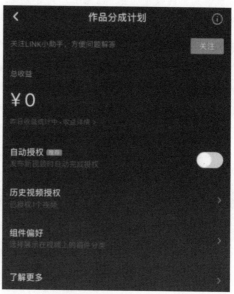

图 10-1　作品分成计划的入口路径和主界面

抖音平台的流量广告包括下面 3 种展现形式。

（1）**开屏广告**。在抖音平台上，企业可以通过抖音开屏广告来大面积推广品牌或产品，广告会在用户启动抖音时的界面进行展示，是抖音开机的第一入口，视觉冲击力非常强，能够强势锁定新生代消费主力。

（2）**信息流广告**。广告的展现渠道为抖音信息流内容，竖屏全屏的展现样式更为原生态，可以给观众带来更好的视觉体验，同时通过账号关联来强势聚集粉丝。信息流广告不仅支持分享、传播，还支持多种广告样式和效果优化方式。

（3）**抖音挑战赛**。广告的展现渠道为抖音挑战赛形式，完成品牌曝光。通过挑战赛话题的圈层传播，吸引更多用户的主动参与，并有效将用户引导至天猫旗舰店，形成转化。

10.1.2　浮窗LOGO：悬挂品牌标识

1. 模式含义

浮窗 LOGO 也是短视频广告变现的一种形式，即在短视频内容中悬挂品牌标识。这种形式在网络视频或电视节目中经常可以见到。

2. 适合人群

浮窗 LOGO 广告变现适合为品牌定制广告的创作者，以及品牌推广运营机构。

3. 具体做法

浮窗 LOGO 广告不仅展现时间长，而且不会过多地影响观众的视觉体验。创作者可以通过一些后期短视频处理软件将品牌 LOGO 嵌入短视频的角落中。例如，剪映 APP 中的"画中画"功能即可在短视频中合成广告元素，如图 10-2 所示。

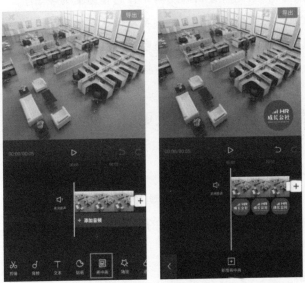

图 10-2　使用剪映 APP 制作浮窗 LOGO 短视频广告

10.1.3　贴片广告：更受广告主青睐

1. 模式含义

贴片广告是通过展示品牌本身来吸引大众注意的一种比较直观的广告变现方

式，一般出现在视频的片头或者片尾，紧贴视频内容。

2. 适合人群

贴片广告的制作难度比较大，同时还需要媒体主自身有一定的广告资源，适合一些有粉丝的短视频机构媒体。

3. 具体做法

创作者可以入驻一些专业的自媒体广告平台，这些平台会即时推送广告资源，创作者可以根据自己的视频内容选择接单。同时，平台也会根据创作者的行业属性、粉丝属性、地域属性和档期等为其精准匹配广告。

短视频贴片广告的优势有很多，这也是它比其他广告形式更容易受到广告主青睐的原因，其具体优势如下。

- 明确到达：想要观看视频内容，贴片广告是必经之路。
- 传递高效：和电视广告相似度高，信息传递更为丰富。
- 互动性强：由于形式生动立体，互动性也更加有力。
- 成本较低：不需要投入过多的经费，播放率也较高。
- 可抗干扰：广告与内容之间不会插播其他无关内容。

10.1.4　品牌广告：推广针对性更强

1. 模式含义

品牌广告就是以品牌为中心，为品牌和企业量身定做的专属广告。这种广告形式从品牌自身出发，完全为表达企业的品牌文化、理念而服务，致力于打造更为自然、生动的广告内容。

2. 适合人群

短视频品牌广告在内容上更加专业，要求创作者具有一定的剧本策划、导演技能、演员资源、拍摄设备和场景、后期制作等资源，因此其制作费用相对而言也比较高，适合一些创作能力比较强的短视频团队。

3. 具体做法

品牌广告与其他形式的广告方式相比针对性更强，受众的指向性也更加明确。

品牌广告的基本合作流程如下。

（1）**预算规划**。广告主进行广告预算规划，选择广告代理公司和短视频团队，进行意向沟通。

（2）**价格洽谈**。广告主明确表达自己的推广需求，根据广告合作形式、制作周期及拍摄者的影响力等因素与合作方商谈价格。

（3）**团队创作**。广告主需要和短视频团队充分沟通品牌在短视频中的展现形式，以及确认内容、脚本和分镜头等细节创作。

（4）**视频拍摄**。短视频团队在实际拍摄过程中，广告主或代理公司需要全程把控，避免改动风险，抓牢内容质量。

（5）**渠道投放**。将制作好的短视频投放到指定渠道，吸引粉丝关注，并进行效果量化和评估等工作及后期的宣传维护。

10.1.5　视频植入：内容与广告相结合

1. 模式含义

在短视频中植入广告，即把视频内容与广告结合起来，一般有两种形式：一种是硬性植入，即不加任何修饰地、硬生生地将广告植入视频之中；另一种是创意植入，即将视频的内容、情节很好地与广告的理念融合在一起，不露痕迹，让观众不容易察觉。相比较而言，很多人认为第二种创意植入的方式效果更好，而且观众接受程度更高。

2. 适合人群

视频植入变现模式的适合人群同品牌广告，都需要有一定的短视频创作能力。

3. 具体做法

在视频领域中，广告植入的方式除了可以从"硬"广和"软"广的角度划分外，还可以分为台词植入、剧情植入、场景植入、道具植入、奖品植入及音效植入等植入方式，具体方法如下。

（1）**台词植入**。视频主人公通过念台词的方法直接传递品牌的信息、特征，让广告成为视频内容的组成部分。

（2）**剧情植入**。将广告悄无声息地与剧情结合起来，如演员收快递时吃的零食、搬的东西及逛街买的衣服等，都可以植入广告。

（3）**场景植入**。在视频画面中通过一些广告牌、剪贴画、标志性的物体来布置场景，从而吸引观众的注意。

（4）**道具植入**。让产品以视频中的道具身份现身，道具可以包括很多东西，如手机、汽车、家电、抱枕等。

（5）**奖品植入**。很多自媒体人或者网红为了吸引用户的关注，扩大短视频的传播范围，往往会采取抽奖的方式来提升用户的活跃度，激励他们点赞、评论、转发。同时，他们不仅可以在视频内容中提及抽奖信息，也可以在视频结尾处植入奖品的品牌信息。

（6）**音效植入**。用声音、音效等听觉方面的元素暗示受众，从而传递品牌的信息和理念，达到广告植入的目的。例如，各大著名的手机品牌都有属于自己的独特的铃声，人们只要一听到熟悉的铃声，就会联想到手机的品牌信息。

10.2　短视频广告变现的 6 种热门平台

在互联网时代，哪里有流量，哪里就能产生交易。各大短视频平台也在不断抢占流量，同时推出了专业的广告变现工具，来帮助广大创作者增加自己的收益。

10.2.1　抖音：星图平台

1. 模式含义

抖音推出的星图平台和微博的微任务在模式上非常类似，对于广告主和抖音达人之间的广告对接有很好的促进作用，进一步收紧内容营销的变现入口。

2. 适合人群

星图平台的针对人群和主要意义如下。

（1）**打造更多变现机会**。星图平台通过高效对接品牌和头部达人 /MCN 机构，让达人们在施展才华的同时还能获得不菲的酬劳。

（2）**控制商业广告入口**。星图平台能够有效杜绝达人和 MCN 机构私自接广告的行为，让抖音获得更多的广告分成收入。

满足条件的机构可以申请抖音认证 MCN，审核通过即可进入星图平台接单，其资质要求如下。

- 申请机构具有合法公司资质。
- 成立时间超过一年以上。
- 成立时间不足一年，但达人资源丰富且内容独特，可申请单独特批。
- MCN 机构旗下签约达人不少于 5 人，且有一定的粉丝量，在相应领域具备一定达人服务能力及运营能力。

3. 具体做法

星图平台的合作形式包括开屏广告、原生信息流广告、单页信息流广告、智能技术定制广告及挑战赛广告等。简单来说，星图平台就是抖音官方提供的一个可以为达人接广告的平台，同时品牌方也可以在其中找到要接单的达人。星图平台的主打功能就是提供广告任务，并从中收取分成或附加费用。例如，洋葱视频旗下艺人"代古拉 K"接过 OPPO、vivo、美图手机等品牌广告，抖音广告的报价超过 40 万元。

与抖音官方签约，即内容合作，入驻星图平台开通账号即可接单。登录星图平台后，在后台页面中主要包括"账户信息"和"任务信息"两个部分。在任务列表中，通过任务筛选器可以对任务进行定向筛选。如果运营者对某个任务感兴趣，可以接受任务，然后根据客户需求构思创意并上传视频脚本。

提取广告收益的方法也很简单，运营者可以在星图平台的后台管理页面中进行提现操作。注意，首次提现需要通过手机号绑定、个人身份证绑定、支付宝账号绑定 3 个步骤完成实名验证，验证成功后便可申请提现。

10.2.2　映客：映天下

1. 模式含义

映天下是一家达人营销的数字营销企业，是映客平台推出的商业变现平台，一方面可以对接更多的商家资源，另一方面也将主播的商业直播权牢牢握在手里。

2. 适合人群

映天下致力于与时尚、美妆、美食等领域拥有内容创作、粉丝流量、带货转化等能力的达人合作，帮助他们在社交平台寻求更多的机会。

3. 具体做法

映天下的入驻方法和变现方法如图 10-3 所示。

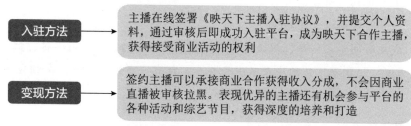

图 10-3　映天下的入驻方法和变现方法

—— 专 家 提 醒 ——

需要注意的是，映任务作为映天下商业平台官方面向主播开放的唯一商业活动入口，官方不支持其他任何具有商业性质的活动，且将对私自直播商业广告的用户进行处罚。

10.2.3　快手：快接单

1. 模式含义

快接单是由北京晨钟科技推出的快手推广任务接单功能，主播可以自主控制快接单发布时间，流量稳定有保障，多种转化形式保证投放效果。

2. 适合人群

快接单主要针对快手用户，目前在小范围测试中，不接受申请，只有少数受邀用户可以使用。

3. 具体做法

快手的广告形式主要有应用推广和品牌推广两种。

（1）应用推广：可以提供直接下载应用的服务，用户点击广告页面中的"立即下载"按钮后，可以直接进入下载页面。

（2）品牌推广：点击"查看详情"按钮，即可进入指定的落地页。

────── 专 家 提 醒 ──────

　　快接单平台还推出了"快手创作者广告共享计划"，这是一种针对广大快手"网红"的新变现功能。主播确认参与计划后，无须专门拍短视频广告，而是将广告直接展示在主播个人作品的相应位置上，同时根据广告效果来付费，不会影响作品本身的播放和上热门等权益。粉丝浏览或点击广告等行为都可能为主播带来收益。

10.2.4　秒拍：秒拍号

1. 模式含义

　　秒拍号是由一下科技推出的媒体 / 自媒体创作者平台，为短视频创作者提供内容发布、变现和数据管理服务。

2. 适合人群

　　秒拍号平台适合自媒体及各个机构类型的用户，能够帮助他们获得更多的曝光和关注，扩大影响力，更好地进行品牌营销与内容变现。

3. 具体做法

　　对于短视频创作者来说，秒拍号的主要优势如下。

　　（1）智能推荐：个性化兴趣推荐，帮助创作者找到更适合的观众。

　　（2）引爆流量：上亿级流量分发平台，瞬间引爆优质内容。

　　（3）多重收益：平台提供现金分成和原创保底，并拿出 10 亿元资金扶持优质创作者，共建内容生态。

　　（4）数据服务：平台提供多维度数据工具辅助创作者进行创作，帮助他们及时复盘并优化运营效果。

　　创作者可以进入"秒拍号创作者平台"主页，点击"加入创作者平台"按钮，根据页面提示进行注册。秒拍号创作者平台不仅具有视频上传、管理、推广等功能，同时还可以获得独特身份标识，平台会优先推荐创作者的视频作品，从而获得更高的播放量、人气及广告收入。

10.2.5 美拍：美拍·M计划

1.模式含义

美拍·M 计划是由美拍推出的短视频营销服务平台，平台会根据美拍达人的属性来分配不同的广告任务，达人完成广告任务后会获得相应的收益。

2.适合人群

"美拍·M 计划"主页提供了"我是达人"和"我是商家"两个不同的入口，用户可以根据自己的实际需要进行注册。

（1）针对达人用户：提供海量优质广告主资源，获得更多有效变现机会，资金结算更快更有保障。

（2）针对商家用户：为其匹配丰富精准的达人资源，获取真实权威的数据分析，享有安全的交易保障。

需要注意的是，美拍·M 计划并没有向所有的美拍达人开放，而且需要满足一定的条件才可以参加，具体包括"美拍认证达人"和"近 30 天发布了视频"两个要求。其中，"美拍认证达人"的难度比较大，不仅要求内容原创，而且对粉丝数量、作品数量和点赞量都有要求。

3.具体做法

商家入驻美拍·M 计划后，可以发布推广任务，还可以根据成功完成的金额自助开具发票。美拍·M 计划可以提供如下服务，如图 10-4 所示。

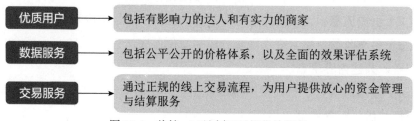

图 10-4　美拍·M 计划可以提供的服务

当达人接到系统发出的广告任务后，可以自行选择接单还是拒单。从订单创建开始的 24 小时内，如果达人没有进行操作，则订单会流单。达人接单后，需要根据商家的要求拍摄短视频，并在规定的时间内提交任务，在客户端发布时选择相应任务即可完成提交。

　　另外，为保障广告视频的顺利发布，用户需在美拍·M 计划平台上为达人广告视频支付走单费用。走单的广告视频支持添加边看边买为电商导流。达人入驻美拍·M 计划后，可以关注公众号"美拍·M 计划"，点击"广告走单"按钮即可给自己的视频走单。

―――― 专 家 提 醒 ――――

　　如今，各大短视频平台都根据自己的平台特点推出了各种各样的广告变现形式，来提升平台的竞争力。虽然它们的形式不同，但本质上都在偏向更注重消费者体验的"原生态广告"。通过短视频这种简单粗暴的品牌曝光方式抓住用户的心理，可以更好地实现品牌转化。

10.2.6　火山小视频：收益分成

1. 模式含义

　　火山小视频是一款收益分成比较清晰、进入门槛较低的短视频平台。火山小视频的定位从一开始就很准确，而且把握了用户想要盈利的心理，其口号就是"会赚钱的小视频"。2020 年 1 月，火山小视频更名为抖音火山版，并启用全新图标。

2. 适合人群

　　火山小视频针对优质创作者推出了"火点计划"，扶持与培养大量 UGC 原创达人。另外，火山小视频还针对各行各业的专家推出了"百万行家"计划，投入 10 亿元资金扶持这些职场达人、行业机构和相关 MCN，覆盖行业包括烹饪、养殖、汽修、装潢等。

3. 具体做法

　　火山小视频是由今日头条孵化而成的，同时今日头条还为其提供了 10 亿元的资金补贴，以全力打造平台上的内容，聚集流量，炒热 APP。因此，火山小视频的主要收益也来自平台补贴。

　　火山小视频通过火力值来计算收益，10 火力值相当于 1 元，所以盈利是非常划算的，关键在于内容要有保障，最好垂直细分，而不是低俗、无聊的内容。

火力值结算的方式包括微信、银行卡、支付宝等。除此之外，火山小视频的钻石充值则是为直播中送礼物提供的功能，这也是一种收益来源。

10.3　抖音短视频变现的 10 种常见方式

在传统微商时代，转化率基本维持在 5% ～ 10%，即 100 万条的曝光量最少也能达到 5 万元的转化率。对于短视频这样庞大的数量流量风口，其吸引力当然比微商更强。

当你手中拥有了优质的短视频，通过短视频吸引了大量的私域流量后，你该如何进行变现和盈利呢？有哪些方式是可以借鉴和使用的呢？本节将以抖音平台为例，展示 10 种短视频变现秘诀，帮助大家通过短视频轻松盈利。

10.3.1　抖音购物车，关联淘宝的商品

1. 模式含义

抖音购物车即商品分享功能，顾名思义，就是对商品进行分享的一种功能。在抖音平台中，开通商品分享功能之后，便可以在抖音视频、直播和个人主页对商品进行分享。另外，开通商品分享功能之后，用户还可以拥有自己的商品橱窗。

2. 适合人群

开通商品分享功能的抖音账号必须满足两个条件：一是发布的非隐私且审核通过的视频数量超过 10 个，二是通过了实名认证。当两个条件都达成之后，抖音账号运营者便可申请开通商品分享功能。

3. 具体做法

运营者可以登录抖音短视频 APP，点击"设置"界面中"商品分享功能"后方的"立即开通"按钮，进入"商品分享功能申请"界面，点击界面下方的"立即申请"按钮，申请开通商品分享功能，如图 10-5 所示。

图 10-5　申请开通商品分享功能

　　运营者开通商品分享功能之后，最直接的好处就是可以拥有个人商品橱窗、能够通过分享商品赚钱。在抖音平台中，电商销售商品最直接的一种方式就是通过分享商品链接，为抖音用户提供一个购买通道。对于抖音运营者来说，无论分享的是自己店铺的东西，还是他人店铺的东西，只要商品卖出去了，就能赚到钱。

10.3.2　商品橱窗，直接进行商品销售

1. 模式含义

　　抖音商品橱窗就是抖音短视频 APP 中用于展示商品的一个界面，用于集中展示商品。商品分享功能成功开通之后，抖音账号个人主页中将出现"商品橱窗"入口，如图 10-6 所示。

2. 适合人群

　　商品橱窗适合开通了商品分享功能和电商功能的抖音用户。

3. 具体做法

　　初次使用商品橱窗功能时，系统会要求开通电商功能，其具体操作为：点击个人主页中的"商品橱窗"链接，即可进入图 10-7 所示的"开通电商功能"界

面。抖音开通商品橱窗功能的门槛由原来 1 000 名粉丝降低到 0 粉丝,只要发表
10 个视频,外加实名认证,就可以开通。

图 10-6　"商品橱窗"入口　图 10-7　"开通电商功能"界面

　　抖音正在逐步完善电商功能,对于"抖商"来说这是好事,意味着"抖商"
能够更好地通过抖音卖货来变现。运营者可以在"商品橱窗管理"界面中添加商
品,直接进行商品销售。商品橱窗除了会显示在信息流中外,还会出现在个人主
页中,方便用户查看该账号发布的所有商品。

　　在淘宝和抖音合作后,很多百万粉丝级别的抖音号都成了名副其实的"带货
王",捧红了不少产品,而且抖音的评论区也有很多"种草"的评语,让抖音成
为"种草神器"。自带优质私域流量池、红人聚集地及商家自我驱动等动力,都
在不断推动着抖音走向"网红"电商这条路。

10.3.3　抖音小店,抖音内部完成闭环

1. 模式含义

　　抖音小店对接的是今日头条的放心购商城,用户可以从抖音帮助页面进入入
驻平台,也可以通过 PC 端登录。注意:要选择抖音号登录。

2. 适合人群

抖音小店针对以下两类用户人群。

（1）**小店商家**：店铺经营者，主要进行店铺运营和商品维护，并通过自然流量来获取和积累用户，同时支持在线支付服务。

（2）**广告商家**：可以通过广告来获取流量，售卖爆款商品。

3. 具体做法

要开通抖音小店，首先需要开通抖音购物车和商品橱窗功能，并且需要持续发布优质原创视频，同时解锁视频电商、直播电商等功能，满足条件的抖音号会收到系统的邀请信息。抖音小店对接的是今日头条的放心购商城，用户可以从抖音设置中的"电商工具箱"界面选择"开通抖音小店"选项，如图 10-8 所示。进入"开通小店流程"界面，在此可以查看抖音小店的简介、入驻流程、入驻准备和常见问题，如图 10-9 所示。

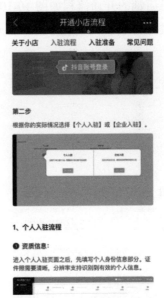

图 10-8　选择"开通抖音小店"选项　　图 10-9　"开通小店流程"界面

目前抖音小店仅支持个人入驻模式，用户需要根据自己的实际情况填写相关身份信息，然后设置主营类目、店铺名称、店铺 LOGO、营业执照等店铺信息，最后等待系统审核即可。入驻审核通过后，即可开通抖音小店。

抖音小店是抖音针对短视频达人内容变现推出的一个内部电商功能，通过抖音小店就无须再跳转到外链去完成购买，直接在抖音内部即可实现电商闭环，让运营者们更快变现，同时也为用户带来更好的消费体验。

10.3.4 鲁班店铺，快速上架推广商品

1. 模式含义

鲁班店铺是一个专为广告主开发的电商广告管理工具，具有店铺管理、订单管理和数据信息查询等功能，同时也可以创建商品页面。

2. 适合人群

鲁班店铺适合广告主和商家入驻，并且必须保证产品的来源合法、资质齐全。

3. 具体做法

鲁班店铺的开通流程如图 10-10 所示。满足要求的抖音用户可以登录后台，填写完成注册信息后，缴纳 20 000 元保证金即可。

图 10-10　鲁班店铺的开通流程

鲁班店铺支持今日头条和抖音同步投放，不依赖于第三方电商平台，可以通过信息流广告直接跳转到抖音的下单页面，快速完成买卖环节。鲁班店铺的商品落地页页面展示结构化突出，商品展示角度更丰富，可以有效提升页面转化率。

10.3.5　精选联盟，获得推广佣金收益

1. 模式含义

精选联盟是抖音为短视频创作者打造的 CPS（Cost Per Sales，按商品实际销售量进行付费）变现平台，不仅拥有海量优质商品资源，而且还提供了交易查看、佣金结算等功能，其主要供货渠道为值点店铺。

2. 适合人群

运营者如果不想自己开店卖货，也可以通过帮助商家推广商品来赚取佣金，这种模式与淘宝客类似。

3. 具体做法

运营者可以进入"福利社"界面，在其中选择与自己短视频类型定位一致的商品来进行推广，如图 10-11 所示。点击"分享赚"按钮，根据提示添加精选商品功能，加盟为"联盟达人"，如图 10-12 所示。

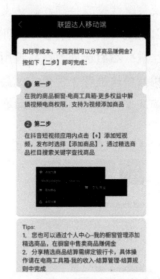

图 10-11　"福利社"界面　　图 10-12　加盟"联盟达人"的方法

运营者在拍摄视频后，进入"发布"界面，点击"添加商品"按钮进入其界面，在顶部的文本框中粘贴淘口令或者商品链接，即可添加推广商品。当观众看到视频并购买商品后，运营者即可获得佣金，在"我的收入"界面可查看收入情况。

10.3.6 DOU+上热门，提升电商点击率

1.模式含义

DOU+上热门是一款视频"加热"工具，购买并使用该工具后，可以实现将视频推荐给更多兴趣用户，提升视频的播放量与互动量，以及提升视频电商的点击率。

2.适合人群

DOU+上热门工具适合有店铺、有产品、有广告资源、有优质内容但账号流量不足的运营者。投放 DOU+ 的视频必须是原创视频，内容完整度好，视频时长超过 7 秒，且没有其他 APP 水印和非抖音站内的贴纸或特效。

3.具体做法

打开抖音，在设置菜单中选择"服务"→"DOU+上热门"选项进入其界面，选择要投放的短视频，点击"上热门"按钮，可以看到两种推广模式。

（1）**速推版**。运营者可以选择智能推荐人数和推广目标（点赞评论量、粉丝量），系统会统计投放金额，确认支付即可，如图 10-13 所示。

（2）**定向版**。运营者首先设置期望提升的目标，包括地理位置点击、点赞评论量和粉丝量；然后选择潜在兴趣用户类型，包括系统智能推荐、自定义定向推荐和达人相似粉丝推荐 3 种模式；最后设置投放金额，系统会显示对应的预计推广结果，确认支付即可，如图 10-14 所示。

图 10-13　速推版设置界面

图 10-14　定向版设置界面

─────── 专 家 提 醒 ───────

在定向版中，选择自定义定向推荐模式后，运营者可以设置潜在兴趣用户的性别、地域、兴趣标签等选项，获得更加精准的粉丝群体。

需要注意的是，系统会默认推荐短视频给可能感兴趣的用户，建议有经验的运营者选择自定义投放模式，根据店铺实际的精准目标消费群体来选择投放用户。投放 DOU+ 后，运营者可以在设置界面中选择"DOU+ 订单管理"选项进入其界面，查看订单详情。只要运营者的内容足够优秀，广告足够有创意，就有很大概率将这些用户转化为留存用户，甚至变为二次传播的跳板。

10.3.7　"蓝V"认证，帮助企业引流带货

1. 模式含义

成功认证蓝 V 企业号后，将享有权威认证标识、头图品牌展示、昵称搜索置顶、昵称锁定保护、商家 POI 地址认领、私信自定义回复、DOU+ 内容营销工具、"转化"模块等多项专属权益，能够帮助企业更好地传递业务信息，与用户建立互动。

2. 适合人群

认证企业必须提供准入行业内的营业执照和认证申请公函，同时需要交审核服务费 600 元 / 次，最好有专属服务商提供帮助。

3. 具体做法

企业用户可以进入"抖音官方认证"界面，选择"企业认证"选项，进入"企业认证"界面，在此可以看到需要提供企业营业执照和企业认证公函，以及支付 600 元 / 次的认证审核服务费。准备好相关资料后，点击"开始认证"按钮，如图 10-15 所示。接下来设置相应的用户名称、手机号码、验证码、发票接收邮箱及邀请码等，并上传企业营业执照和认证公函，点击"提交"按钮即可，如图 10-16 所示。

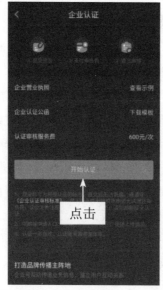

图 10-15　点击"开始认证"按钮　　图 10-16　设置企业认证信息

通过抖音企业号认证，将获得如下权益。

（1）**权威认证标识**：头像右下方出现蓝 V 标志，彰显官方权威性。

（2）**昵称搜索置顶**：已认证的昵称在搜索时会位列第一，帮助潜在粉丝第一时间找到你。

（3）**昵称锁定保护**：已认证的企业号昵称具有唯一性，杜绝盗版冒名企业，维护企业形象。

（4）**商家 POI 地址认领**：企业号可以认领 POI（Point of Interest，兴趣点）地址，认领成功后，在相应地址页将展示企业号及店铺基本信息，支持企业电话呼出，为企业提供信息曝光及流量转化。

（5）**头图品牌展示**：用户可自定义头图，直观展示企业宣传内容，第一时间吸引眼球。蓝 V 主页的头部 banner 可以由用户自行更换并展示，可以理解为这是一个企业自己的广告位。

（6）**私信自定义回复**：企业号可以自定义私信回复，可提高与用户的沟通效率。通过不同的关键字设置，企业可以有目的地对用户进行回复引导，且不用担心回复不及时导致的用户流失，提高企业与粉丝的沟通效率，减轻企业号运营工作量。

（7）**"DOU+ 内容营销工具"功能**：可以对视频进行流量赋能，用户可以付费来推广视频，将自己的作品推荐给更精准的人群，提高视频播放量。

（8）**"转化"模块：**抖音会针对不同的垂直行业开发"转化"模块，核心目的就是提升转化率。如果你是一个本地餐饮企业，则可以在发布的内容上附上自己门店的具体地址，可以通过导航软件给门店导流。例如，高级蓝 V 认证企业号可以直接加入 APP 的下载链接。

10.3.8　POI信息商家，在抖音上开店

1. 模式含义

如果运营者拥有自己的线下店铺，或者与线下企业合作，则建议一定要认证 POI，这样可以获得一个专属的唯一地址标签，只要能在高德地图上找到你的实体店铺，认证后即可在短视频中直接展示出来。

2. 适合人群

POI 信息商家适合抖音企业号用户。

3. 具体做法

运营者在上传视频时，若给视频进行定位，则在红框位置显示定位的地址名称、距离和多少人来过的基本信息。点击定位后，跳转到"地图打卡功能"界面，在该界面能够显示地址的具体信息和其他用户上传的与该地址相关的所有视频。

运营者可以通过 POI 页面建立与附近粉丝直接沟通的桥梁，向他们推荐商品、优惠券或者店铺活动等，可以有效为线下门店导流，同时能够提升转化效率。

10.3.9　抖音小程序，扩宽变现的渠道

1. 模式含义

抖音小程序实际上就是抖音短视频内的简化版 APP，和微信小程序相同，抖音小程序具备一些原 APP 的基本功能，而且无须另行下载，只要在抖音短视频 APP 中进行搜索，并点击进入便可直接使用。

对于抖音运营者来说，销售渠道越多，产品的销量通常就会越有保障。而随着抖音小程序的推出，抖音电商运营者便相当于多了一个产品的销售渠道。

2. 适合人群

抖音小程序主要面向字节跳动平台的所有产品线用户,不同小程序 / 小游戏可以满足不同种类的用户需求。抖音小程序适合个人与企业开发者,只要有优质内容或优质服务,即可使用小程序进行导流,解决开发者流量与转化的困扰。

3. 具体做法

运营者可以通过字节跳动小程序开发者平台来开发并投放小程序,具体接入流程如图 10-17 所示。

图 10-17 抖音小程序的接入流程

运营者有了自己的抖音小程序后,便可以在视频播放界面中插入抖音小程序链接,用户只需点击该链接,便可直接进入对应的链接位置。和大多数电商平台相同,抖音小程序中可以直接销售商品。用户进入对应小程序之后,选择需要购买的商品,并支付对应的金额,便可以完成下单。除此之外,运营者还可以通过设置,让自己的抖音小程序被抖音用户分享出去,从而让抖音用户的购物更加便利。

10.3.10 多闪APP,更多盈利机会

1. 模式含义

多闪是今日头条发布的一款短视频社交产品,多闪拍摄的小视频可以同步到抖音,非常像微信开发的朋友圈视频玩法。多闪 APP 的定位是社交应用,但其以短视频为交友形态,微信的大部分变现产业链同样适用于多闪。

2. 适合人群

多闪 APP 可以帮助所有抖音运营者沉淀短视频流量,可以将在抖音上形成

的社交关系直接引流转移到多闪平台，通过自家平台维护这些社交关系，帮助运营者降低用户结成关系的门槛。

　　未来，抖音平台对于导流微信的管控肯定会越来越严格。所以，如果运营者在抖音有大量的粉丝，就必须想办法添加他们的多闪号。

3. 具体做法

　　多闪 APP 还能帮助运营者带来更多的变现机会。

　　（1）**抽奖活动**。在多闪 APP 推出时，还上线了"聊天扭蛋机"模块，运营者只需要每天通过多闪 APP 与好友聊天，即可参与抽奖，而且红包额度非常大。

　　（2）**支付功能**。抖音基于运营者变现需求开发了电商卖货功能，同时还与阿里巴巴、京东等电商平台合作，如今还在多闪 APP 中推出"我的钱包"功能，可以绑定银行卡、提现、查看交易记录和管理钱包等，便于运营者变现，如图 10-18 所示。

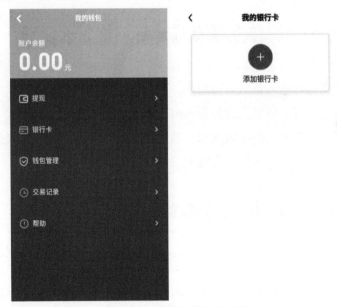

图 10-18　"我的钱包"功能

　　（3）**多闪号交易变现**。运营者可以通过多闪号吸引大量精准粉丝，有需求的企业可以通过购买这些流量大号来推广自己的产品或服务。

　　（4）**多闪随拍短视频广告**。对于拥有大量精准粉丝流量的多闪号，完全可以像抖音和头条号那样，通过短视频贴牌广告或短视频内容软广告来实现变现。

第11章　18种自媒体变现方法：
再小的自媒体也能赚钱

　　自媒体的火爆，让人人都有可能成为网红，而随着商业模式的发展，个人的变现方式也越来越受到自媒体人的关注。获得收益是每个自媒体运营者的最终目的，因此掌握一定的盈利方法和平台渠道是每个运营者必不可少的技能。

　　18种自媒体变现方法：包括用户赞赏、签约作者、扶持计划、平台补贴、接口合作、创业孵化、标签化IP、频道电商化、自媒体电商、图书出版10种自媒体变现方式，以及头条号、百家号、一点号、企鹅号、网易号、大鱼号、搜狐号、360快传号8个新媒体平台变现技巧。

11.1　10种自媒体变现方式：告诉你怎么赚钱

　　大部分做自媒体的人都盯着每日的广告收益，认为做自媒体就这一个赚钱的路线，所以当看到每天寥寥无几的收入时，就不假思索地将账号弃到一边，觉得自媒体不赚钱。自媒体真的不赚钱吗？其实是你没有找到真正的自媒体赚钱方式而已。本节将以今日头条为例，介绍10种自媒体的赚钱方式。

11.1.1　用户赞赏：优质内容收益多多

1. 模式含义

　　在今日头条上，运营者可通过优质内容获得用户的赞赏，这是一种很常见的内容获利形式，在多个平台上都有它的身影。赞赏可以说是针对广告收入的一种补充，不仅可以增加创作者的收益方式，而且还增进与粉丝的关系。

2. 适合人群

　　赞赏变现适合开通原创功能的优质内容创作者，开通原创功能后，即可自动获得赞赏功能的权限。

3. 具体做法

要想获得用户打赏，头条号运营者需要进入后台的"收益设置"页面，选择"使用赞赏功能（手动发表文章有赞赏功能）"选项。启用后在发布文章时，选中"发文特权"选项区中的"允许赞赏（今日还有 5 次机会）"复选框即可，如图 11-1 所示。启用该功能后，在手机端的头条号原创文章下方会出现一个"赞赏"按钮，用户可以点击该按钮，通过支付宝或微信对文章进行打赏。在通过赞赏功能变现时，注意文章必须手动发表，否则无法显示"赞赏"按钮。

图 11-1　启用赞赏功能

运营者可以登录头条号后台主页，单击"我的收益"按钮，在"收益概览"页面下方选择"赞赏流水"选项，即可查看和提取所获得的用户赞赏收益。注意：赞赏收益需超过 100 元才能申请提现。

11.1.2　签约作者：每月获得固定收益

1. 模式含义

在今日头条平台上，签约作者每个月是有固定收益的，这也是今日头条平台一种主要的变现形式。

2. 适合人群

签约作者变现模式适合某个领域或垂直行业的知名作者，同时粉丝量达到百万级别的头条号。

3. 具体做法

成为头条签约作者主要有两种方法，具体如下。

（1）**系统邀请**。当运营者为平台贡献了足够多有价值的优质原创内容，并成为某一方面的专家，或是有很高的知名度时，才有可能受到今日头条系统邀请成为签约作者。这是一种平台主动邀请的方式。

（2）**主动申请**。这是一种由运营者主动邀请、平台被动审核的方式。主动申请的做法是：登录头条号，关注今日头条官方账号，并在后台发送私信，把自己的资料和能证明自己已经成为达人的内容链接传送给系统审核。当审核通过后，即可成为头条签约作者。

成为签约作者后，运营者只要完成头条每个月的任务，就可以获得签约作者应得的收益。

11.1.3　扶持计划：大量资金扶持优秀作者

1.模式含义

今日头条平台推出了一系列扶持计划，大力帮助头条号运营者进行内容变现，如"千人万元"计划、"百群万元"计划、"青云计划""国风计划"及"MCN合作计划"等，给优质创作者带来更多福利。

2.适合人群

● "千人万元"计划：主要针对头条号签约作者。

● "百群万元"计划：主要针对垂直领域的"群媒体"内容创作者。

● "青云计划"：主要针对"原创首发"文章的创作者。

● "国风计划"：主要针对生产优质传统文化内容的创作者。

● "MCN合作计划"：主要针对优质内容机构。

3.具体做法

下面以"青云计划"为例，介绍具体的操作方法。"青云计划"是头条号于2018年6月启动的一项为激励优质内容原创作者而给予一定回报的计划。"青云计划"除了有月度奖励外，更重要的是每天有优质图文奖励，甚至还有年度奖励。

然而，头条号创作者和运营者要注意的是，想进入"青云计划"的奖励榜单获得平台提供的奖励金，并不是任意一篇文章就可以的，而是需要具备一定的条件。下面以单日奖励为例，介绍其文章入选条件。

- 头条号类型必须是"个人"或"群媒体"。
- 没有违规记录行为，如抄袭、发布低俗内容等。
- 未与"千人万元""百群万元"计划签约。
- 头条号已开通原创功能，内容为已声明原创的原创文章。
- 不能是消息类内容，应有独到见解，且非标题党内容。
- 文字类内容需 1 000 字以上，图集类内容图片不能少于 6 张。

笔者认为，"青云计划"就像一所没有围墙的"知识创作者大学"，可以培养、扶持、激励一批又一批的新学员。这里的"一批"指的是每一批获奖的学员中大部分是新加入 1～3 个月的小号，同时他们有一定的文字功底。

为什么是小号？笔者认为这也许就是帮扶计划的一种手段，又像是钓鱼的鱼饵，让新的学员能够在最短时间内建立一种新的观念。这个新的观念就是"用心写文章是可以赚钱的"，让新用户一入门就能得到收获，帮助他们建立信心。

这种帮扶周期为 6～12 个月，能够坚持的这群用户会通过"青云计划"赚取 5 000～10 000 元左右的补贴收益。此后，"青云计划"的扶持力度就会慢慢变少，转变为给予他们更多流量支持，教会他们通过内部生态产品去实现变现。

运营者处在这个阶段时，就会具有"流量变现"的意识，他们经常会结合变现产品创作变现文案。此时，运营者只要专注研究，大部分收益可以达到每月 2 000～5 000 元不等。

通过以上两个阶段，平台给予的新手帮扶基本结束，整个周期为 12～15 个月。此后运营者即可完全独立运作，同时全年收益大概能够稳定在 2 万～5 万元。这样，平台即可获得一群高黏性的创作者，他们不容易离开，因为一旦离开就得不到其他平台的关注和扶持，赚不到任何收益，最后还会重回头条号。

大家可以从每次"青云计划"的获奖名单上去看那些获奖者的内容质量和新手的粉丝数量，笔者经常看到很多粉丝不足 1 万名的运营者每周却得到两次获奖机会。同时，笔者也与很多大号创作者进行交流，对于这样的内容进行评估和研究，发现文章写得并不是很好，他们只是严格按照"青云计划"的格式在创作，所以这群人相当于受到了"青云计划"这所"大学"的格式化训练。

平台用这种格式化训练方式培养了一批一批新的头条号运营者，帮助他们快速在头条号上站稳脚跟，建立新媒体知识变现的新思维和商业体系。

11.1.4 平台补贴：诱惑力十足的变现模式

1. 模式含义

平台补贴既是平台吸引内容生产者的一种手段，同时也是内容生产者盈利的有效渠道，具体的关联如下。

- 对平台来说，通过比较诱人的平台补贴吸引内容生产者在平台上生产内容，从而吸引用户。
- 对创作者来说，可以把自己生产的内容发表到平台上，然后以此为基础获取平台补贴。

2. 适合人群

平台补贴变现适合头条号原创作者，以及公司化、商业化的自媒体人。

3. 具体做法

以今日头条平台为例，该平台对于短视频创作者的补贴投资策略如下。

- 2016 年 9 月，出资 10 亿元支持和补贴短视频的内容创作者。
- 2017 年 5 月，宣布为火山小视频出资 10 亿元作为平台补贴。

头条号平台的短视频补贴主要分为两种形式：一是根据内容生产者贡献的流量，按照每月结算的形式直接发放现金；二是提供站内流量的金额，内容生产者可以借此推广自己的内容，用巧妙的途径发放费用。

那么，在借助平台视频补贴进行变现时，头条号的内容创作者应该注意哪些方面的问题呢？在笔者看来，应该注意以下两点。

- 不能把平台补贴作为主要的赚钱手段，因为它本质上只起到基础的保障作用。
- 跟上平台补贴的脚步，因为平台的补贴是在变化的，所以短视频创作者顺时而动是最好的。

11.1.5 接口合作：巧妙应用，三方共赢

1. 模式含义

接口合作是指头条号运营者可以凭借其丰富的内容资源，在今日头条平台的

大流量支持下获取高阅读量，并且在账号或内容中嵌入各种接口，扩大变现渠道。

2. 适合人群

以西瓜视频为例，接口合作变现模式主要涉及西瓜视频平台、第三方合作伙伴和头条号三方。无论是第三方合作伙伴还是头条号运营者，都可以通过接口合作模式来实现获利。

3. 具体做法

西瓜视频设计并已落地了一种更便捷的资源接入方式：JSON 接口推送下载，且西瓜视频会持续从接口中拉取内容，这是为第三方合作伙伴把资源接入西瓜视频而服务的。第三方合作伙伴借助 JSON 接口推送下载的资源接入方式，把大量视频资源更加方便快捷地接入西瓜视频。这样可以在有着丰富资源的基础上吸引更多用户，获得更多点击量。

头条号账号借助第三方合作伙伴的指导和帮助，可以更快捷地开通自营广告或头条广告的权限，而第三方合作方通过这一过程获取头条号账号支付的开通权限收益。在这样的情况下，头条号账号也可以通过广告获利。

11.1.6　创业孵化：加速服务，实现产业价值提升

1. 模式含义

"创业孵化"是一个简单的比喻，即给创业者一个"蛋"，并为这个"蛋"提供一些资源，让它能够成功孵化成小鸡。

对大多数人来说，从进行创作到实现创业，其中的过程并不简单，甚至很难成功。然而对于那些进驻头条号平台的创作者而言，有了今日头条创作空间的"创业孵化"的支持和指导，就有了更好的创业成功捷径，这就为快速变现提供了条件。今日头条创作空间为了更好地指导头条号优质内容创作者成功创业，从 4 个方面着手提供细致的孵化服务。

● 提供办公场地和品牌宣传等基础性服务。
● 提供多种融资服务，如对接风险投资、路演推介活动等。
● 提供多种形式的创业辅导，如行业沙龙、培训课程等。
● 提供多类事务的第三方服务，如商业变现、人力、财务等。

2. 适合人群

创业孵化的用户入驻条件如下。

● 处于泛内容产业链条上的有一定实力的上下游公司。

● 有一定数量的用户积累，包括今日头条和其他媒体平台。

● 能坚持创作优质内容，并已有了完备商业计划的头条号。

● 已有了资金基础、正准备寻找好的办公空间的创业团队。

● 优先选择在短视频领域有一定内容和流量的头条号创作者。

今日头条创作空间的创业孵化扶持计划可以为不同类型的用户提供不同的支持和帮助。

（1）**投资基金**：主要投资那些优秀的内容创业团队和处于内容产业链上下游的初始公司，且更倾向于投资短视频项目。

（2）**流量扶持**：为准备创业的头条号提供运营指导，并在初始期给予团队一定的流量倾斜，如入选"千人万元"计划就是其中一项。

3. 具体做法

当头条号创作者参考上面的入驻条件进行衡量之后，如果符合，就可以进行申请。当然，这样的申请不是一蹴而就的，而是需要一定的时间和流程，一般可在 30 个工作日内完成全部申请入驻流程。头条号创作者申请入驻创业孵化的具体流程如下。

（1）**提交申请**：提交申请入驻所需的各种材料，如商业计划书和其他材料。

（2）**初审**：今日头条创作空间会对提交申请的头条号创作者进行资质审核，其结果会在 10 个工作日内发出。

（3）**面试**：初审通过后，申请者会接到邀请面试的通知。面试完成后，其结果也将在 10 个工作日内发出通知。

（4）**终审**：综合初审和面试结果，今日头条创作空间会最终进行终审，决定是否入驻申请人项目，其结果也将在 10 个工作日内发出通知。

（5）**获得入驻资格**：当终审结果通知后，如果成功，就表示该创作者已经获得了入驻资格。

11.1.7 标签化IP：积累高人气，轻松获取利润

1. 模式含义

IP（Intellectual Property，知识产权）在近年来已经成为互联网领域比较流行和热门的词语。很多时候，IP 更多的是指那些具有较高人气的、适合多次开发利用的文学作品、影视作品及游戏动漫作品等。

值得注意的是，头条号运营者也可以形成标签化的 IP。标签化就是让人一看到这个 IP，就能联想到与之相关的显著特征。不管是人还是物，只要其具有人气和特点，就能孵化为大 IP，从而达到变现的目的。

2. 适合人群

标签化 IP 变现形式适合以下两类人群。

- 一是已经实现标签化 IP 的头条号运营者和正在向其行进的头条号运营者，他们可通过人气来获利。爆款内容中的广告就是一个很明显的获利方式，如自营广告、头条广告和视频中的产品广告等。
- 二是从头条号想实现标签化 IP 的这一愿景着手，利用 MCN，通过机构化运营专业变现。

3. 具体做法

标签化 IP 的产品打造与自媒体不同，自媒体通常讲究单点极致，致力于单一产品的打造；而标签化 IP 则更强调生态，因此需要强大的产品矩阵来支持其平台流量的变现。

对于自媒体人来说，做一个产品，就必须真正在某一领域、功能或者性能等方面做到极致，当拥有绝对的行业地位时，产品就很容易成为爆款。因为不管其他产品再怎么模仿、刻制，都不能复制其精髓。

将一个产品做到极致，那么就必定能够为产品开辟一个火爆市场，抢占市场的覆盖率。

当从自媒体成长为标签化 IP 后，就可以将自己的变现渠道扩宽，不再依靠单一产品，而是可以打造更大的产品矩阵，来构建个人 IP 变现的商业模式生态链。

11.1.8 频道电商化："精准推荐+易接受"双保险

1. 模式含义

垂直频道电商化内容，首先，其建立在垂直领域用户的精准推荐基础上，因而可以有效提升用户的转化率；其次，采用图文标题的信息推送形式，对用户来说是一种更容易被接受的信息推广形式，因而想要变现获利也就更容易。

2. 适合人群

对于淘宝客、微商、电商卖家、企业品牌、实体店老板、厂商等类型的自媒体人来说，采用频道电商化模式，就等于拥有了自己的"个人财产"，这样流量会具有更强的转化优势，同时也会有更多的变现可能。

3. 具体做法

例如，今日头条 APP 的"特卖""放心购""值点"等频道就是垂直频道电商化变现的典型代表。

"特卖"频道是今日头条试行电商的第一次探索，采用的是类似淘宝客的佣金模式。运营者可以在"今日特卖"中插入天猫、京东、唯品会、1 号店等平台的商品链接。在今日头条的"推荐"界面中，采用消息流的形式展现"今日特卖"的推广商品。当用户点击商品链接后，即可跳转到相应的电商平台完成购买行为。

今日头条如今已经成为紧跟腾讯的第二大流量池，其也希望通过电商业务来充分发挥流量价值。2017 年 9 月，今日头条再次涉足电商业务，上线了"放心购"栏目。"放心购"是今日头条推出的自有电商平台，其又被拆分成"放心购3.0"和"放心购鲁班"两个产品线。其中，"放心购3.0"主要负责传统电商业务；"放心购鲁班"则类似于淘宝直通车，在推荐页上展示广告产品。

"放心购"主要依托自媒体平台的流量，商家可以与头条号"大 V"进行付费合作，或者经营自己的头条号，通过发布文章的形式导流到商品页面，引导头条用户直接在线支付。在今日头条号后台的"发表文章"页面，除了可以插入图片、视频和音频等多媒体文件外，还可以把第三方平台的商品插入文章中，这样用户点击文章的商品图片即可实现快速购买，获取成交佣金。

当用户看到你发布的头条内容后，只要点击其中的商品卡片，即可跳转到商品详情页，实现购买行为。通过这些在内容中嵌入电商的功能，打通了阅读场景和消费场景，头条号作者可以向自己的粉丝推荐他们感兴趣的内容和产品，同时扩展更多盈利空间。

2018 年 9 月，今日头条推出一款非常纯粹的头条系电商频道——"值点"，其定位为"以用户为友，提供更好商品、更低价格和闭环服务"。今日头条通过"值点"APP 推出不同人群的细分电商产品，以满足越来越个性化和多元化的用户消费需求。

"值点"是今日头条电商业务布局中的一个重要应用，背靠今日头条的"值点"，其流量优势十分显著，再加上头条本身的品牌号召力，吸引了大量的头条号"大 V"入驻。

兼容了电商功能与生活资讯的"值点"可以提升用户黏性，延长他们的使用时间，从而促进更多的电商交易行为。同时，"值点"还可以打通自媒体和电商数据，让今日头条的推荐算法更加精准，甚至可以做到让商品自己去匹配消费者。

当然，除了这些明显带有电商名称特色的垂直频道外，今日头条 APP 还注意在一些以图文标题的信息内容为主的垂直频道中加入电商变现途径，特别是那些与电商产品有着明显关系的频道，如科技频道、数码频道、时尚频道等，其中就有电商品牌入驻，以及各种包含产品和品牌信息的内容推送。

11.1.9　自媒体电商：轻松将流量转化为销量

1. 模式含义

自媒体电商和频道电商化都是基于"内容引流、电商变现"的商业模式，但自媒体电商与频道电商的最大区别在于，频道电商用的是公域流量，是在各种垂直频道用内容为商品引流；而自媒体电商则用的是运营者个人的私域流量，是在自己的账号主页中增加一个商品橱窗来卖货，如图 11-2 所示。

自媒体电商模式可以帮助运营者开辟一个全新的电商渠道，从而摆脱内容频道的限制，更注重商品购物和电商变现。例如，头条小店就是今日头条针对自媒体创作者推出的一个全新电商变现工具，运营者入驻后，可以同时在今日头条、西瓜视频、抖音、火山小视频等平台的个人主页中显示店铺或橱窗标签。

图 11-2　头条号自媒体电商示例

2. 适合人群

头条小店支持个体工商户和企业入驻：个体工商户仅支持在线支付形式，需要提供资质信息和店铺信息审核；企业入驻可以支持货到付款和在线支付两种结算形式，而且只需要提供资质信息审核即可。

3. 具体做法

运营者登录自己的头条号后台，绑定店铺和头条号，具体开店流程如下。

（1）**入驻**：提交开店资质，等待资质审核。

（2）**保证金**：缴纳开店保证金。

（3）**开店完成**：登录卖家后台，创建商品，上架售卖。

头条小店可以帮助自媒体创作者拓宽内容变现渠道，运营者可以通过微头条、视频、图集、直播和文章等内容来曝光商品，吸引粉丝购买，增加用户黏性，提升流量的价值。同时，不是粉丝的用户也可以通过购买后直接转化为粉丝，从而形成完整的流量闭环。

随着 5G 时代的到来，不管是大的企业还是小的个人，都可以通过自媒体渠道来吸粉引流，构建起自己的"用户池"。同时，各种自媒体平台不断升级电商功能，引导自媒体人通过运营私域流量，通过大众喜闻乐见的信息流形式，让粉丝留下来实现持续变现。

11.1.10　图书出版："高收益+大名气"双丰收

1. 模式含义

图书出版变现模式主要是指自媒体人在某一领域或行业经过一段时间的经营，拥有了一定的影响力或者有一定经验之后，将自己的经验进行总结，进行图书出版以此获得收益的盈利模式。

2. 适合人群

图书出版变现模式适合原创类型的自媒体创作者，只要运营者本身有内容基础与创作实力，收益还是很可观的。

3. 具体做法

笔者一直还记得自己刚入职场时的梦想，就是成为职场畅销书作家，让每个职场人都能通过阅读笔者的作品认识笔者。

这个梦想直到 10 年后——2015 年才实现，那是笔者人生中最开心、最有优越感的一年，因为笔者的梦想终于实现了，《不懂带团队，还敢做管理？》一书问世，并且一上线就成为畅销书。

从那天以后，笔者就有了一个新的标签——"职场畅销书作家"。成为作家后，笔者开始了新的职业尝试，即做咨询，成为企业的管理导师。还记得当时，笔者给自己预留了 3 000 本图书，其余全部上架到自媒体平台和线下书店。笔者把这 3 000 本图书定义为"我的亲笔签名书"，其中 1000 本准备送给 1 000 位企业管理者或者老板；剩下的 2 000 本则通过自己的人脉销售签名书，并且将价格定为 99 元。

为了实现这个想法，笔者分两步来实施计划。

第一步，为了实现 2 000 本签名书的销售，笔者开通了以自己名字命名的书友会——"华成书友会"，并且设计了一个签售方案。

书友会其实就是由一群热爱读书、学习的书友组成的一个商圈、一个平台、一个资源池。

"华成书友会"8 大亮点如下，且都是免费赠送：

（1）书友会只邀请热爱读书的读者一起加入。

（2）书友会书友可以免费获得会长签名书一本。

（3）书友会有机会享受会长亲自辅导机会。

（4）书友会会定期邀请书友参加见面会。

（5）书友会书友有机会和作者共同出书，联合打造畅销书，做联合作者。

（6）书友会每天会给书友分享有价值的资讯干货。

（7）书友会会邀请资深的管理学者一起学习交流分享。

（8）书友会免费帮助书友推送有价值的文章至百万粉丝圈。

签名书＋"华成书友会"年度会员＝价值498元，现在只需99元就可以拥有包邮签名书和书友会年度会员。

就这样很简单的一个设计方案，很快 2 000 本签名书就全部卖完了。

第二步：把签名书当作名片。笔者以前经常会说一句话："别人见客户发名片，我发书，看谁的'名片'有价值。"

这种推广自我的效果和传统的发名片很不一样，每次见客户带上一本签名书送给他们，本来客户要问笔者以前做过哪些案例，但见到笔者都出书了，就什么也不问了。他们心里肯定在想，笔者都能写书了，一定很厉害。

就这样送书送了一年，大概送出去了 600 本书，等于有 600 个管理者和老板都知道笔者是他身边第一个能写书并且有实战经验的咨询专家。另外，出书给笔者带来的业务也非常多，企业咨询费从刚刚创业时的 2 万元一家企业，到现在已经涨到了 48 万元一家，出书对笔者的帮助真的很大。

因此，笔者选择持续写书、出书，不仅让自己的思维、知识得到很大的提升，而且对于个人的业务、事业也有很多帮助。到现在，笔者已经出版 10 余本书籍，还在坚持写书，同时给自己制订计划，未来每年都会出版 1 ～ 2 本新书，让自己成为咨询领域出版作品最多的知名作家和首席咨询官。

笔者的出书故事对于自媒体运营者来说有很多参考价值，运营者可以多关注一些自己感兴趣且有能力创作的内容，选择一个主题类目，并围绕该主题创作系列化的内容，然后试着投稿出书，从而实现变现。

11.2 8个新媒体平台变现：平台多多，任你选

运营者在新媒体平台上的内容是一种无形资产，可以将其落地，转化为有形

的产品或服务，来实现自身商业价值的变现。本节将详细介绍各种新媒体平台的商业变现模式，帮助运营者收获自媒体经济的红利。

11.2.1　头条号：典型而多样的盈利方式

1. 模式含义

对于今日头条自媒体平台的注册用户，平台会帮助这些用户提升网络影响力，同时打造自己的个人品牌，以及进行内容变现。今日头条是一款基于用户数据行为的推荐引擎产品，同时也是内容发布和变现的一个非常好的平台。

2. 适合人群

头条号的注册用户主要包括企业、机构、媒体和自媒体人，可以通过平台在移动互联网上获得更多曝光和关注。

3. 具体做法

作为资深的自媒体渠道，今日头条的收益来源是比较典型的，同时形式也比较多，具体收益方式主要有以下6种。

（1）平台分成：基本的变现保障，不能过度依赖。

（2）平台广告：属于硬性广告，变现效果比较显著。

（3）用户打赏：表示对内容的赞同，是主动打赏。

（4）问答奖励：内容价值较高，与知识付费类似。

（5）自营广告：电商自媒体和电商变现的主媒介。

（6）政策支持："千人万元"计划、"百群万元"计划、"国风计划""青云计划""MCN合作计划"等。

虽然头条号的变现渠道非常多，但运营者要真正获得持久的高收益，重点还是要做好账号、内容和平台的运营。下面笔者总结了自己运营头条号过程中积累的一些经验技巧，可以帮助运营者更快地涨粉、变现。

（1）**头条名称定位，加V申请认证，快速通过新手期**。新手期的运营者要关注更多的大号，去转发、评论他们发布的有价值的内容，评论内容一定要用心，要能得到其他粉丝的认可点赞，甚至关注。

（2）**必须坚持原创**。原创是指内容必须在头条号上是首发。即使不是原创，最起码也要保证内容在头条号上是第一次出现。如果不清楚内容是否原创，运营者也可以加以改进，如增加内容，并重新梳理文章框架和条理性，如把内容转为图片形式显示，或者设计成 PPT 内容形式。

（3）**内容的数量足够多。**每天最少保持 10 ～ 30 条内容持续更新，包含文章和微头条。头条号的文章内容方面，保持每天 3 ～ 5 篇原创文章的更新速度，因为内容太少系统无法关注到你。只要让系统处理的账号次数越多，系统就会对你有一个新的认知。有了新的认知后，系统就会重视你的账号，同时会对账户进行评估。评估结果通常有两种情况，要么系统判断你的账号是有价值的内容输出账号，要么是没有价值的内容垃圾账号。如果你的账号被评估为有价值的内容账号，此时系统就会给予帮扶，如推荐帮助、抓取时效帮助、流量倾斜帮助等。

（4）**内容定位必须为干货，以有价值、有内涵、有共鸣、有参与的内容为主。**对于粉丝数低于 5 万名的头条号来说，建议坚决不发广告，更不要耍小聪明去用违规方式变现。因为这个阶段是非常重要的试探期，如果你的账号被系统发现就是一个"表面一套，心里一套"的头条号，则后果就会比较严重。有可能系统会将你的账号设置为"狡猾号"，意思就是系统给你安插了监控，一旦你多次耍小聪明，可能就会被拉入"沙河"。此时你就很危险了，没个一年半载，很难逃离"沙河"，很难坚持继续创作，甚至会产生放弃这个头条号的想法。所以，运营者千万不要有侥幸心理，一定要给平台一个好的认知，这样平台才会给予运营者大力的流量支持和推荐。

（5）**内容更新细节，按照一天 12 小时的工作时间，每 1 ～ 2 小时必须要更新 3 ～ 5 篇微头条内容。**这样操作，可以让系统判断你的账号是活跃的，是有人专注打理运营的，并且是能够持续输出优质内容的。打个比喻，头条号是老板，创作者是员工，员工分为全职和兼职，全职员工持续输出创作内容，而兼职员工则是有时间就创作内容，没有时间就不会更新。对于老板来说，其肯定愿意扶持全职的且持续做内容输出的好员工。

（6）**参与头条互动问答，每天最好参与 5 ～ 10 条。**在头条号运营前期，头条互动问答的数量越多越好，只要运营者有精力，哪怕一天几十上百条也可以。内容越多，对你的账号越有帮助，系统会思考你可能是团队在运营账号，给予的扶持会更大、更多。同时，回答的内容一定要聚焦准确、观点独到，不能千篇一律，更不能草草了事，因为关于你的行为心理系统比你更清楚。

（7）**必须专注一个领域，将账号定位为某个细分领域的内容输出专家。**例如，如果专门做美食、健身、管理、职场或者财经等内容，则一定要在该领域持续挖掘，长期跟踪研究。这样一方面可以源源不断地输出高价值内容；另一方面今日头条平台的算法会自动加大流量扶持，给予运营者更多推荐和补贴。

（8）**关于文章打磨的方法：把文章产品化甚至商品化。**做自媒体不是自娱自乐和"自嗨"，而是精准打到读者心坎里。就像卖产品一样，读者喜欢的才是好产品，读者不喜欢的就是没有太大价值的产品。当然，运营者后期做成大 V 之后，可以更多注入个人的感触，建立起平台与读者的情感，提升用户与平台的黏性。这样，用户就会变成你的粉丝，你的粉丝就会变成你的"钢丝"。当用户成为"钢丝"后，会更持续地跟随你、支持你，即使后期你随便推出什么产品和服务，这群"钢丝"都会挺你，愿意为你埋单。

（9）**写的文章必须打磨，不仅内容要有价值，标题更为关键。**标题好不好，直接决定了用户是否会点开你的文章，而且好的标题系统也会给予强大流量支持。如果说创作一篇文章需要两个小时，那么笔者建议运营者思考标题的时间最少需要半小时，而且要认真思考。因为标题是自媒体文章的入口，用户是否点开你的内容，关键就在于你的标题是否足够打动他。

（10）**建议每个创作者都要创建粉丝联盟，建立互推社群，设置互转机制。**这样做有助于内容的主动分发，可以更快地把优质内容裂变式传播分享出去。要知道，新媒体绝对不是一个人的，而是大家的新媒体，每个人都想做大做强。单打独斗太难，所以建立互推联盟是一件很有必要的事情。头条号运营者可以找一些和自己的平台用户类似的平台建立联盟，相互帮持。如果能找到大号带你，支持你，则成功的概率会更高。当然，找不到大号也不要气馁，小号联盟的力量有时也能赛过大号的影响力。

11.2.2　百家号：广告分成+原生广告+赞赏

1. 模式含义

百家号是由搜索引擎百度推出的一个自媒体平台，内容生产者可以在平台上发布内容、通过内容变现及管理粉丝等。从内容方面来说，百家号支持图片、文字、视频等发布形式，同时还将在未来提供更多内容发布形式，如动图、直播、H5 等。

2. 适合人群

百家号的入驻账号类型包括个人、媒体、企业、政府、其他组织等，运营者可根据自己的实际情况来选择。

3. 具体做法

百家号平台的收益主要来自以下三大渠道。

- 广告分成：百度投放广告盈利后采取分成形式。
- 原生广告：创意植入内容之中的广告获取利润。
- 粉丝赞赏：精准把握粉丝喜好的内容吸引资金。

运营者想获取更多收益，就要打造更为优质的内容，"内容为王"的道理适用于很多领域，平台变现也少不了对内容的关注。笔者针对如何把百家号做到更上一层楼这个运营痛点，也曾经和百家号教育负责人交流过，笔者分享了一个全新观点，得到了他很高的认同和肯定。

这个观点的基本思路为：把百家号定位成一个大的流量池，通过流量帮扶更多优秀的内容输出创作者，打造成为类似于"吴晓波频道""罗辑思维""樊登读书会"这样的大 IP。新媒体时代最重要的是：你有什么？我有什么？如何通过系统深度整合，成人达己，帮助更多优秀的人从优秀到卓越？

这个思路就好比马云曾经说过的"淘宝要培养无数个像京东这样的卖家"，道理都是一样的。笔者一直在思考，头条号为什么能够在短短几年内成为一匹新媒体的黑马，主要原因就是逆向思维起到了很大的作用。

什么是逆向思维？举个例子，把微信公众号统称为"一对一模式"，即运营者在运营公众号时首先思考的是如何涨粉，其次才去思考如何做内容，相当于粉丝的多少取决于内容流量大小，这样增加了运营的难度。

头条号则可以称为"一对多模式"，运营者只要能创作输出好的内容，头条号所有的流量都能给这篇文章所用。这样思维一改变，加入头条号的人就直接淡化了涨粉的概念，一门心思专注内容的创作。内容越好，流量越好，粉丝增长也会更快，这就是逆向思维的作用。再加上头条号推出"青云计划"，再一次提高了运营者做内容的动力，所以平台能够不断输出有价值的好内容。

针对百家号的运营，笔者通过与百家号负责人沟通，总结了一些新的思路，给大家分享一下。笔者通过深入研究百家号的后台操作，发现很多流量支持存在一定的权限基础，下面列举了一些百家号后台的具体功能和优势。

- "黄 V"账号的权重没有"红 V"账号高。
- 开通原创功能，代表已过新手期，并且能够创作有价值的内容。标注原创后，首发、推荐量和阅读量都会很高。
- 开通"写作双标题"功能后，相当于推送两篇文章，曝光度会翻倍。
- "粉丝必见"功能能够有效激活沉睡粉丝，同时还可以提高与粉丝的互动黏度。
- "视频原创"标签也是获得流量支持的关键所在。
- "自荐"功能是百家号运营者的一种权重代表。

开通的功能权限越多，代表账号的价值与质量越高。这样对于新媒体平台的新手来说，很难看到希望和产生坚持创作的动力。很多时候，创作者会在一个平台上持续创作内容的关键在于平台给了他希望，让他能够有坚持的动力，看到扶持的感激，看到内容认可的动力。否则，再好的内容不被推荐和发现，得不到平台流量支持，运营者迟早会离开。同样的内容在不同的平台上得到的重视程度不同，这也是创作者选择平台的理由。

另外一个观点主要是针对一些账号发布广告的情况。有的平台针对不是太硬的广告，类似于新闻报道类型的广告，也会封杀；而有的平台就会大力扶持，如头条号对于这种软文广告的支持笔者是比较认同的。

例如，笔者在和拼多多、苏宁、阿里巴巴等平台合作时，每天都会投放它们的广告，此时如果新媒体平台不欢迎这样的内容，就不会给予流量推荐。投放的企业看不到流量影响力，就会放弃对这些平台的广告投放。而一旦企业放弃，账号的运营者就会失去一大部分广告收益，从而导致收入变少，久而久之，他们就容易放弃对这个新媒体平台的运营。

相反，如果新媒体平台能够对这样的软文广告内容给予流量支持，那么企业客户即可见证广告投放的效果，有了效果就会持续和平台创作者进行合作。而一旦双方持续合作，创作者就能够获得持续的收入，这样他对平台的依赖也会更强，同时会坚定不移地持续创作下去。因此，对于新媒体平台来说，相当于找到了免费帮自己给创作者提供收益的渠道，从而形成三方共赢的良性循环。

11.2.3　一点号：多重收益，高额奖金

1. 模式含义

一点资讯是一款基于兴趣推荐的平台，主要特色为搜索与兴趣结合、个性化

推荐、用户兴趣定位精准等。一点资讯是一个获得了互联网新闻信息服务许可的自媒体平台，运营者可以在一点资讯平台上申请一点号，享受多重收益方式，具体包括广告收益、奖金、运营鼓励金、签约收益及用户赞赏等。

2. 适合人群

一点平台的入驻自媒体超过 60 万家，包括政务、娱乐、社会、军事、体育、财经等领域的创作者，为用户提供大量优质原创内容。

3. 具体做法

一点资讯平台上的收益方式主要以平台分成为主，同时针对图文自媒体推出了"点金计划"。如果运营者想要在此渠道获取收益，则需要向平台方提出申请，申请通过后才可以开始盈利。

"点金计划"的申请要求比较严格，审核不太容易通过。其具体条件包括内容比较垂直，综合质量高，账号在 3 个月内没有违禁、投诉记录，基础数据、核心数据达到标准，如发布文章的数据、原创内容的数据等。综合数据是随着内容质量的提升而不断上涨的，只有内容优质，才有可能通过审核。

11.2.4 企鹅号：持续丰富优质收入渠道

1. 模式含义

企鹅号是指腾讯内容开放平台的运营者，是一个一站式的内容创作运营自媒体平台。该平台为优质的内容创作者提供大量流量扶持和收入渠道，帮助运营者扩大影响力和商业变现能力。

2. 适合人群

企鹅号适合个人、媒体、企业、组织、政府等各行各业的自媒体运营者入驻，运营者可以直接使用 QQ 号或者微信账号注册企鹅号，但不同类型的入驻者需要提供不同的资质。

3. 具体做法

企鹅号运营者的收益主要来自以下 3 个部分，如图 11-3 所示。

流量收益：

企鹅号将依据账号在各分发平台的综合内容表现，进行汇总收益计算；相关账号的收益水平，将由各分发平台根据内容质量、内容原创度、阅读/播放表现等维度每日动态计算。

采买收益：

企鹅号根据您参与的采买计划项目的验收标准，对当月达标的内容进行收益计算。

商业化收益：

企鹅号根据您参与的商业化项目的验收标准，对当月达标的内容进行收益计算。

图 11-3　企鹅号运营者的收益渠道

"采买收益"是由平台发起的定向邀请项目，不接受运营者主动申请。运营者满足一定条件后，平台会为其自动开通流量主功能进行变现。另外，企鹅号还推出了"伯乐计划"，有优质原创作者资源的自媒体人可以向平台推荐一些没有注册企鹅号的优质账号，如果企鹅平台接受了推荐，那么推荐人就可以获得平台的奖金，还能得到参与平台决策的权利。

11.2.5　网易号：星级越高，权益越多

1. 模式含义

网易号是由网易订阅发展演变而来的，它是自媒体内容的发布平台，同时也是打造品牌的帮手。它的特色在于高效分发、极力保护原创、现金补贴等，而且还带头推出了自媒体的直播功能。

2. 适合人群

运营者可以通过网易邮箱快速注册网易号，网易号的账号类型包括媒体（新闻媒体、群媒体）、自媒体、组织机构和企业。其中，自媒体类型的账号适合垂直领域专家、意见领袖、评论家等个人创作者或以内容生产为主的自媒体公司或机构。

3. 具体做法

网易号的主要收益也来自平台分成，但是网易媒体开放平台的分成方法与其他平台有所区别，主要是以星级制度为准，具体方法如下。

- 1 星账号：平台收益分成、申请图文或视频原创资质。
- 2 星及以上账号：开通原创、打赏功能。
- 3 星及以上账号：举办线上线下活动。
- 4 星及以上账号：可提交直播互动申请。
- 5 星及以上账号：向目标人群发 PUSH（提醒、动态等信息）。

而想要获得平台分成，网易号至少要达到 3 星级以上，而且星级的不同还会影响功能的提供。

11.2.6　大鱼号：多重分润，奖金升级

1. 模式含义

大鱼号全称为 UC 大鱼·媒体服务平台，该平台基于 UC 浏览器，目前拥有约 6 亿名用户，以及每个月大约 4 亿名的活跃用户，为自媒体人提供了绝佳的推文导粉条件。

2. 适合人群

大鱼号适合个人 / 自媒体、媒体、企业、政府或其他组织入驻。其中，个人 / 自媒体账号适合个人写作者、意见领袖、垂直领域专家和自媒体人士申请。

3. 具体做法

作为近来比较火热的在线视频渠道，大鱼号的显著优势主要体现在打通了优酷、土豆及 UC 三大平台的后台。在巨大优势下，大鱼号的收益方式主要包括 3 种：一是广告分成；二是流量分成；三是大鱼奖金升级。

（1）广告分成：想要获取广告分成，只需满足以下几项条件中的一项即可。

- 大鱼账号达到 5 星以上。
- 已经开通原创保护功能。
- 阅读量达到了相应标准。

（2）流量分成：获取流量分成的要求比较简单，只要大鱼账号达到 5 星即可。

（3）大鱼奖金升级：报名赚取奖金的门槛较高，而且需要满足较多条件。有些条件是必须满足的，有些则是满足其中一项即可，具体要求如下。

- 必须满足：确认大鱼号试运营已经转正，近一个月没有运营违规记录。
- 满足一项：已经开通内容原创保护功能，开通大鱼账号不少于半个月，近 30 天发布的短视频大于 5 个，累计订阅用户量超过 1 万名。

11.2.7　搜狐号：广告分成，流量收益

1. 模式含义

搜狐号是搜狐门户下一个融合搜狐网、手机搜狐、搜狐新闻客户端三大资源于一体的公众平台。搜狐号的收益方式是广告分成，也是因为这种收益方式，所以用户的账号需要通过审核才能获得广告分成。

2. 适合人群

搜狐号适合个人、媒体、企业 / 机构、政府等账号类型入驻，其中主要面向个人创作者，即提供以文字、图片创作为主的用户，帮助他们打造自己的品牌。

3. 具体做法

搜狐号的收益主要来自广告分成、传播奖收益和活动收益。其中，广告分成包括平台提供的专项激励计划，收入会受到运营者发布的文章流量和质量等因素的影响。运营者可以进入搜狐号后台的"成长"→"账号权益"→"广告分成"页面中申请开通广告分成，但需要符合如下条件。

（1）账号为通过状态。

（2）30 天积分净增量 ≥ 50。

（3）30 天内总扣分 ≤ 36。

（4）近 30 天 3 星级以上文章数 ≥ 1。

（5）账号入驻类型为个人、群媒体、媒体类型。

---专 家 提 醒---

传播奖是指"星图传播奖"，运营者可以通过站外渠道分享优质原创内容，获得相应奖金收益。同时，运营者可以积极参与平台活动，获得活动奖励收益。

11.2.8 360快传号：坚持原创，扩大收益

1. 模式含义

快传号是 360 公司推出的一个帮助自媒体原创作者展现自我的平台，通过 360 的各个产品渠道将优质的内容精准推荐给用户，如 360 搜索客户端、360 手机卫士、360 手机助手、快视频等。平台会对内容进行领域识别，之后会推荐给对该内容感兴趣的用户。内容推荐是根据数据匹配之后进行的。

2. 适合人群

快传号的账号分为个人和媒体两种类型。其中，涉及健康、财经等行业内容的个人账号还需要提供相应的行业资质证明。同时，快传号还非常适合专注于内容生产的创作团体，并将他们归类于"群媒体"账号。

3. 具体做法

360 快传号根据运营者每篇内容的一些数据提供相应的补贴。另外，浏览量和点击量比较高的文章或视频可以向平台申请参与广告分成，这也是一部分收益。但是，获得广告分成需要长期坚持发布内容，这样才会有效果。

在进行 360 快传号的运营时，自媒体人需要掌握的技巧有两个，一是怎样提高快传号的指数，二是尽快开通原创声明。下面分别对快传号的指数提高和原创声明的开通进行介绍。

自媒体人开通快传号的原创声明时需要达到 4 个条件。

- 通过快传号新手期。
- 指数分至少提高至 350 分。
- 近 30 天内发布文章至少达到 10 篇。
- 信用分保持在 1 000 分。

一般 360 快传号详细的收益数可以通过登录快传号后台，单击"收益"一栏的"收益统计"进行查看。当天的数据可以在第二天查询，收益统计中显示的都是能结算的收益，快传号平台的最终收益实际数额以月底结算为准。

自媒体人的账号在快传号平台通过了新手期，并且达到了平台开通收益的标准后即可开通收益，具体的开通标准有以下 3 个。

● 入驻快传号达到 30 天，且已通过新手期。

● 发布的内容超过 20 篇。

● 质量分至少达到 100 分，同时信用分至少达到 600 分。

满足这 3 个条件的账号，可以在快传号的后台选择"收益统计"→"收益设置"→"开通"选项主动申请开通收益，通过平台的审核后即可开通收益，审核通过第二天就开始计算补贴；如果审核未通过，则需要在第二个月的 10 日之后才可以再次申请。

第12章 17种其他变现方法：
不同渠道的商业模式解析

除了前面章节中介绍的各种新媒体渠道实现个人商业模式的变现外，还有一些常用的线上线下变现途径，如网站推广、APP开发、企业融资等，运营者可以根据自己把握的核心资源选择适合自己的个人商业模式进行变现。

17种其他变现方法： 项目推广、创意众包、新闻阅读、网络任务、众筹模式、域名投资、APP开发、增值插件、SEO引流、无人商业模式、共享经济模式、新零售模式、企业融资模式、合伙创业模式、内部创业模式、免费商业模式、O2O商业模式。

12.1 互联网变现：利用网络也可轻松盈利

互联网的出现不仅给大家的生活带来了很多便利，而且还衍生了很多个人商业模式，让大家能够在互联网中创造更多财富。本节将简单分享一些互联网的变现方式，帮助大家利用网络来轻松盈利。

12.1.1 项目推广：完成任务赚佣金

1.模式含义

项目推广主要是通过领取一些广告主在平台发布的推广任务，并按照它们的要求来完成任务，获得相应的佣金收入。

2.适合人群

项目推广适合有大量空余时间的用户，如在家待业的"宝妈"或者休息时间比较多的职场人士。

3.具体做法

互联网上有很多项目推广任务平台，如黄蜂兼客吧（见图12-1）、聚享游、微势力等。用户可以在这些平台上接到各种推广任务，如论坛发帖、论坛顶帖、微博推广、微信推广、产品发布、注册任务、网店推广等。

图 12-1 黄蜂兼客吧平台上的赚钱任务

12.1.2 创意众包：让技能变成收益

1. 模式含义

创意众包是指雇主通过网络来分配工作、发现创意或者解决各种技术问题，有能力完成任务的用户可以通过网络来接受任务，同时获得约定的收入。这种商业模式对于雇主来说可以降低运营成本，在互联网上找到具有专业技能的服务提供者，促进企业品牌的快速成长。

2. 适合人群

创意众包变现模式适合能够输出令雇主满意的创意产品或服务的用户，这些人可以将自己的知识技能、创意产品、服务或资源等转变为现金收益。

3. 具体做法

创意众包的常见任务包括企业服务、创意设计、开发服务、营销文案等，有相关知识技能的用户可以去创意众包平台接任务，通过分享自己的创意或服务来变现。例如，一品威客网就是一个创意众包服务平台，服务（任务）类型涵盖设计、开发、装修、文案、营销、生活、企业服务七大类共计 300 多个细项，累计交易额超过 170 亿元（截至 2019 年 6 月），如图 12-2 所示。

图 12-2　一品威客网的任务分类

12.1.3　新闻阅读：看新闻资讯赚钱

1. 模式含义

随着自媒体的火爆，很多资讯信息类平台为了吸引用户，纷纷推出了阅读新闻赚钱的模式。这种商业模式采用有偿看新闻资讯的方式，用户在浏览新闻的同时会产生相应金币，积累一定数量的金币即可提现。

2. 适合人群

新闻阅读这种变现方式适合喜欢看新闻、刷短视频的用户，用户在获得信息需求的同时，还能带来一些额外的小收益。

3. 具体做法

下面介绍一些常见的阅读新闻赚钱应用。

（1）**抖音极速版**：用户可以通过看视频、做任务、邀请好友等方式获得金币，10 000 金币 =1 元。

（2）**趣头条**：注册送随机现金红包，每看一篇文章得 10 金币，邀请新用户奖励 8 元现金，满 1 元即可提现。

（3）**快手极速版**：边看视频边得现金，下载登录可获得新人奖励。

（4）**今日头条极速版**：可以通过看新闻、签到、开宝箱等方式获得金币，邀请好友有额外奖励。

12.1.4　网络任务：空闲时间赚小钱

1. 模式含义

常见的网络任务有 APP 试玩、悬赏任务、淘宝兼职、转发文章、锁屏划屏、购物返利等。

2. 适合人群

网络任务变现适合在家兼职的用户，利用空闲时间来赚钱。

3. 具体做法

网络任务赚钱的具体方法如下。

（1）**APP 试玩**：体验试玩、推广游戏，获得佣金奖励。

（2）**悬赏任务**：包括看文章、答题、分享文章、APP 注册等简单悬赏任务，完成即可领取佣金。

（3）**淘宝兼职**：包括电商试用任务、写商品评价等，接任务兼职赚零花钱。

（4）**转发文章**：通过微信等社交应用发送一些有价值的文章给好友，好友点击阅读后即可获得收益。

（5）**锁屏划屏**：通过玩锁屏、签到、抽奖等方式获得红包奖励。

（6）**购物返利**：通过购买商品、分享商品、领取商品优惠券等方式，让用户在购物更省钱的同时，还能获得好友佣金奖励。

12.1.5　众筹模式：筹集资金更便捷

1. 模式含义

众筹模式也可以称为大众筹资，即"召集一群人共同做一件事"，或者"大家一起出钱做一个项目或产品"。

2. 适合人群

众筹模式适合有项目或产品方案但缺乏启动资金的创业者，可以通过这种方式向网友筹集资金，来实现自己的事业。

3. 具体做法

用户首先要找到一个正规的众筹平台，然后在平台上描述自己的项目、产品和筹款需求，并发起众筹。图 12-3 所示为京东金融平台上的产品众筹项目。在填写众筹项目的信息时，用户要尽可能多地提供一些资料来增加项目的真实性，这样更容易获得大家的信任。

图 12-3　京东金融平台上的产品众筹项目

12.1.6　域名投资：放开投资的眼界

1. 模式含义

域名是互联网中常见的基础设施，各种网站、小程序、APP 等都是通过域名来接入互联网的。域名投资是一种信息化发展趋势下的电商终端投资行为，即通过注册域名和出售域名来盈利。域名投资的案例非常多，下面笔者简单列举几个。

- 京东的域名 jd.com，购买价格 3 000 万元。
- 小米的全新域名 mi.com，购买价格 370 万美元。
- 360 公司的域名 360.com，购买价格 1 700 万美元。
- 微博的域名 weibo.com，购买价格 800 万元。
- 特卖网站唯品会的域名 vip.com，购买价格 1 200 万元。

2. 适合人群

域名投资适合有商业视野的投资人，从成功的域名投资案例来看，这些人不仅是 IT 方面的专家，同时还熟知商业、行业、新闻等各个领域。

3. 具体做法

域名投资的方法有两种，即通过抢注或者收购有价值的域名，然后将其转让来获利。用户可以去一些域名交易信息平台预订抢注竞拍一些过期的但自己认为有前景的域名进行投资，如图 12-4 所示。

图 12-4　预订过期域名

域名投资是一种考验投资者技巧和运气的商业模式。例如，cool.com 域名的注册者 Tim Lee，他在注册这个域名时还是一名大四学生，只是抱着赚钱付清学费贷款的想法。后来有一家公司愿意出 300 万美元购买这个域名，最终这家公司将价格升到了 3 500 万美元。

12.1.7　APP 开发：更多的变现途径

1. 模式含义

APP 开发变现是指运营者开发自己专属的 APP，从而通过电商、广告、商业合作、APP 出售等方式获得盈利的一种商业模式。

2. 适合人群

APP 开发变现这种商业模式适合有商业头脑且有一定的 APP 开发经验的技术人员、产品经理等。

3. 具体做法

用户开发出自己的 APP 后，如果决定自己运营，则首先需要进行导流，有了一定的用户基础的 APP 才有商业价值。

（1）**自营业务**：用户可以在 APP 中对接自己的业务，通过 APP 获得更多的客户资源来实现变现。

（2）**广告变现**：当用户的 APP 有足够多的活跃用户后，可以寻找一些优质的广告投放平台进行合作，帮助广告主将宣传信息展现给精准用户，来获得广告收入。

除了自己运营 APP 外，用户还可以将 APP 出售给有需求的企业或个人获得转让费，以及为其提供后续的 APP 更新、维护等工作，收取一定的服务费。

12.1.8　增值插件：引导粉丝去消费

1. 模式含义

增值插件指的是运营者在平台上利用自定义菜单栏的功能添加微店、淘宝店铺、天猫等可以购买产品的地址链接，或者直接在文章内添加购买产品或者提供服务的链接，以此引导粉丝消费的一种盈利方式。

2. 适合人群

运营者要采用这种盈利方式，前提是自己拥有微店、淘宝、天猫等店铺，或者是和其他商家达成了推广合作共识。

3. 具体做法

运营者可以在自己的自媒体平台上给合作方提供一个链接入口，或者在推送的文章中插入合作方的产品链接。添加增值插件这种盈利方式很多自媒体人都有使用，如微信公众号"凯叔讲故事""罗辑思维"等。

12.1.9 SEO引流：做流量提升服务

1. 模式含义

SEO 引流变现是指利用 SEO 技术帮助客户的网站、应用及产品等进行引流推广，提升它们的排名，让更多人看到。

2. 适合人群

SEO 引流这种变现模式适合能够熟练使用百度、搜狗、360、神马等搜索引擎推广后台，以及可以做好推广策略的 SEO/SEM 营销专员，同时他们还需要为客户提出合理的调整及优化建议。

3. 具体做法

SEO 引流推广包括网站引流（向目标站点引流）、内容引流（向目标内容引百度蜘蛛）及广告流量联盟等变现方法。

（1）**网站引流**：通过 SEO 提升网站的权重和排名，然后进行广告变现。

（2）**内容引流**：让客户的营销文案或新闻稿件等内容被百度蜘蛛快速收录，通常按照文案内容的篇数来付费。

（3）**广告流量联盟**：首先通过 SEO 技术获得流量资源，然后通过广告流量联盟来进行变现，如百度联盟可以将联盟伙伴的流量合理转化为价值。

12.2 实体变现：抓住新兴的产业投资机会

如果你能够回到从前，也许你可以很快找到成功的捷径，但这是不可能的事情。但是，笔者却可以帮助大家看到未来，告诉你一些未来充满前景的个人商业模式，只要你能够熟练掌握并运用，即可增加自己成功的机会。本节将分享一些实体行业的变现模式，帮助大家抓住新兴的产业创业和投资机会。

12.2.1 无人商业模式：变现更智能化

1. 模式含义

无人商业模式主要是利用 5G 网络、大数据、人工智能和移动支付等技术来打造无人便利店、智慧导购店、无人智能货柜等实体商业模式。

2. 适合人群

无人商业模式适合有零售货源或者线下商业渠道的商家、线下门店老板、商超经营者及 O2O 行业的创业者。

3. 具体做法

以无人智能货柜为例，商家一定要以自身产品、品牌定位和周边人群进行深度结合。无人智能货柜可以选择一些员工停留时间长或者人流量较大的环境，如酒店、汽车 4S 店、工厂、医院、车站、大型商超、学校及旅游景点等，保证客源的稳定性，打造流量入口。同时，无人智能货柜还可以通过 APP 来发展稳定会员，将顾客导流到线上平台。

12.2.2 共享经济模式：分享彼此价值

1. 模式含义

共享经济是指通过互联网分享某种社会资源的使用权，如线下的闲散物品、劳动力等，让有需求的人暂时获得物品的使用权，让分享者从中获得一定的报酬。常见的共享经济模式应用案例有共享单车、共享汽车、共享充电宝、共享厨房、共享 Wi-Fi、共享雨伞等。

2. 适合人群

共享经济适合有闲置资源的企业或商家，以较低的价格提供产品或服务的暂时使用权。例如，民宿、按摩椅、健身房、KTV、化妆间等行业从业者都可以运用这种商业模式来深度拓展营销渠道。

3. 具体做法

共享经济可以分享的东西非常广泛，不仅包括各种闲置物品、闲置空间与公共服务，还包括供给方的碎片时间、知识专长、技能经验、资金盈余等。例如，共享按摩椅就是为了解决逛街逛累了的用户的短时间休息问题，帮助他们缓解身体的疲惫。

共享经济商业模式中有 5 个非常关键的要素，分别为闲置资源、使用权、信

息渠道、用户的信任度和流动性。因此，做好共享经济商业模式的重点在于将这
5 个关键要素进行无缝匹配，最大化降低运营成本，使得供给方与需求方都能够
各取所需。

12.2.3　新零售模式：以消费者为中心

1. 模式含义

新零售就是在消费升级的时代趋势下，利用大数据、云计算等各种新技术来
打通线上线下，打造高效物流，创新整个零售业产业链，从而发起的一场商业变
革。同时，新零售加速了实体零售企业与互联网的融合与渗透，未来单纯的零售
行业将不复存在，而是一个相融共生的新商业生态系统。

2. 适合人群

新零售商业模式适合零售行业、IT 科技行业的相关企业、创业者和从业者，
以及新零售、新经济方面的投资者、咨询师、企业高管、市场运营人员等用户群体。

3. 具体做法

新零售的商业模式变革主要是以消费者为中心，凭借线上先进技术和经营理
念，提升线下传统零售前端营销能力和后端供应链效率，持续强化各个消费者触
点的能力，用数字化手段整合和优化供应链，并结合系统性的零售分析方法，来
实现价值链的优化和协同，增强零售企业的变现能力。

例如，世纪联华推出的"鲸选"就是一家融"黑科技"、美食娱乐、"次世
代购物"于一体，提供线下体验线上服务的体验式新零售实体店，其打造了"全
零售消费场景"配套服务，可以满足用户的"全链路消费需求"。

12.2.4　企业融资模式：解决资金问题

1. 模式含义

企业融资模式是指企业获得发展资金的渠道和方式，从而满足企业项目建设、
营运及业务拓展的需求，让企业能够获得更长远的发展。投资者通过将自己的资
金注入企业，让资产随着企业的发展得到增值，并获得分红收入。

2. 适合人群

企业融资模式适合企业高管、股东、员工及投资人等。

3. 具体做法

企业融资模式主要包括以下两种方法。

（1）**债权融资**：企业通过借贷的方式来获取资金，企业需要承担利息，到期后需要归还本金。

（2）**股权融资**：股东让出部分企业股权，其他投资人出资购入股权，使总股本增加。企业通过增资的方式吸收新的股东，并共同分享企业的盈利，以及共同承担责任风险。

12.2.5　合伙创业模式：快速做大事业

1. 模式含义

合伙创业模式是指创始人把企业里的核心人才发展成为股东，让他们拥有更多的责任和红利，从而最大限度地发挥人才的作用。合伙创业模式的基本理念就是"让每个人都成为企业的经营者，并分享企业的经营性收益"。

2. 适合人群

合伙创业模式适合各类企业老板、合伙人、创业者及投资人。

3. 具体做法

人是企业经营下去的动力，合伙创业模式能够让企业做得更加长久，将员工发展成企业家，将老板变身为资本家。同时，合伙创业模式还能够为企业储备大量人才，不仅可以增加员工的收入（工作收入＋企业分红），而且还能让企业的单位利润率得到提升，让企业得到快速发展。下面介绍一些合伙创业模式的常用方法。

（1）**增量分红法**：在传统的薪酬模式和结构（工资＋提成＋补贴＋奖金＋福利）的基础上，增加额外的利润分红收入。

（2）**分享虚拟股**：将企业的全部或部分资产换算为股份，拿出一部分股份给予员工，让他们享有分红权和资产增值收益权。

（3）**实股注册共享**：创始人与核心管理层共同出资组建公司和运营业务，

根据出资金额分配股份，成立董事会做决策。

（4）**风险投资模式**：员工自己出力成立公司，也可以出钱；而投资人仅做资金投资，自己无须出力，获取公司利润分红。

（5）**经销商模式**：将员工发展成为产品经销商，他们不再以工资为主要收入，而是通过赚取产品差价来获得收益。

12.2.6　内部创业模式：持续创新业务

1. 模式含义

内部创业模式是指企业为员工开展新的业务或项目提供一定的资源支持，同时与员工共同分享创业成果。内部创业是大型企业常用的招数，如腾讯的微信、阿里巴巴的蚂蚁金服、华为的荣耀等，都是内部创业的经典成功案例。

2. 适合人群

内部创业模式适合有创业意向和想法的优秀员工、核心高管和业务团队，以及适合开展分公司、分店业务的各行业创业者。

3. 具体做法

企业可以通过内部创业的形式调动员工的创业激情和动力。在内部创业制度中，企业可以为那些有创新思想和有干劲的内部员工及外部创客提供平台和资源，彼此通过股权、分红的形式合伙创业，让员工的创意变成商业价值，并且与母公司共同分享创业成果。

内部创业可以绑定人才和企业的利益，解决人才流失问题，同时还能扩大企业规模，形成"竹林效应"，让一家公司裂变出多家公司。

12.2.7　免费商业模式：获取利润最大化

1. 模式含义

免费商业模式是指通过免费的方式延长产业链，扩展利润的获取渠道，从中挖掘新的衍生利润点，从而获取利润的最大化。

2. 适合人群

免费商业模式在互联网上随处可见，但在实体行业中却因为成本问题而鲜少出现。其实，餐饮、旅行、娱乐场所、高档商品、共享单车、电信运营商、房地产等行业都可以采用一定程度的免费商业模式，先吸引客流，然后通过这些免费用户带来更多付费用户。

3. 具体做法

免费商业模式要实现变现，可以采用以下方法。

（1）**免费体验模式**：先让用户体验产品或服务效果，然后向用户推销产品。

（2）**免费副产品模式**：给用户提供一些免费的副产品，用户使用后对效果满意，就会去购买主产品，适合新产品快速打入市场。

（3）**第三方免费模式**：最常见的就是电视台购买电视节目版权，然后面向大众免费播放，并通过广告来实现营收。实体行业也可以借助这种第三方支付成本的免费模式打造自己的商业模式。

（4）**"伪免费"模式**：最常见的就是买车买房时商家宣传的"零首付"，但实际上这是一种"先消费、后付款"的信用购物模式，最终用户仍要支付全款。

（5）**免费功能型模式**：商家在开发产品时，在自己的产品中集成了另外一个产品的功能，且免费为用户提供，增强产品的竞争力。例如，手机就免费集成了 MP3、电视机、游戏机等功能。

（6）**特定人群免费模式**：如景区针对女性免费、游乐场针对儿童免费，通过免费人群带动人气，同时吸引更多用户，以及在自己的商业场景中产生其他消费。

（7）**免费赠品型模式**：通过给用户提供大量与产品搭配的有价值的赠品，吸引用户下单。例如，买车时商家通常会赠送一些配饰、保养等，就属于这种方式。

（8）**捆绑服务免费模式**：商家虽然免费将产品卖给用户，但用户在使用产品的过程中还需要用到商家的付费服务，如充话费免费送手机等。

12.2.8 O2O商业模式：寻找创新突破口

1. 模式含义

O2O（Online to Offline，从线上到线下或从线下到线上）通过将线下实体行业与线上互联网相结合，衍生出了很多新的商业模式，如团购、外卖、手机订车票 / 机票 / 电影票、手机打车等。

2. 适合人群

O2O 商业模式非常适合服务类的本地商家，如餐饮酒店、旅行娱乐、交通出行等行业，通过将互联网的优势充分利用起来，更好地拓展和维护精准客户群体。

3. 具体做法

在 O2O 商业模式中，用户的消费过程包括线上和线下两部分，通常是先在线上预订服务或产品，然后在线下享受服务或购买产品。O2O 商业模式具体包括 5 个环节，分别为线上引流→支付转化→线下消费→用户反馈→用户存留。

───── **专 家 提 醒** ─────

在消费者端，O2O 商业模式与 C2C、B2C 等其他商业模式的不同之处在于其更侧重于服务性消费，强调消费者到线下获得服务；而其他商业模式则没有线下这个环节，它们更注重线上购买商品。

O2O 商业模式的突破口在于垂直细分行业或者某一个点上，用户可以围绕自己所在的行业，整合行业资源，打造上下游的产业链。例如，社区 O2O 就是围绕社区生活来展开的，包括家政服务、社区医疗、社区电商、生鲜电商等，通过线上和线下资源的互动整合，完成服务或产品在物业社区"最后一公里"的闭环。